[新版]
グロービス
MBA
経営戦略
STRATEGY

グロービス経営大学院[編著]
ダイヤモンド社

● まえがき

　本書は、1999年4月にダイヤモンド社から刊行された『MBA経営戦略』を、その後の社会状況の変化や戦略論の進化、読者ニーズの変化に合わせて全面的に改訂したものである。

　1999年当時と比較して、日本企業の地盤沈下が進んだ感が否めない。当時はまだ国際競争力を維持していた家電や、かろうじて土俵際で踏ん張っていた半導体などの業界も、新興国企業の躍進によって競争力を失い、いまは極めて苦しい状況にある。

　2000年以降、世界のビジネスを牽引したのは、シリコンバレーのIT企業や新興国の製造業などである。アルファベット（グーグル）やアップルなどが2017年現在、世界の時価総額ランキングで上位を占めるなか、残念ながら日本企業は完全に後方に追いやられてしまった。

　トヨタに代表される自動車メーカーや自動車部品業界などが、世界レベルでも戦える強さを見せているが、自動車関連の「一本足打法」だけでは、先行きは明るいとはいえない。

　日本企業が存在感を取り戻すためには、変化する時代に即した戦略を正しく立案し、実行していくことが不可欠である。

　AI（人工知能）やIoT（モノのインターネット）、AR（拡張現実）に代表されるテクノロジーの進化、新興国が次々にプレーヤーとして参入してくるグローバル競争など、経営環境の変化のスピードは今後もますます複雑性を増しながら加速していくだろう。こうした状況下で、10年前、5年前とあまり変わらない経営を続けていては、あっという間に淘汰されてしまう。

　とは言え、日本企業のすべてが瀕死の状態にあるわけではない。本書のケースでも取り上げるセブン-イレブン・ジャパンや楽天、あるいはファーストリテイリングに代表されるように、秀逸な戦略を打ち出し、それを的確に実行することで市場での強固な地位を確立している企業が、自動車関連業界以外にも少なからず存在する。また、ベンチャー企業にも、創業間もない段階からシリコンバレーに進出したり、最初からグローバ

ルな事業展開を志向するなど、世界レベルでのプレゼンス確立を目指して戦う企業も確実に増えてきている。

　そのなかで、戦略という、企業が成長するうえでの拠り所となる大方針について、その理論的バックボーンや立案方法、昨今のトレンド等を1人でも多くのビジネスパーソンが理解する意義は大きくなっているはずだ。本書は、経営者をはじめそうした人々が経営戦略の基礎を押さえ、理解を深めるための1冊である。経営戦略の幅広いテーマを1冊で網羅しており、経営戦略の全体像をつかむうえでも格好の教科書となっている。

　ここで、改訂版の執筆に際しご協力いただいた方々に謝意を述べたい。今回の改訂では、旧版に寄せられた読者の声はもちろんのこと、グロービスの大学院や企業研修などにおける学生や受講生の声、講師陣のアドバイス等を内容に大きく反映させた。これらの場に参加されたすべての方々に感謝したい。また、ダイヤモンド社のDIAMONDハーバード・ビジネス・レビュー編集部の肱岡彩さんには、内容全般にわたってさまざまなアドバイスをいただいた。グロービス出版チームの大島一樹氏と藤井亜希子氏には、プロジェクトマネジメントおよび最終稿の完成に向けて非常にお世話になった。この場を借りてあらためて感謝したい。

　本書が1人でも多くのビジネスパーソンに読まれ、そこから得た学びを戦略立案と実行に役立てていただけるなら、著者として望外の喜びである。

執筆者を代表して
グロービス経営大学院教授　嶋田毅

● 目次

まえがき

序章

戦略とは何か　1
戦略の階層と経営理念、ビジョンとの関係　3
戦略を考える視点　4
戦略論の各論　6

第1部　経営戦略の基本コンセプト

第1部のはじめに　10

第1章　事業経済性の活用　12

1　典型的な事業経済性　15

規模の経済性　16
習熟の経済性（経験曲線）　19
範囲の経済性　20
密度の経済性　22
ネットワークの経済性　23

　　　　　　　要素コスト　**24**

2 ………**SCPモデルと5つの力分析**　**25**
　　　　　SCPモデル　**25**
　　　　　5つの力分析　**26**
　　　　　5つの力分析の留意点　**29**

3 ………**アドバンテージ・マトリックス**　**30**
　　　　　アドバンテージ・マトリックスの留意点　**31**

4 ………**ポーターの3つの基本戦略と戦略グループ**　**32**
　　　　　3つの基本戦略　**33**
　　　　　3つの基本戦略に関する留意点　**34**
　　　　　戦略グループ　**35**
　　　　　タイムベースの競争　**36**

5 ………**業界内の地位に応じた戦略**　**37**
　　　　　リーダーの戦略　**38**
　　　　　チャレンジャーの戦略　**39**
　　　　　フォロワーの戦略　**39**
　　　　　ニッチャーの戦略　**40**
　　　　　地位に応じた戦略に関する留意点　**40**

6 ………**バリューチェーン**　**40**
　　　　　バリューチェーンの定量的分析とコストドライバー　**42**
　　　　　業界全体をバリューチェーンで見る　**43**
　　　　　バリューチェーンの留意点　**45**
　　　　　バリューネットワーク　**46**
　　　　　ビジネスプロセス・リエンジニアリング　**47**

第2章　自社の強みの構築と活用　48

1 ……… **事業ドメイン**　51
　　　　事業ドメイン設定の重要性　53
　　　　小さすぎず、大きすぎないドメイン設定　53

2 ……… **コア・コアコンピタンスとケイパビリティ**　55
　　　　コア・コンピタンス　55
　　　　ケイパビリティ　56
　　　　その他の強み　58

3 ……… **リソース・ベースト・ビュー（RBV）**　60
　　　　ポジショニング論との関係　61

4 ……… **VRIO**　62
　　　　RBVに対する批判　65

第3章　戦略の動的プロセスとラーニング　67

1 ……… **創発戦略**　70
　　　　創発戦略が生まれる条件　71

2 ……… **学習**　72
　　　　組織学習　73
　　　　ダブルループ・ラーニング　74
　　　　5つのディシプリン　75

3 ………ナレッジ経営　77
　　　　ナレッジ経営とIT　78
　　　　SECIモデル　79
4 ………見えざる資産　82
　　　　ダイナミック・シナジー　83
5 ………学習優位の経営　84
　　　　イノベーションの〈4＋1〉Box　84
補論……ゲーム理論　85
　　　　リアルオプション　87

第2部　実務に使えるフレームワーク

第2部のはじめに　90

第4章　環境分析と戦略立案　92

1 ………3C分析　95
　　　　市場・顧客（Customer）分析　95
　　　　携帯電話におけるKBFの変遷　97
　　　　競合（Competitor）分析　99
　　　　KSF　100
　　　　自社（Company）分析　102

バリューチェーンのデコンストラクション（再構築） **103**

2 ……… **PEST 分析** **106**
 政治（Politics） **106**
 経済（Economy） **107**
 社会（Society） **108**
 技術（Technology） **109**

3 ……… **SWOT 分析** **110**

第5章 資源配分と戦略立案 **113**

1 ……… **資源配分を考える** **115**
 プロダクト・ポートフォリオ・マネジメント（PPM） **115**
 プロダクトライフサイクル（PLC） **115**
 PPM を構成する4つの象限 **119**
 GE のビジネススクリーン **121**
 PPM の活用事例 **122**

2 ……… **成長戦略を考える** **123**
 アンゾフのマトリクス **123**
 アンゾフのマトリクスの活用事例 **125**
 魅力度 × 優位性マトリクス **127**

第6章　戦略のマネジメント　128

1 ……… 戦略実行の評価　130
　　　　PDCA　130
　　　　KPI　131
　　　　バランス・スコアカード（BSC）　132

2 ……… 戦略と組織の整合性チェック　135
　　　　7S　135
　　　　V-SPRO-L　137
　　　　資源・プロセス・価値基準　140

3 ……… 変革の全体像　141
　　　　クルト・レヴィンの変革モデル　141
　　　　コッターの8段階の変革プロセス　142

第3部　経営戦略の応用

　　第3部のはじめに　148

第7章　事業創造の戦略　150

1 ……… イノベーションと経営戦略　154
　　　　漸進的イノベーション vs. 急進的イノベーション　155

イノベーション・ピラミッド　156

2 ········· **ビジネスモデルとは何か**　158
　　「4つの箱」モデル　159
　　ビジネスモデル・キャンバス　160
　　ビジネスモデルと経営戦略　161

3 ········· **事業創造の戦略**　163
　　ブルー・オーシャン戦略　164
　　破壊的イノベーション　166
　　多様な収益モデル　169
　　レーザーブレード（替え刃）・モデル　170
　　フリーミアム・モデル　171

4 ········· **デジタル時代の戦略パターン**　172
　　ロングテール　172
　　プラットフォーム戦略　173
　　シェアリング・エコノミー型ビジネス　174

5 ········· **事業創造の戦略マネジメント**　174
　　リーン・スタートアップ　175
　　忘却・借用・学習　176
　　シリアルな事業創造　178

6 ········· **イノベーションのオープン化**　181
　　オープン・イノベーション　181
　　共創（コ・クリエーション）モデル　183

7 ········· **アライアンス（戦略的提携）とM&A**　186
　　アライアンス（戦略的提携）　186

M&A（企業合併・買収）　188

第8章　グローバル経営の戦略　191

1　企業のグローバル化　194
企業はなぜグローバル化するのか　194
世界はフラット化したのか　195
「グローバル化」とは何か　196

2　グローバル化の意思決定　197
進出先市場の選択❶：カントリー・アナリシス　197
進出先市場の選択❷：CAGE　198
進出形態の選択　201
所有形態の戦略　202

3　グローバル戦略のコンセプト　203
ポーターのグローバル競争戦略　203
ゴシャールのグローバル戦略フレームワーク　205
ゲマワットのAAA　207

4　グローバル企業の戦略マネジメント　208
統合か、現地適応か　208
トランスナショナル経営　210

5　新興国市場のグローバル戦略　212
新興国とは何か　213
BOP市場の攻略　214

新興国発のイノベーション　216

第9章　競争優位の再考　219

1　競争優位の新たな視点　222
競争優位の類型化　222
一時的な競争優位　224
変化対応の優位性　227
CSV（共通価値の創造）　230

2　ビジネス・エコシステム　233

参考文献
索引

● 序章

●──── 戦略とは何か

　戦略という言葉が初めて用いられたのは、紀元前500年頃の中国・春秋時代にまとめられた『孫子』だとされている。「彼を知り己を知れば、百戦して危うからず」「善く戦うものは、勝ち易きに勝つ者なり」などといった、現代の戦略に通じる言葉も有名である。このことからもわかるように、もともと「戦略」(Strategy)は軍事用語であった。兵站や、外交の駆け引きも含め、大局的な視点から最終的に好ましい戦果を上げることが、戦略の重要なポイントだったのである。

　ここで重要になるのは、「大局的」というキーワードである。どれだけ個別の戦いで勝利を収めたとしても、大局での勝利に結び付かなければ戦には勝てない。そこで、グランドデザインとしての戦略が必要になる。戦略を持たずに場当たり的な局地戦に終始していると、どこかで手痛いダメージを被ることにもなりかねないからだ。

　戦略という言葉がビジネスに転用されたのは、主に20世紀以降の欧米においてである。ここでも、戦略という言葉の主旨は、ほぼそのまま踏襲された。限りある経営資源（戦力）をベースに、いかに中長期的に競合企業との競争に勝ち、企業を成長に導いていくかを考えるグランドデザインという意味で、戦略という言葉が用いられるようになったのだ。

　大局的な視点で望ましい成果を得るという戦略の重要ポイントは、ビジネスでも同じである。戦争と違うのは、競合との戦いにおいて、顧客という重要な関係者が存在することである。顧客からの支持という成果を得ることこそが、競合に勝つうえで決定的なカギとなるのである。

　ビジネスにおける戦略の定義にはさまざまなものがある。どれが唯一の絶対的な定義というわけではなく、どの定義にも一理あるのが戦略の大きな特徴だ。代表的なものを紹介すると、以下のようになる。

「**持続的競争優位**を構築し、中長期的に勝つこと」（典型的な定義）

「何をするかを考えるだけではなく、何をしないかを明確にすること」(マイケル・ポーター)

「戦（いくさ）を略すこと」(孫子)

「『企業や事業の将来のあるべき姿とそこに至るまでの変革のシナリオ』を描いた設計図」(伊丹敬之、加護野忠男)

　重要なキーワードが並ぶが、こうした定義から以下のような戦略のエッセンスが浮かび上がってくる。

　1つ目は、持続的な優位性を築くことが極めて重要だということである。ちょっとしたアイデアや偶発的な施策が奏功してたまたま成果を上げたとしても、それがすぐに競合に模倣されるようであればあまり意味がない。たとえば、日本のテレビの民放局では、20時57分や21時54分といった中途半端な時間から始まる番組が多い。これは、あるテレビ局が最初に実施したときには奇抜なアイデアで、それまで観ていた番組からそのまま次の番組を観てもらい、他局の番組にチャンネルを変えられるのを防ぐうえで有効な施策であったが、競合がまねをするのは容易である。事実、他局もすぐに追随するようになった。こうした持続的な優位性につながらない単発的な施策は、戦略とは呼べない。もちろん、単発でもそうした施策を考え、実行することは大事であり、企業としてしっかり取り組むべきものではあるのだが、戦略そのものではないという意味である。

　2つ目は、**経営資源**には限りがあるということだ。もし経営資源が無尽蔵にあれば、多少無駄な施策を打ったとしても、あるいは、施策によってベクトルがバラバラだったとしても、数の力で売上げや利益は上がっていくかもしれない。しかし現実には、どんな大企業であっても経営資源は有限である。言い換えれば、有限の経営資源を効果的に活用し、最大限の成果を上げていくことが企業経営であり、そのためのグランドデザインとなる方針である戦略がしっかり打ち出され、実現に向けて事業部やチームのベクトルが揃っていることが、企業の成長には必要不可欠なのである。

　3つ目は、力の配分を考えない真っ向勝負の戦い方は、必ずしも戦略的なやり方ではないということだ。もちろん、すべての事業で自社の経営資源が競合より上回っていれば、それでもいいかもしれない。しかし、自社が手がけるあらゆる事業が、常にそれを満たしていることは通常はありえない。真っ向勝負で敗れたときのダメージは大きく、企業の存亡にかかわることすらある。そう考えれば、それがベストな戦い方だとはとても言えないだろう。したがって、消耗戦を回避すべく、競合とは異なる差別化ポイントを顧客に訴求したり、市場選択を適切に行うことで競争を回避する、といったことが戦略の重要なポイントとなる。

4つ目は、戦略は最終目的ではないということだ。もちろん、個別の戦術や施策といった「手段」に対比すれば、戦略は目的の色合いが強い。しかし、見方を変えると、**経営理念**や**ビジョン**といった高次の目的を達成するための手段、という側面が強くなるのである。戦術－戦略－ビジョン－経営理念にはそうした入れ子的な構造があることを理解しておきたい。経営理念やビジョンと戦略の関係については、次に詳述する。

◉────**戦略の階層と経営理念、ビジョンとの関係**

　経営戦略は、大きく2つの階層に分かれる。
　1つは**事業戦略**であり、個別の事業領域で競合に対し、優位な立場をいかにして築き、持続させるかを考えるものだ。経営者はもちろん、その事業を担当する事業部長らが最も真剣に考えるべき戦略である。「ビジネスの戦略」と言う場合には事業戦略を指すことが多い。
　もう1つは**全社戦略**である。ある程度の大きさの企業になれば、通常は多角化し、複数の事業を持つようになるものだ。そうしたなかで、

❶自社の事業ドメイン（事業領域）をどこまでと定めるか（第2章参照）
❷複数の事業間でいかに効率的に経営資源の配分を行うか（第5章参照）
❸事業拡大の方向性をどうするか。特に新規事業にいかに取り組むか（第5章参照）

といったことを考え、最適化を図るのが全社戦略である。事業戦略が個々の事業の収益性や成長性を追求するのに対し、全社戦略では、事業の集合体をいかに効果的に運営し、**企業価値**を向上させるかを考える。
　通常は文脈から判断できるが、経営戦略と言ったときに、事業戦略と全社戦略のどちらを指しているのかを正しく峻別することは、非常に重要である。
　こうした経営戦略の上位に位置するのが経営理念とビジョンだ。これらは、企業の存在目的や行動原理、行動指針を規定するものである（**図表序－1**）。

　経営理念とは、企業の基本的な信念、哲学である。たとえば「良質なエンターテインメントを提供して、世界の人々の精神的豊かさに貢献する」など、企業が社会に存在する意義、目的を示すものだ。時代の流れを超えた普遍的な価値観や判断基準として、内部・外部の**利害関係者**（ステークホルダー）に示されるとともに、従業員への浸透を通じて**組織文化**の形成に深くかかわる。通常、創業者によって定められることが多い。また、大企業では事業の変容や組織の変革を機に、当初の経営理念に改変が加えられるこ

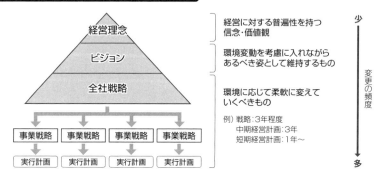

ともある。

　ビジョンは、企業を取り巻く環境の変動を考慮に入れながら、自社のあるべき姿として保持する具体的なイメージである。たとえば、「2025年までに、○○の事業領域で規模、顧客満足度ともナンバーワンになっている」などである。中長期（通常は5年、10年といった期間で捉えることが多い）の到達点における姿を、株主や従業員、あるいは社会に向けて提示するものである。

　なお、経営理念は、**ミッション**や**コミットメント**、**社是**などの言葉で表明されることも多い。それによって内容も微妙に異なることがあるが、そうした差異はあまり問題ではない。企業としての経営に対する姿勢をしっかり示すものであれば、広い意味での経営理念と考えられる。

　ビジョンも、必ずしも5年、10年と限定せず、より長期のあるべき姿を示し、経営理念と近い表現を取ることも多い。「日本の政治・経済に関する情報発信の中心となる」などである。

　経営理念やビジョンは狭義に閉じる必要はない。極端に言えば、ある企業でビジョンと呼んでいるものが、別の企業では経営理念を指すこともある。いずれも、企業の姿勢や向かうべき進路を指し示す、より大きな方向性と捉えておけばよいだろう。そして、こうした経営理念やビジョンを実現する方針こそが経営戦略なのである。

◉─── 戦略を考える視点

　戦略を検討するうえで重要な視点として、まず、❶戦略の有効性、言い換えれば持続的な競争優位につながる戦略とはどのようなものか、という視点がある。また、❷戦略はどのように策定されるか、という視点も重要だ。

図表 序-2 戦略論の類型

	分析重視	(現場での)学習重視
外部	ポジショニング論	ラーニング(学習)論
内部	資源ベース論	

❶については、持続的な競争優位の源泉を、外部分析に基づく自社の効果的な位置取りに求めるという考え方がある。戦略論の大家であるマイケル・ポーターがその代表的な提唱者であり、多くのコンサルティングファームが多用する考え方でもある。これを**ポジショニング論**と呼ぶ。

それとは逆に、持続的な競争優位の源泉を社内の強みに求める考え方もある。これが**資源ベース論**だ。ＪＤ.バーニーらがその提唱者である。

ただし、これら2つの考え方は相いれないものではなく、お互いに補完する関係にあるというのが最近の捉え方である。

❷については、分析重視で経営者や戦略企画部のような部署が戦略を立案するのが効果的であるという考え方と、有効な戦略は、現場が顧客の反応や声、さらには小さな実験などから学ぶことにより生まれ、それが定着していくという考え方がある。後者を**ラーニング論**と呼ぶ。

これらを1つの図に示すと**図表序-2**のようになる。

本書では、まずはこの3つの考え方を第1部で、それぞれ1章を割いて解説している。旧版の『MBA経営戦略』ではポジショニング論にほぼフォーカスして解説していたが、戦略への理解が深まって戦略論の裾野も広がってきた昨今、資源ベース論やラーニング論についても原理や関係性を理解することが、経営戦略を学ぶうえで必須となってきた。実際に、ベンチャーの現場などでは、小さな実験を繰り返してその結果から学び、大胆に戦略を変えるケースも多く見られる。こうした背景も踏まえて、本書では、まずは3つの関係性をしっかり解説することにした。

さて、戦略を考える視点としては、❸戦略の立案と実行という視点も非常に大事である。どのようなフレームワークやツールを用いれば効果的に戦略を立てられるのか(特

に分析重視のポジショニング論の視点において)、どうすれば立てた戦略が効果的に実行されるのか、ということだ。

そこで第2部において、実務的で、多くの現場で用いられている戦略立案・実行のためのフレームワークを解説する。戦略は、理論を知っただけでは現場で生きてこない。先人の知恵が詰まった実務的な分析・実行のツール群についてもしっかり学び、その使い方と留意点などを理解してほしい。

◉──── 戦略論の各論

ここまで、大きく戦略の階層や、戦略を考える視点について見てきたが、ベンチャー戦略やグローバル戦略という言葉もあるように、個別に見ると、それぞれ固有の難しさが伴う領域もある。特に、ITの進化に合わせた事業創造の戦略やグローバル戦略は、今日のビジネスパーソンに必須の知識である。これらについても、第3部で個別に章を設けたので、特に自分に関係すると思われるポイントについては、ぜひ理解を深めていた

図表 序-3　戦略論の全体像と本書の構成

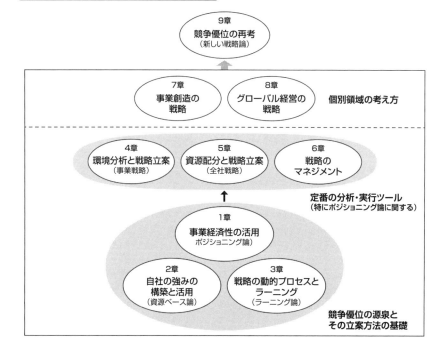

だきたい。
　これまで説明した事柄と、本書の対応する章を図にまとめると、**図表序－3**のようになる（全社戦略と事業戦略の考え方については、図表序－1参照）。この関係性を頭に入れたうえで読み進められることをお勧めする。
　なお、図表序－3からもわかるように、最終章の第9章では、「競争優位」について再考している。
　経営戦略は、基本的に競争優位の構築を目指すものであるが、それを持続させることは思った以上に難しいことが、昨今の研究から明らかになりつつある。では、そのうえで我々は戦略をどう考えるべきなのだろうか。戦略の役割とは何かという視点を持ちながら、ご一読いただきたい。

第1部

経営戦略の基本コンセプト

● 第1部のはじめに

●

　経営戦略を理解し活用するためには、そのベースとなる基本コンセプト（メカニズムやフレームワークなど）を、それが成り立つ条件や前提、あるいは限界まで含めて、正しく理解しておくことが必要となる。

　たとえば、アマゾン・ドットコム（以下アマゾン）という企業は21世紀に入ってからも、その気になれば先行投資を止めて会計上で大きな利益を出すことができるにもかかわらず、キャッシュを成長に向けての投資に振り向けることで規模を追求し続けている。その戦略を理解するためには、規模の経済性や範囲の経済性、ネットワークの経済性といった考え方を知らねばならない。これらがアマゾンのビジネスにおいて、長期にわたって優位性を築く重大な要素となるからこそ、同社は目先の利益にはこだわらず、ひたすら先行投資をしているのである。

　あるいは、いまや一般用語化した感もある「差別化」も、突き詰めていくと奥の深い考え方だとわかる。「なぜ差別化をしなくてはいけないのか？」「その差別化は本当に有効なのか？」と問われて、正確に答えられるビジネスパーソンは、必ずしも多くはないだろう。

　また、「バリューチェーン」という言葉も一般に使われるようになったが、それを正確に使いこなし、ビジネス上で有効な知見を導き出せている人は必ずしも多くはない。バリューチェーンという用語が状況によって多少異なる意味を持つことも、これに拍車をかけている。「自社の強みはバリューチェーンのどこにあるのか？」と言ったときと、「バリューチェーンの再構築」と言ったときでは、その意図する内容が異なるのである（前者は個別企業内の機能に着目しているのに対し、後者は業界全体のサプライチェーンを指すことも多い）。

　優れた戦略を立案できるようになるためには、まずはその基本となるコンセプトを正しく理解することが必須である。第1部では、さまざまな戦略関連キーワードの中でも、特に基礎となる用語を解説していく。

　まず第1章では、コンサルティングの現場では最も広く応用されているポジショニン

グ論（競合に対して優位なポジションを取れば高い収益を上げることが可能になる、とする考え方）のベースとなるコンセプトについて解説していく。これらは、この50年間ほどの戦略論の王道ともいえる、まさに基礎となるコンセプトだ。

続く第2章では、ポジショニング論とは逆の観点になる資源ベースの考え方、すなわちリソース・ベースト・ビュー（RBV）に関連するコンセプトについて解説していく。ポジショニング論とRBVは互いに補完し合いながら、有効な戦略を導くものだ。「自社の強みを研ぎ澄ますことこそが勝ち残るためには必要だ」との声が強まる昨今、ぜひ押さえておきたいコンセプトである。

第3章では、より動的な視点を入れ、主にラーニング（学習）論関係のコンセプトを紹介していく。この分野は比較的新しい領域でまだ発展途上であるため、実証研究などが不足気味ではあるものの、だからこそ伸び代が大きい分野ともいえる。野中郁次郎や伊丹敬之など日本人研究者の活躍が目立つ分野で、また、日本企業の強みがある（とされてきた）領域でもある。そうした点も意識しながら理解を深めていただきたい。

第1章 ● 事業経済性の活用

POINT

　ビジネスは突き詰めれば、利益（売上－費用）を上げながら成長を果たすことを目的としている。その過程でさまざまな競争が生じるわけだが、どれだけ相手に対して有利なポジションを取れるかが、高い収益性や成長性を実現するうえで非常に重要となる（いわゆるポジショニング論）。そのカギとなるのはコストである。コストが競争相手よりも低い場合と高い場合とでは、当然戦い方は異なる。それゆえ、事業経済性を正しく理解し、それを踏まえたうえで業界分析や事業構造分析などを的確に行う必要がある。また、定石ともいえる戦略の方向性を知っておくことも極めて重要となる。

CASE

【コンビニ業界とセブン-イレブン】

　セブン-イレブン・ジャパン（以下セブン-イレブン）は日本のコンビニエンス・ストア（以下コンビニ）の草分け的存在であり、2017年現在も収益性などで競合を圧倒するリーディングカンパニーである（**図表1-1**）。ただし、店舗数については、ファミリーマー

図表 1-1　セブン-イレブンと競合企業の業容比較

社名	売上 （百万円）	当期純利益 （百万円）	店舗数	従業員数
セブン・イレブン・ジャパン	4,291,067	162,910	18,572	12,098
ローソン	2,049,554	31,381	12,395	3,846
ファミリーマート	2,005,580	17,098	11,656	4,304
サークルKサンクス*	156,308	-1,974	6,242	1,919

（2015年度）

＊サークルKサンクスのみ営業総収入。他はチェーン全店売上
＊売上、当期純利益は2015年12月末、店舗数、従業員数は2016年2月末現在（セブン-イレブン・ジャパンのみ店舗数は2015年12月末現在）
＊2016年9月以降、サークルKサンクスは順次ファミリーマートへ変わる

出所：各社2016年2月期報告書をもとにグロービス作成

トとサークルKサンクスの合併により、かなり接近した)。同社はイトーヨーカ堂(以下、場合に応じてイトーヨーカドー)を始祖とするセブン&アイ・グループの中核企業でもある。

常にコンビニ業界の牽引役であったセブン-イレブンは、どのように発展してきたのだろうか。

● 日本におけるセブン-イレブンの創業

セブン-イレブンはもともと、アメリカ発祥のコンビニエンス・ストアである。1927年にテキサス州の小さな町で創業したサウスランド・アイス社(後にサウスランド・コーポレーション)が前身だ。創業当時、アメリカでは冷蔵庫はまだ一般に普及しておらず、多くの小売店が氷の販売を行っていた。同社ももともとは氷販売店であり、氷の需要が高まる夏季には、営業時間を朝7時から夜23時(午後11時)までの16時間体制とし、消費者の好評を博した。この営業時間が後に、セブン-イレブンという店舗のブランド名となったのである。同社はまた、氷だけではなく食料品やさまざまな日用品も扱うようにして徐々に業容を拡大し、店舗数を増やしていった。

1970年代にこの業態に目をつけたのが、イトーヨーカ堂の創業者伊藤雅俊と、当時同社の社員で、2016年までセブン&アイ・ホールディングスの代表取締役会長兼最高経営責任者(CEO)を務めた鈴木敏文である。「あちこちに同じ『7-ELEVEn』の看板の小規模小売店がある。これは何だろう」というのが彼らの最初の疑問であった。そして調査・研究を重ね、日本でも同様の業態が成り立つのではないかとの結論に達した。

当時の日本では、地元密着型の小売店がダイエーなどの大型店に押され、経営が悪化する事態が頻繁に起こっていたため、73年10月には大規模小売店舗法(大店法)が制定された。イトーヨーカ堂も大型店の出店では足枷をはめられた格好だ。また、地域の小売店との軋轢も大きなものがあり、共存共栄の実現は容易ではなかった。こうした事情が、大型店ではない業態、そして地域の小型小売店へのフランチャイズ方式という仕組みの導入へとつながったのである。

73年に鈴木は、当時およそ4000店のフランチャイズ店を運営していたサウスランド・コーポレーションとライセンシング契約を結び、ノウハウを学んで、74年に東京都江東区豊洲に国内初のセブン-イレブンを出店した。この第1号店は、酒販業を営んでいた店とフランチャイズ契約を結び、セブン-イレブンのフランチャイジーになってもらったのである。初日から50万円を超える売上げがあったが、最初の顧客は中年男性で、売れたのはサングラスだったという。

日本ではまだこうした業態は時期尚早ではないかとの声も強かったが、鈴木は自信を持っていた。「顧客に密着し、売れる品揃えを実現すれば、必ず成功する。フランチャ

イズ方式により、もとからあった地元商店ともウィン-ウィンの関係が築けるはず」というのが鈴木の考え方であった。

● セブン-イレブンの拡大

セブン-イレブンは早い段階から業界のリーディングカンパニーとしてナンバーワンの地位を占め、79年には早くもセブン-イレブン・ジャパンは東証２部上場を果たした。そして、翌80年には加盟店数が1000店に達した（**図表１-２**。100店に達したのは76年。同じ年から「セブン-イレブン いい気分」のテレビCMを開始）。

初期のフランチャイジー獲得にあたっては、当時は酒類販売の規制が強かったことから、立地のよい酒屋をねらっていった。アルコールを扱う店舗は他の店舗よりも10万円以上日販が多かったからである。早期の酒屋のフランチャイジー化は、同社を大きく利することになった。

82年にはPOSシステムを競合に先駆けて導入し、仮説と検証に基づくマーチャンダイジングの基盤を作った。POSのデータをもとにして、売れない商品はすぐに止め、売れ筋の商品を置くことが容易になった。コンビニでは、重要な経営指標として「面積当たりの売上げ」を用いるため、商品の回転率を上げることが重要なのである。

また、顧客の求めるものを常に置き続けることを目指し、１日３回配送を実現した。当初は文字どおり朝７時から夜11時までを営業時間とする店が多かったが、徐々に24時間営業の店が増え、80年代になるとほとんどの店が24時間営業体制になった。

図表 1-2 セブン-イレブンの店舗数推移

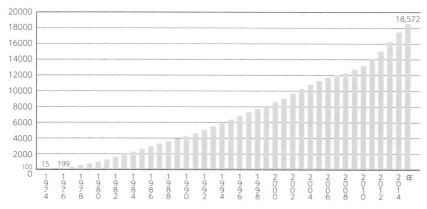

出所：セブン-イレブン・ジャパンホームページをもとにグロービス作成

2016年現在、セブン-イレブンの店舗には2800アイテムの商品があるといわれているが、週に100アイテムは新しい推奨品が本部より提案される。つまり、約3～4％の商品が毎週入れ替わっている計算だ。

さらに言えば、同じ商品であっても地域や季節ごとに微妙に味付けなどは変えている。1月に東京で販売するのり弁当と、7月に大阪で販売するのり弁当の味は異なるのである。もともと、消費者のニーズにきめ細かく対応するのが同社のモットーであったが、それを愚直に進化させながら実行しているのだ。

セブン-イレブンの業界ナンバーワンの地位は、その販売価格の安さにも反映されている。たとえば、スーパードライや一番搾りといった缶ビール（500ml）の小売価格は、ファミリーマートやローソンが消費税別で271円であるのに対し、セブン-イレブンでは265円となっている。ガムのキシリッシュはセブン-イレブンの消費税別価格が95円で、ファミリーマートなどは96円だ（2017年2月現在）。

分量や中身が異なるプライベートブランド（PB）では単純な比較はしにくいが、まったく同じ商品であるナショナルブランド（NB）ではセブン-イレブンのバイイングパワーに基づく低価格が目立つ格好になっている。

2016年9月には業界第3位のファミリーマートと4位のサークルKサンクスの経営統合が行われ、セブン-イレブンの陣頭指揮を長年とってきた鈴木会長も一線から退いた。他社の追い上げも見込まれるなかでのセブン-イレブンの今後に注目が集まる。

理論

本章では、主に1960年代から1990年代に理論化が進み、コンサルティングファームや一般企業の実務などで活用されて定番となったコンセプトを解説していく。どれもオーソドックスなものばかりだが、だからこそ有効性が高く、いまでも戦略論の土台となっている。

1 ● 典型的な事業経済性

ある事業が競合に対して優位な立場に立てるか（競争優位を構築できるか）を分析するうえで、最初に理解しなくてはならないのが**事業経済性**、言い換えるとコスト低減のメカニズムであり、さらには自社や他社がそれを活用できているかどうかである（事業経済性を事業の収益・コスト構造の意味で用いる場合もあるが、ここでは基本的に上記の定義で考えていく）。

複数の企業が似たようなビジネスを展開しているとき、基本的にコストの低いほうが

競争優位を築きやすい。それだけ顧客に低価格を提示できる可能性が高まるし、低コストで競合並みの価格を実現できればそれだけ収益性が向上し、それをさらなる投資や、競合との差別化のための原資として活用できるからである。

　企業がオーナーである株主から期待されるのが収益性と成長であるという側面からも、事業経済性を理解しておくことは非常に重要である。

　事業経済性には多くのものがあるが、ここでは規模の経済性、習熟の経済性（経験曲線）、範囲の経済性、密度の経済性、ネットワークの経済性について簡単に説明しよう。また、事業経済性そのものではないが、企業のコスト構造に大きな影響を与える要素コストについても簡単に解説する。

●───規模の経済性

　規模の経済性とは、規模（一般には売上高を用いる）が増すと、製品１単位当たりの製造コストや提供コストが低減することを指す。その主原因は固定費の分散である。それを示したのが**図表１－３**だ。

　規模の経済性が強く働くのが製薬業界である。製薬業界で特に重視される固定費は研究開発費だ。１つの新薬を開発するには、近年では数百億円から1000億円ともいわれる莫大な先行投資が必要になる。ここで重要なのは、売上げが大きかろうが小さかろうが、その額はあまり変わらないという点である。仮に、１つの新薬に1000億円の研究開発費がかかった場合、上市後の売上げが5000億円と５兆円のケースでは、製品１つに配賦される研究開発コストはそれぞれ20％と２％となり、大きな差が出てしまう。それゆえ、製薬業界では規模の経済性を効かせるべく、グローバルにM&Aが行われて企業規模の拡大が志向されているのである。

　規模の経済性は、狭義には固定費の分散による単位当たりコストの低減を指すが、より広義には**バイイングパワー**向上による仕入コストの低減なども含む（**図表１－４**）。たとえば家電販売ではヤマダ電機がその圧倒的な販売量を武器に、メーカーから多額の販売リベートを引き出している。通常、小売業は仕入価格に適正なマージンを乗せて販売するのが一般的だが、ヤマダ電機ではまずは売ってしまい、その後、販売実績に見合う多額の販売リベートをメーカーに要求する仕組みを続けてきた。

　ケースに示したセブン-イレブンを擁する流通大手のセブン＆アイ・グループやイオングループも、規模に裏付けられたバイイングパワーを行使することで、圧倒的に安い仕入価格を享受している。

　ここで、規模の経済性について３つほど注意点を述べておこう。

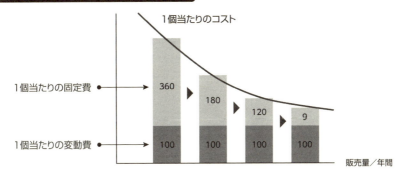

図表1-3 規模の経済性（固定費の分散）

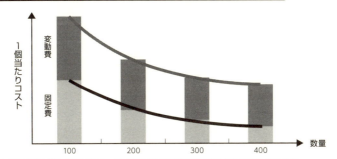

図表1-4 規模の経済性（固定費の分散＋バイイングパワーの向上）

出所：グロービス『図解 グロービスMBAキーワード ビジネスの基礎知識50』ダイヤモンド社 2016年

　まず、固定費の分散と言う場合、同じ固定費でも、全社や事業部といった広い範囲で共有できる固定費と、個別の店舗など狭い範囲に張り付いてしまう固定費では、意味合いが違うということである（**図表1-5**）。たとえばファミリーレストラン事業は、かつてセントラルキッチン方式を導入したり、広告投資を積極的に行ったりして、本来規模の経済性が効きにくかったレストラン業界を、効きやすい業界へと変えた。

　一方で、全社やエリアで共有できる固定費以上に、個店レベルの固定費が占める割合は依然として大きい。たとえば、店舗の賃借料や人件費などである。全社的な規模（店数）を増やしたところで、個店の固定費は変化しない点に留意が必要だ。

　第2に、固定費の分散については、規模の経済性による固定費の分散と、**稼働率**の上昇による単位当たり固定費の低減の違いも理解しておきたい（**図表1-6**）。前者は、同じ稼働率を前提としたときに、規模の大きな企業の単位当たりコストが低くなる現象で

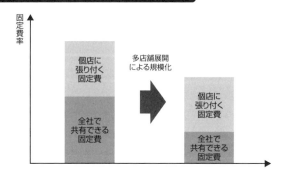

図表1-5 分散しやすい固定費と分散しにくい固定費

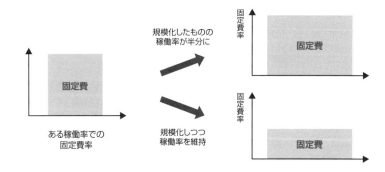

図表1-6 規模の効果と稼働率の影響の違い

ある。潜在的に規模の経済性が効く企業であっても、稼働率が低い状態では単位当たりの固定費の分散は実現できない。この罠に落ちたのが、かつてのすかいらーくである。同社は全社的な規模を拡大すべく新規エリアへの出店を加速したが、新規店舗は軒並み稼働率が低く、同社の長年の赤字の原因となった。他社とのコスト比較や時系列のコスト比較などを行う際には、本来の規模の経済性の影響と、稼働率の影響による差を峻別する必要がある。

第3に、しばしば**規模の不経済性**の現象が見られることも指摘しておこう。これは、規模化によるコスト低減以上に、コミュニケーションの手間暇が増すことで、かえって単位当たりのコストが増す現象である。規模の不経済性とまではいかないまでも、こうした理由から規模の経済性の効きが弱くなる現象は、しばしば見られる。

米自動車メーカーのGMはかつて、車種が多いことに加え、内部の調整コストが高か

ったこともあり、企業規模では下回るフォードより同じ車格の乗用車の製造コストが高くついていた。日本の大手自動車メーカーでは、これを避けるべく、数車種のプラットフォームを共有化するなどの工夫をして、徹底したコストダウンを図っている。

● 習熟の経済性（経験曲線）

経験曲線（ラーニングカーブ）とは、コンサルティング会社のボストン コンサルティング グループ（BCG）が発見したコスト低減のメカニズムで、累積生産量が増すほど単位当たりのコストが減少することを指す。サービス業などでも生じうるが、特に製造業において顕著に見られる現象である（**図表1-7**）。

経験曲線が発生する原因としては、まず、累積の生産量が増えるに従って、過去の経験や溜まった知見を反映して生産プロセスの効率化が進み、歩留まりや生産性が高くなることが挙げられる。また、通常、累積生産量の多い会社は上位企業であり、新技術の採用に積極的であることも生産性を高める原因となる。経験曲線には規模の経済性の要素も入っている。

経験曲線の傾きは、業界ごとに同じというわけではない。ナレッジの蓄積や学習に熱心な会社は経験曲線の勾配が急になるが、そうでない会社では勾配は緩やかなものとなる。80年代頃までは、日本の製造業の経験曲線の勾配が概ね急であったのに対し、生産技術の改善にあまり力を入れてこなかったアメリカの製造業の経験曲線は緩やかだった。

日本企業は、特に**擦り合わせ型**製品（機能とパーツが1対1で対応しておらず、きめ細かな擦り合わせが必要とされる製品）の生産において強みを持つとされるが、この領域での経験曲線の傾きは、丁寧な学習や暗黙知（くわしくは第3章を参照）によるところが大きく、一朝一夕に他社が逆転するのは難しい。

図表1-7　経験曲線　　アメリカにおける集積回路の例

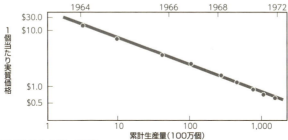

出所：ボストン コンサルティング グループ調査

ただし、生産技術が刷新されてしまうとその限りではない。たとえば自動車は、擦り合わせ型の製品であり、日本企業のコスト競争力は強いが、もし電気自動車が普及し、製品の構造が**モジュール型**（パソコンのように機能とパーツが1対1で対応しており、組み立てが単純な製品構造）に変わってしまうと、それまでの日本企業の強みが生きず、コスト競争力が失われてしまいかねない。経験曲線は改善や改良の積み重ねの結果ともいえるもので、劇的なイノベーションが起きて一気に「**ゲームのルール**が変わってしまう」ことには注意を払う必要がある（なお、戦略論において「〈ゲームの〉ルールが変わる」とは、環境変化に伴い成功のカギや競争の軸が変わることを指す）。

経験曲線を見るときのもう1つのポイントは、習熟によるコスト低減はいつかは終わるということである。いつまでも同じペースでコスト低減が続くわけではなく、どこかの段階で曲線がフラットになる。コモディティ化が劇的に進んだ製品などでは、淘汰されずに残った企業であれば、誰が生産しても習熟によるコストの差異はないという状況になりやすい。どの段階で経験曲線が効きにくくなるかを予測することも、戦略を構想するうえでは重要である。

● 範囲の経済性

規模の経済性が同じ事業における固定費の分散（あるいは仕入れにおける強いバイイングパワー）を意味していたのに対し、**範囲の経済性**は、異なる事業間における資源の共有によるコスト低減を意味する（**図表1-8**）。

たとえば経営大学院と企業向けマネジメント研修という事業は、基本的に教材や講師、教育手法など、用いる経営資源やノウハウはかなり重なる部分が大きい。大学院生には企業派遣でやってくる学生も多いから、人事部や事業部に対する営業やマーケティング

図表 1-8 範囲の経済性

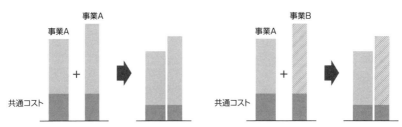

出所：グロービス『図解 グロービスMBAキーワード ビジネスの基礎知識50』ダイヤモンド社　2016年

の資源もある程度共有可能である。別の見方をすると、同じ規模で企業向けマネジメント研修事業を展開している会社がある場合、それだけをやっている会社よりも、大学院事業も同時に展開している会社のほうが、資源やプロセスを共有することで範囲の経済性が効くぶん、コスト優位に立てるのである。

事実、ハーバード・ビジネス・スクールをはじめとする海外の多くの経営大学院は、MBAを授与する大学院事業以上に、法人向けの事業で利益を生み出している（さらにハーバード・ビジネス・スクールの場合はケーススタディ＝企業事例の外販を大きな収益源としており、他の経営大学院の追随を許していない）。

範囲の経済性は、シナジーとほぼ同義である。**シナジー**は、「1＋1が3になる」と表現されることがあるが、範囲の経済性は、「1と1のコストを足しても1.5のコストにしかならない」と言い換えることができる。その趣旨は、結局は同じである。

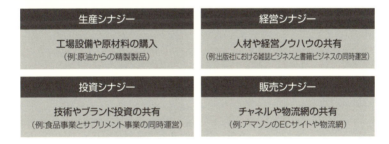

図表1-9 シナジーのタイプ（アンゾフの分類）

出所：H. イゴール・アンゾフ『〈新装版〉アンゾフ経営戦略論[新訳]』中央経済社　2015年をもとにグロービス作成

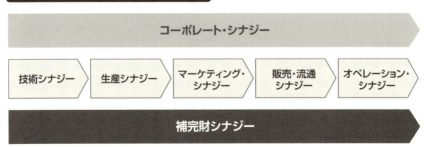

図表1-10 シナジーのタイプ（別の見方）

＊それぞれのシナジーに「モノ(・カネ)」と「人・ノウハウ」の要素がある

シナジーはいくつかのタイプに分類される。**図表1-9**に示したのは、経営学者のアンゾフによる分類であり、やはりコストの共有を強く意識している。

図表1-10に示したのは、バリューチェーン（本章の6節で詳述）を強く意識して分類したものだ。ここでは、コーポレート・シナジーとソフトとハードのシナジーに注目してほしい。

コーポレート・シナジーとは、特定の職能（機能）にかかわるものではなく、企業全体をマネジメントするノウハウを横展開することで生じるシナジーである。たとえばGE（ゼネラル・エレクトリック）はリーダー育成のノウハウが卓越しているが、これは同社の中核事業である重電事業だけでなく、その他の事業にも展開可能である。

ソフトとハードのシナジーは、**補完財**（DVDとDVD再生機のように、お互いが消費を刺激し合う関係にある製品・サービス）を自社で持つことにより、マーケティングコストを相対的に低減するものだ。エレクトロニクスメーカーが子会社に音楽会社を持つのはその典型例である。

ケースのセブン-イレブンを核とするセブン＆アイ・グループについて言えば、まず流通業では購買を共有できることで、大きなバイイングパワーを生み出すことに成功している。また、第2章のケースで紹介するオムニチャネル戦略では、物流網や店舗網を共有することでコストダウンを図っている。

範囲の経済性の効く度合いは、多角化を考える際に非常に重要なポイントとなる。ただし、本当に経営資源やプロセスを共有できるか、事前にしっかり検討する必要がある。かつてヤクルト本社は、商社と組んで、同社の強みでもあるセールスレディに健康器具のカタログを持たせ、範囲の経済性を追求しようとしたが、あまりの商材特性の違いに効果的なセールスを行うことができず、チャレンジはうまくいかなかった。

◉ **密度の経済性**

店舗展開や物流を行うサービス業においては、店舗や配送センターが高密度に配置されているほうが輸送コストの節約になり、また店舗や配送センターの施設そのものが広告媒体になる（広告投資が少なくて済む）効果が期待できるが、これが密度の経済性である。店舗の場合は、密度が高いほど顧客アクセスの利便性向上にもつながる（**図表1-11**）。

セブン-イレブンはまさにこの**密度の経済性**を活かした企業事例である。同社の出店形態は「ドミナント方式」という言葉でよく表されるが、店舗を集中させることで密度の経済性を効かせるだけでなく、フランチャイジーへのスーパーバイザーの効率的訪問や、店舗間での競争意識向上なども意図している。

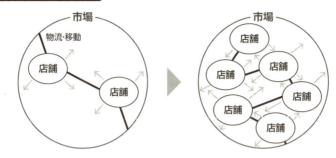

図表 1-11　密度の経済性

──→ は宣伝効果を表す

　それゆえ、ドミナント方式が適用できないような地域については、県レベルでも出店しないことがあった。しかし、コンビニ業界の競争激化もあり、2015年には「空白県」の1つでであった鳥取県に出店し、16年には最後の沖縄県への進出も表明した。

● ネットワークの経済性

　SNSや電子メール、電話などのサービスにおいて、利用者が増えれば増えるほど、個々の利用者の利便性が増し、顧客獲得コストやサービス提供コストが低減する現象を**ネットワークの経済性**、あるいはネットワーク効果、ネットワーク外部性という（**図表1-12**）。利用者数そのものが価値を生む現象と言い換えることもできる。この効果は利用者が少ないうちでも生じるが、クリティカルマスと呼ばれる臨界点を超えると潜在ユーザーにもその効果が見えやすくなり、利用者が激増するようになる。

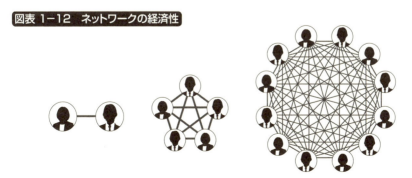

図表 1-12　ネットワークの経済性

出所：グロービス『グロービスMBAキーワード 図解 ビジネスの基礎知識50』ダイヤモンド社　2016年

サービス提供者から見ると、コストは利用者数Nに比例するが、便益は利用者数Nの二乗に比例する、などと表現できる。つまり、たとえば3倍の規模になると、運営コストは概ね3倍、トータルとして顧客に提供できる便益は9倍になるということだ。

戦略論では、**デファクト・スタンダード**（事実上の標準）を取ることの重要性や、最大規模のプラットフォームを構築することの意義などを説明するときに使われる（第7章を参照）。

ネットワークの経済性は特に、比較的安価にサービス基盤を提供しやすくスピード勝負となりやすいネットビジネスにおいて重視されている。たとえばLINEはサービス開始の初期に500円のAmazonギフト券を10万人に配るというプロモーションを行ってダウンロード数を増やし、先発のアプリを一気に追い抜いたのである。

◉── **要素コスト**

最後に、事業経済性（コスト低減につながるメカニズム）そのものではないが、企業のコスト低減に大きく影響する**要素コスト**について触れておこう。これに該当するのは、人件費の単価や家賃相場などである。

事業のタイプにもよるが、多くの企業において大きな費用項目となるのは、人件費や地代である。たとえば、規模が大きく、経験曲線が効く自動車メーカーであっても、日本国内で生産した完成車を世界に売るというモデルだけでは、人件費をはじめとするコストが高くついて、とてもグローバル市場では戦えない（ほかにも輸送費や為替リスクなども生じる）。現地のニーズをすくい上げ、雇用を創出して企業イメージを高めるという側面からも、地産地消でグローバル化しなければ、特にローエンドの車種や新興国市場では戦えないのである。

要素コストの低減をうまく行ったのが、1990年代のユニクロである。通常の小売業からSPA（製造小売業）へという業態の大転換に加え、当時は人件費が極めて安かった中国で製造することで、高い利益率を実現した（ユニクロはそのほかにも、商品点数を絞り込み、1アイテム当たりの生産量を増やすことで規模の経済性を実現するなど、さまざまな事業経済性を活用している）。

ただし、いたずらに要素コストを削減すればいいというものではない。たとえば飲食店の場合、多少家賃が高くても、通行人の目につきやすい1階のフロアに出店することのメリットは大きい。また、海外ブランドの直営店があえて家賃の高い場所に出店して、ブランドイメージを訴求するケースもよく見られる。スペインのファストファッションのZARAがその典型で、マス広告は抑える代わりに、アクセスの良い繁華街の一等地に出店することで、他社との差別化を図っている。

なお、近年では、租税が安い国・地域（オフショア）に本社機能を置き、社内の移転価格を調整したりすることで納める税金の額を下げているグローバル企業もある。営業利益にダイレクトに反映されるわけではないので他の要素コストとは意味合いが異なるが、最終的な内部留保を増やしたり、投資余力を向上させたりするうえで、効果的な方法とされている。行き過ぎた租税回避には批判の声もあるが、グローバル企業が国家の「制度的な隔たり」を活用した例ともいえる（第8章参照）。

2 ● SCPモデルと5つの力分析

ここまで見てきた事業経済性をいくつも実現できれば、企業は高い収益性を保てるのであろうか。答えは半分イエスであり、半分ノーである。たしかに事業経済性を効かせることは大事だが、それだけで高い収益性が実現できるわけではない。

たとえば、パソコンの完成品メーカーはあの手この手を使ってコストダウンを図っているが、営業利益率で10％以上を超える企業は、大手も含めてほとんどない。その一方で、地場のレストランや不動産仲介会社が営業利益率十数％を実現することはめずらしくない。

なぜこのような現象が起こるのだろうか。なぜある産業では有名企業が薄利に甘んじているのに、別の業界ではそれほどの苦労なく儲ける企業が存在するのだろうか。

◉── SCPモデル

この問いについての初期の研究は、1930年代に始まった。当時の経済学者たちは、企業のパフォーマンスは、企業の個別の行動だけではなく、企業の置かれた環境にも強く影響を受けると考えたのである。この考え方を**SCPモデル**という（**図表1-13**）。Sは業界構造（Structure）、Cは企業の行動（Conduct）、そしてPが業界のパフォーマンス（Performance）である（より厳密に言えば、Pは個別企業のパフォーマンスも含む。SとCとPの連関に着目した点が重要）。

このフレームワークでは、企業の収益性は、その企業が置かれた環境に左右されると考える。たとえば競争が激しく新規参入も容易など、業界が厳しい環境にあれば、製品開発やマーケティングを多少うまくやったところで、それほど儲からない。逆に、競合が少なく業界の環境があまり厳しくなければ、多少企業活動に緩い部分があっても、それほど収益性は厳しくならないと考えるのである。前者の例としては、パソコンのアセンブル、後者の例としてはかつてのテレビ局がある。

SCPの考え方は比較的古くからあったが、アカデミックな議論にとどまり、企業経

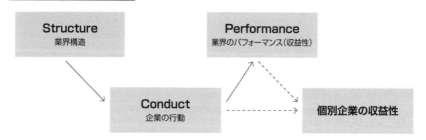

図表1-13 SCPモデル

営者が実務に用いるほどの影響を与えきれずにいた。

　こうした状況を大きく変え、ビジネスパーソンが簡単に用いることができるような説得力のあるフレームワークを提供したのが、ハーバード・ビジネス・スクールのマイケル・ポーターである。ポーターは、さまざまな業界や企業の分析を通じて、業界や企業の収益性に影響を与える要因を研究した。そして、1979年度のマッキンゼー賞を受章した論文「5つの環境要因を競争戦略にどう取り込むか」において、業界の収益性に影響を与える環境要因を5つ特定し、それを押さえたうえで、業界内で有利なポジションを取った企業が成功を収めるとした（ポーターはその後、『競争の戦略』でこのフレームワークについてさらに深く解説をしている）。

　5つの要因を整理したものが「5つの力分析」であり、ポジションの取り方に言及したものが後述する「3つの基本戦略」「戦略グループ」である。まずは5つの力分析から見ていこう。

◉────5つの力分析

　ポーターの5つの力分析の骨子は、業界に留保される利益は、「業界の利益を削る」5つの要因によって定まるというものだ。そして業界の利益を削る力が強いほど業界に利益は溜まりにくくなり（業界全体の収益性は低くなり）、そこで企業が高い収益を上げるのは難しくなるのである（図表1-14、図表1-15）。

　以下で5つの力を順に見ていく。5つの力は、横の3つと縦の3つ（「業界内の競争」は重複するので、合計5つになる）に分けて考えるとわかりやすい。横の3つはバリューチェーン（サプライチェーン）における利益の取り合いを意味する。一方、縦の3つは広義の競争関係（競争相手との利益の奪い合い）の強さを示す。ここでは横の関係と縦の関係それぞれに注目し、順に説明していこう。

図表 1−14　5つの力分析

新規参入業者
新規参入の脅威
売り手の交渉力
業界内の競争
買い手の交渉力
売り手
(供給業者)
敵対関係の強さ
買い手
(ユーザー)
代替製品・サービスの脅威
代替品

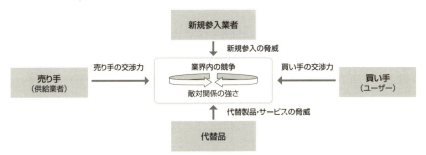

出所：M. E. ポーター『競争の戦略』ダイヤモンド社 1995年をもとにグロービス作成

図表 1−15　5つの力がそれぞれ強力になる状況

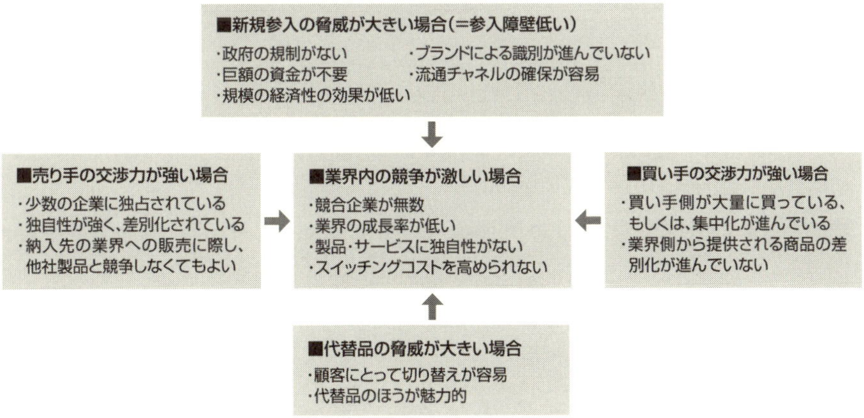

■新規参入の脅威が大きい場合（＝参入障壁低い）
・政府の規制がない
・巨額の資金が不要
・規模の経済性の効果が低い
・ブランドによる識別が進んでいない
・流通チャネルの確保が容易
■売り手の交渉力が強い場合
・少数の企業に独占されている
・独自性が強く、差別化されている
・納入先の業界への販売に際し、他社製品と競争しなくてもよい
■業界内の競争が激しい場合
・競合企業が無数
・業界の成長率が低い
・製品・サービスに独自性がない
・スイッチングコストを高められない
■買い手の交渉力が強い場合
・買い手側が大量に買っている、もしくは、集中化が進んでいる
・業界側から提供される商品の差別化が進んでいない
■代替品の脅威が大きい場合
・顧客にとって切り替えが容易
・代替品のほうが魅力的

❶売り手の交渉力

売り手とは、自業界から見たときの供給業者（サプライヤー）を指す。自動車メーカーの場合は、供給業者は部品メーカーや鉄鋼メーカー、生産ラインの機械メーカーなどが該当する。売り手の交渉力が強いと、購買品に高値付けや価格転嫁をされやすくなり、自業界に留保される利益は減る。パソコンの完成品メーカーの場合は、かつてのWINTEL（マイクロソフトとインテル）が強い交渉力を持つ売り手の典型であった。

売り手の交渉力が強くなる状況としては、売り手が寡占状態で買い手の選択肢が限定されている、何らかの状況で**スイッチングコスト**が高い（業者を変えるのに手間暇がかか

る)、売り手の業界が横並びで価格交渉の余地がない（例：かつてのOPEC＝石油輸出国機構)、売り手の製品が自社業界にとって重要な意味を持つ、といったことが主に挙げられる。

❷業界内の競争

業界内での競争の激しさの程度である。一般に、市場規模に対して、似たような製品・サービスを提供する競合プレーヤーの数が多いほど競争は激化し、業界の利益が減じる傾向がある。そのほかに競争が厳しくなる状況としては、市場規模が縮小に転じたときに、設備や人員の稼働率を上げようとして皆が価格競争に走る、あるいは撤退が難しくて業界にとどまり続けるプレーヤーが多い、などが挙げられる。

❸買い手の交渉力

自業界から見たときの顧客からの利益削減圧力である。この力を検討する場合は、直接の取引先のみならず、その先の顧客も視野に入れる必要がある（例：メーカーから見た場合、卸だけではなく小売や最終消費者についても検討する)。川下からの圧力が伝播して最終的に自業界にまで影響を与えることが多いからである。

近年は、経済が成熟するに伴って買い手の交渉力が増す傾向が見られるが、そのなかでさらに買い手の交渉力が増すケースとしては、製品が差別化されておらず、どこの製品を買っても問題がない、他の製品にすぐにスイッチできる、買い手のほうが企業規模が大きい、買い手業界が寡占で特定の会社に売上げの多くを依存せざるをえない、などがある。

❹新規参入の脅威

新規参入が容易な業界は、すぐに新しいプレーヤーが参入してくるため、業界の収益性が下がってしまう。逆に言えば、参入障壁が高ければ新規参入は難しく、競争が緩和されることになる。参入障壁の代表としては、規制や特許、多額の設備投資、ブランド（ブランド構築までの投資額)、流通チャネル（チャネル構築までの投資額）などがある。規制などを別とすれば、結局は必要な投資額が巨大なほど、新規参入は起こりにくい。なお、「最大の参入障壁は業界の魅力度が低いこと」とも言われるが、これは一般には、他の参入障壁とは分けて考える。

❺代替品の脅威

代替品とは、形態は違うが同じニーズを満たす製品・サービスのことを指す。たとえ

ば眼鏡業界にとっては、コンタクトレンズやレーシックなどが代替品となる。完全にニーズが同じでなくとも、一部のニーズが重なっていれば代替品と考えることができる。たとえばスマートフォンは、携帯電話でのコミュニケーションというニーズに関してはテレビの代替品ではないが、暇つぶしや情報収集というニーズを満たす点ではテレビと競合することになる。

代替品の怖い点は、ある日自社の属する業界を完全に破壊してしまう可能性を持つことだ。たとえば、かつてパソコン向けの記憶メディアとしてフロッピーディスクがあったが、他の記憶媒体の費用対効果が上がるに伴って完全に姿を消した。現在記憶媒体に用いられているUSBメモリなども、クラウドがさらに一般化すると根こそぎ代替されてしまう可能性がある。

実際にある産業が消滅したケースを見ると、根源的なニーズが完全になくなったというケースは意外に少なく、代替品に置き換えられた結果、ある特定の形の製品がなくなってしまったというケースが多い。

●───── 5つの力分析の留意点

以上、5つの力について見てきたが、5つの力を分析する際の注意点をいくつか挙げておこう。

最も重要なのは、戦略立案に向けて意味のある業界の定義をすることだ。たとえば新潟県の日本酒の蔵元が戦略を考える際、「国内の日本酒」という業界定義と、焼酎なども含めた「日本の地酒」の業界定義のどちらが適切だろうか。あるいは、大手メーカーが牛耳るビールやウイスキーなども含めて「日本のアルコール飲料」という業界で考えるのが適切だろうか。ほかに地域という軸もある。クールジャパンが叫ばれる昨今、業界分析を日本という国内に閉じてしまうことは、成長の方向性を見誤る危険性もある。自社の置かれた状況を俯瞰的に眺め、どのような業界で自社は戦っているのか、言い換えれば、どのような競争相手や（潜在的）顧客を相手に自分たちは商売をしているのか（したいのか）をしっかり考えることが必要なのだ。

第2に、脅威（自業界の利益が侵食される程度）をしっかり見極めることだ。よく、脅威の強弱は何をもって決めればよいのか、と質問されるが、機械的なスコアリングの仕組みはない。世間一般の業界と比較したうえで、自業界は特にこのプレッシャーが強い、というように考えればよい。そのうえで、5つの力のうち強いものが2つ以上あれば、収益を上げるのはそれほど簡単ではない。3つ以上あればかなり厳しい業界といえよう。

第3に、5つの力分析は優れた分析フレームワークだが、この分析だけで業界の魅力度は推し量れないということだ。5つの力の中で強いものが多くても、それを吸収する

だけの市場規模や成長性があれば、削り取られる以上に業界の利益総額が伸びることもありうるのである。

　最後に、5つの力は分析だけで済ませるのではなく、仮説でもよいので、自社や自業界を有利にするアクションを考えてみることが大切だ。たとえば、ライバルとのM&Aは、業界内の競争を弱めるとともに、買い手や売り手に対する交渉力を増す結果につながることが多い。常に一歩先のアクションを考えることが戦略的な思考力を高めるのである。

3● アドバンテージ・マトリックス

　ポーターが提唱した業界でのポジショニングについて議論する前に、もう1つ、事業経済性と関連性の強い業界分析の有効なフレームワークである、**アドバンテージ・マトリックス**について見てみよう。

　アドバンテージ・マトリックスは、**図表1－16**に示したように、縦軸に競争上の戦略変数の数を、横軸に競争優位構築の可能性をとり、事業のタイプを4象限に分けるものだ。戦略変数とは、たとえばレストランならば、立地、味、雰囲気、接客、品揃え、価格等、競争相手と差別化できる要因を指す。

　図表中にも示したように、アドバンテージ・マトリックスは事業経済性の中でも、特に規模の経済性が効くかどうかに強く着目したフレームワークである。自社の戦略の方向性を見極めるうえで、非常に有効な示唆をもたらす。以下、4つの象限のそれぞれについて簡単に解説しよう。

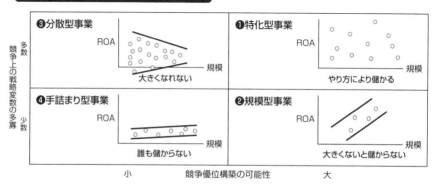

図表1－16　アドバンテージ・マトリックス

出所：D. A. アーカー『戦略市場経営』ダイヤモンド社 1986年をもとにグロービス作成

❶ 特化型事業

業界における戦略変数が複数存在し、しかも自社が勝てる事業領域を適切に選び、そこで自社ならではの強みを発揮できれば十分な収益を得られる事業である。領域ごとに勝ち組が存在する雑誌出版や人材紹介サイトなどはこのタイプの事業といえる。まさに業界定義やセグメンテーションの巧拙が重要な意味を持つ事業である。

❷ 規模型事業

業界の競争変数がコストと、それを裏付ける事業規模に大きく片寄っている事業である。製品が比較的単純で差別化は難しいが、開発や生産、広告などで規模の経済性が効く場合に、この傾向が顕著になる。具体的には、コスト以外の要素で差別化しにくい鉄鋼などが該当する。日本にはかつて高炉メーカーが5社あったが、グローバル競争が激化するなかで統合による規模化が進み、2017年現在は3社（2グループ）に集約されている。

❸ 分散型事業

業界内に大企業が少なく、また規模化によるコスト低減が必ずしも競争上重要ではない事業を分散型事業という。戦略的変数が多数あり、しかもどれも競争優位の決定的な要因にはなりにくいため、多数乱戦となりやすい。個人でも比較的起業しやすい飲食店や不動産業等が典型的な業種である。地域密着型の小企業が存在しやすいのも特徴といえる。

❹ 手詰まり型事業

規模を含めて意味のある競争変数が存在しない業界である。差別化も難しく、規模の経済性や習熟の経済性も効かないため、淘汰されずに残っているプレーヤーが、ほぼ同じコストで提供できてしまうような製品を扱っている。日本のセメント業界などがその例である。

⦿ アドバンテージ・マトリックスの留意点

アドバンテージ・マトリックスに関して、いくつか注意点を指摘しておこう。

まず、ある象限に属する事業は常にその象限にとどまっているのではなく、他の象限に移動する可能性が少なからずあるという点を理解する必要がある。たとえば、分散型事業の典型で、地場密着の自営業的色彩の強かった理美容業界では、1000円カットのQBハウスがフランチャイズ方式で画一的なサービスを展開し、ITに大きく投資する

ことで特化型事業、規模型事業への転換を図った。また、セメント業でも、メキシコのセメックス社のように、独自のセグメンテーションとそれに応じた差別化戦略を打ち出すことで、手詰まり型事業からの脱却を実現したケースもある。自社の属する業界がどのタイプかを見極めるだけでなく、そこから脱却するためのイノベーティブな発想をしてみることも大事である。

第2に、地域、特に国が変わると事業特性が変わる場合もある点に留意したい。たとえば製缶事業は日本では規模型事業の色合いが強いが、国土の広いアメリカなどでは分散型事業あるいは特化型事業の色彩が強い。逆に小売業などは、アメリカではウォルマートなど大手企業への集約が進んだ結果、規模型事業の色彩が強くなっているが、日本では規模型事業と分散型事業が混在したような状況である。海外進出の際などに、自国の常識を無条件に当てはめないよう注意が必要だ。

第3に、上記2つとも関連するが、あらゆる産業が4つの象限のいずれかに必ず属するわけではなく、中間的な存在もあるということだ。たとえば塾や英会話教室などは、個人営業の分散型事業の色合いの強いプレーヤーが多い一方で、規模の経済性を武器にして戦っているプレーヤーも少なくない（教材開発や広告、ティーチングノウハウの確立・横展開などに規模の経済性が働くため）。四角四面に○○業界は△△型ビジネスと決めつけるのではなく、自社の規模や経営方針なども理解したうえで意味のある分析を行うことが必要である。

4● ポーターの3つの基本戦略と戦略グループ

マイケル・ポーターは、企業がある業界の中で成功を収めるためには明確なポジションを取ることが必要だとした（それゆえ、ポーターの考え方に近い戦略論をポジショニング論、それを提唱する人々をポジショニング学派という）。

具体的なポジショニングを大枠で示したのが**3つの基本戦略**であり、同じ基本戦略をとっているなかでも似たような戦略変数のミックスを採用している企業群とそうでない企業群を峻別するのが**戦略グループ**の考え方である。

ポーターがポジショニングを重視した背景には、企業にはリソース面でもマインドの面でもトレードオフがあり、重要なものを2つ同時に満たすことは難しいという考え方がある。いたずらに難しいものを同時に追うよりも、明確にどちらかを追求するほうが成功確率は高まる、というのがポーターの考え方だ。

このポーターの考え方には批判（第2章を参照）も多いが、実際に勝ち残った企業にはポジショニングが明確な企業が多いことから、現在でも一定の説得力を持って受け入

れられている。

◉ーーー3つの基本戦略

ポーターは、企業が競争優位を築くためには、大きく、❶コスト・リーダーシップ戦略、❷差別化戦略、❸集中戦略の3つの戦略があるとし、どれかに明確に舵を切ることが不可欠であるとした。

❶コスト・リーダーシップ戦略

図表1-17に示したように、幅広いターゲットをねらいつつ、コスト面で競争相手に勝つことに主眼を置く戦略である。事業経済性や要素コストを勘案して、「もし同じ製品・サービスを提供するのであれば、最も低コストで提供できる」という状況を作ることを目指す。通常は規模型事業や特化型事業の業界（あるいはセグメント）でナンバーワンの企業がこの戦略を採用することが多い。代表的な企業としては、ファストフードのマクドナルド、家電販売のヤマダ電機などがある。セブン-イレブンもコンビニ業界においては低価格を実現しており、コスト・リーダーとなっている。

❷差別化戦略

幅広いターゲットをねらいつつも、低コストではなく、ユニークな付加価値を提供することで競合との差別化を目指す戦略。「コストは高いかもしれないが、それ以上に顧

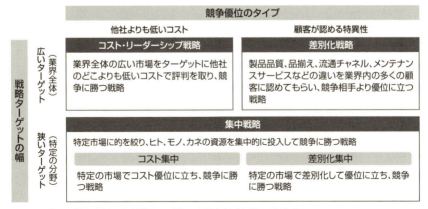

図表1-17　3つの基本戦略

出所：M. E. ポーター『[新訂]競争の戦略』ダイヤモンド社　1995年をもとにグロービス作成

客が対価を支払いたくなるような価値を提供する戦略」ともいえる。世の中の多くの企業は差別化戦略を用いている。たとえばフィットネスジムでは、ライザップが「結果にコミット」「マンツーマン指導」などを売りにして高価格を実現しているのに対し、アメリカ発のカーブズは、女性にターゲットを絞り、30分、予約不要、スタッフも女性だけなど、フィットネスを敬遠しがちな顧客層に対して利便性を訴えている。

コンビニ業界ではローソンが、健康や美容に配慮した商品を豊富に揃えることで特色を出しているのに対し、ファミリーマートは異業種とのコラボ店舗を増やすなどして独自色を出している。

なお、差別化戦略における戦略変数のミックスやその程度に関しては、無限の組み合わせが可能である。後述する戦略グループは、そのなかでも比較的似たような施策をとっている企業群と、そうでない企業群を分けるものといえる。

❸集中戦略

幅広いターゲットを相手にするのではなく、狭いターゲット（地域軸、顧客軸、製品軸等）に経営資源を集中し、局所的ナンバーワン、可能ならばオンリーワンを目指す戦略。ニッチ戦略と同義と考えてよい。ポーターは集中戦略の中でもコスト集中と差別化集中があるとしたが、実務的にはその両者を峻別することよりも、「勝てるカテゴリー」を見つけることがより重要であり、まとめて集中戦略として考えれば十分なケースが多い。

集中戦略の典型例としては、海外の格安航空券販売に特化していた創業初期のHISや、ニュース番組に特化していた初期のCNN、スポーツ関係の書籍・雑誌の出版に特化しているベースボール・マガジン社などがある。メガバンクに対する地方銀行も、地域的な集中戦略をとっていると見なすことができる。

なお、差別化戦略は差別化の程度を強めると市場が縮小する傾向にあるため、一見すると集中戦略と見分けがつかない場合が多い。たとえば高級車のフェラーリは、エッジの効いた差別化戦略と考えることもできるし、超高級車に絞り込んだ集中戦略とも見なしうる。重要なのは、どちらなのかを厳密に特定することではなく、経営者がどのような意図でそのポジションを取ろうと考えているか、という戦略的な意図である。

◉ 3つの基本戦略に関する留意点

戦略全般に当てはまることだが、ある戦略が有効だったとしても、経営環境が変われば有効性を失うリスクがあることを理解しておく必要がある。たとえば、90年代までのアップルは、マッキントッシュ・パソコンでGUI（グラフィカル・ユーザー・インターフェース）を主眼とする差別化要素を武器に、IBM互換のパソコンに対して一定の成功

を収めていた。しかし、マイクロソフトがWindows95、Windows98と、操作性やGUIにおいてマッキントッシュに並ぶようなOSを提供したことにより、差別化の度合いが弱まり、かつコスト高だったことから、パソコンのシェアを一気に落とすことになってしまった。

　第2に、ある戦略に舵を切ったからといって、他の要素をなおざりにしていいということにはならない。たとえば差別化戦略をとった企業であっても、企業努力としてのコストダウンはある程度行わないと市場での競争力を持てない。かつてのホンダは、似たような車種にもかかわらず部品が共有化できないなど、コスト削減が不十分であったために、デザイン性や走行性などの差別化は確かにできていたものの、トヨタの同ランク車に比較するとかなりの割高となり、販売面で苦戦を強いられた。

　第3に、3つの基本戦略は有効である半面、トレードオフを過大に評価して、企業の挑戦心を失わせるおそれがある点だ。経営学者のゲーリー・ハメルは、「あえてORではなくANDを目指せ」と指摘している。つまり、大きな成功をねらうのであれば、コストでも差別化でも勝てということだ。これは確かに難しいことではあるが、だからこそ成功すれば強固な地位を築くことができる、というのがハメルの主張だ。

　ケースのセブン-イレブンは、営業利益率30％超という圧倒的な収益性を誇っているが、これは同社がさまざまな事業経済性を働かせてコスト優位に立つだけでなく、同時にさまざまな差別化（豊富な品揃えやPB食品の美味しさや利便性など）を打ち出してきた結果ともいえるのである。

◉──── **戦略グループ**

　すでに述べたように、特に差別化戦略においては、戦略変数の組み合わせは無限にある。通常、多数の企業がそれぞれまったく別の差別化を実現しているということは稀で、多くの場合、いくつかの集団にカテゴライズすることができる。それが戦略グループだ。ポーターは、3つの基本戦略のみならず、この戦略グループレベルでも有効なポジション、言い換えれば、顧客にとって対価を支払うだけの価値があり、市場性等の観点からも魅力的なポジションを取ることの重要性を説いている（**図表1-18**）。

　たとえば、かつての百貨店業界では、伊勢丹と三越、高島屋といった呉服系の百貨店は、高級感や丁寧な接客を打ち出して、ほぼ同じ戦略グループに属していたといえるだろう（その後、伊勢丹と三越は合併）。また、京王百貨店と小田急百貨店といった電鉄系百貨店も似たような戦略グループに属していた。電鉄系の中では西武百貨店がPARCOを展開するなどして、ほかとは多少離れた位置にあった。一線を画していたのはマルイで、ターゲットの若者重視、ファッション性優先、クレジットカード重視など、独自の

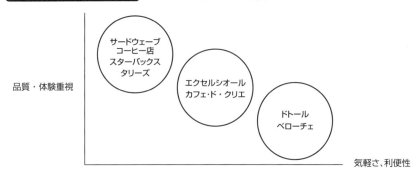

ポジションを取っていた。

ポーターは、戦略グループ間の移動、言い換えれば戦略変数の組み合わせを変えることは容易ではなく（**移動障壁**は高く）、それゆえ、魅力的かつ競争の少ないポジションを築くことが重要だとしている。移動障壁の高さは、新しい経営資源を獲得したり（あるいは経営資源を変更したり）、従業員のマインドを変えることの難しさに起因する部分が大きいからだ。差別化戦略を追求している企業は、その戦略要素の組み合わせが、どの程度まねされにくいかを見極めることが重要である（これについては、第2章のリソース・ベースト・ビュー〈RBV〉やVRIOの項で詳述する）。

◉─── タイムベースの競争

80年代までは、低コストに加え、機能や品質などによる差別化に注目が集まりがちだったが、そこにスピードという概念を持ち込んだのがBCGである。BCGは、80年代から90年代にかけて、スピードや時間短縮こそが重要な差別化要素となり、競争優位につながるという考え方を強く提唱した。これがタイムベースの競争である。

80年代は日本企業、特に製造業の優位性の源泉をアメリカ企業が研究していた時期であるが、BCGのジョージ・ストークらは、日本の自動車業界や二輪車業界などを研究し、リードタイムの短さといった時間短縮が競争上、非常に重要になると説いたのである。

時間短縮のメリットはコストダウンや顧客に対するベネフィットにとどまらない。たとえばアパレルで製品企画から製品を作り、店頭に並べるまでの時間を短縮できれば、流行を外す確率が下がり、売れない在庫を持つリスクや販売機会ロスを低減することにもつながる。日本のユニクロ（ファーストリテイリング社）をはじめ、スペインのZARA

（インディテックス社）などがSPA（製造小売り）の業態を採用する背景には、流通の中抜きによるコスト削減だけではなく、**クイックレスポンス**によるタイムリーな品揃えや効率的な生産・調達をも意図しているのである（なお、クイックレスポンスという概念は、80年代にアメリカの小売業で発達した。後述するサプライチェーン・マネジメントと併せて語られることが多い）。

タイムベースの競争は、トヨタのリーン生産システムのように現場のオペレーションの強さと同時に語られることが多いが、現場のみが強くてもタイムベースの競争はできない。経営レベルでいかに素早くかつ効果的な意思決定を行うかということが、近年では重要度を増してきている。

5● 業界内の地位に応じた戦略

3つの基本戦略や戦略グループは、ポーターが指摘した「戦い方の定石」ともいえる。これに関しては、ほかにも有効なフレームワークがある。その1つが、業界内の地位に応じた戦略である。それを簡単に紹介しよう（**図表1-19**、**図表1-20**）。

業界内の地位の類型としては、リーダー、チャレンジャー、フォロワー、ニッチャーの4分類が最もポピュラーである。この4者の区分けについては、図表1-19に示したフィリップ・コトラーによるもののほかに、経営資源の量と質で判断する分類法もある。ただ、結果的に4つのカテゴリーに分かれることや、推奨される戦略が大きくは変わらないため、ここではコトラーの分類に沿って4つの立場を定義する。以下、簡単にそれぞれの定石について見ていこう。

図表1-19　業界における企業の位置付け（フィリップ・コトラーによる）

リーダー	ある業界で最大のシェアを占めている企業。通常、価格変更、新製品の導入、流通力バレッジ、プロモーション支出の点で他の企業をリードしている。
チャレンジャー	ある業界で2位以下に位置し、競合他社に攻撃を仕掛けて市場シェア拡大を図ろうとする企業。
フォロワー	ある業界で2位以下に位置し、あえて危険をおかすことなく現在のシェアを守ろうとする企業。
ニッチャー	業界の他の企業が見過ごすか無視している小さなセグメントに力を注ぐ企業。

出所：フィリップ・コトラー『マーケティング原理　第9版』ダイヤモンド社　2003年をもとにグロービス作成

図表 1-20　業界地位に応じた戦略

	戦略課題	基本戦略方針	戦略定石
リーダー	市場シェア 利潤 名声	全方位型戦略	周辺需要拡大 同質化 非価格対応 最適市場シェア
チャレンジャー	市場シェア	対リーダー差別化戦略	上記以外の政策（リーダーができないこと）
フォロワー	利潤	模倣戦略	リーダー、チャレンジャー政策の観察と迅速な模倣
ニッチャー	利潤 名声	製品・市場特定化戦略	特定市場内で、ミニ・リーダー戦略

出所：フィリップ・コトラー『マーケティング原理　第9版』ダイヤモンド社　2003年をもとにグロービス作成

◉ リーダーの戦略

リーダー企業の典型は、ウイスキー業界におけるサントリーや、コンビニ業界におけるセブン-イレブンである。同じリーダー企業と言っても、追い上げてくるチャレンジャー企業の売上規模の何倍かということや、業界内シェアなどによって優先順位は変わってくるのだが、最も典型的なリーダー企業のとるべき戦略は、以下の2つとなる。

❶市場の拡大

市場というパイが大きくなれば、その恩恵を最大に享受するのはリーダー企業だ。そこでリーダーは市場のパイを拡大する行動をとる。1983年をピークに下り坂だった国内ウイスキー業界では、サントリーがウイスキーのおいしい飲み方を提案したり、ハイボールという比較的飲みやすい商品に力を入れたりすることで、若い人たちにウイスキーに親しんでもらうための活動を行っている。

❷市場シェアの維持・拡大

チャレンジャーとの差が小さい場合は、リーダー企業とて安閑としてはいられない。シェアを守り抜く、あるいはさらにシェアを高めるために新商品開発や広告投資を増やすなど、攻めの活動を行わなくてはならない。ビール業界におけるアサヒビールがその典型だ。アサヒは新商品を次々と市場投入すると同時に、稼ぎ頭であるスーパードライについても、店舗で極限まで冷やしたビールを提供するなどのテコ入れを行っている。日本ではかつて、シェアが高くなりすぎると独占禁止法に抵触するおそれがあるため、あえて積極的にはシェアを伸ばさないケースも散見されたが、近年では、国内ではリー

ダーであってもグローバルではリーダーの後塵を拝するケースが多いため、そうした行動をとる企業は少ない。

◉────**チャレンジャーの戦略**

チャレンジャーは、リーダーの存在を脅かす意欲的な企業だ。国内の携帯電話業界であれば、KDDIやソフトバンクがチャレンジャーといえよう。チャレンジャーもまた、その立場によってとるべき戦略は変わってくるが、代表的なものとしては以下の2つがある。

❶リーダーとの直接対決

リーダーとある程度の差別化はするものの、比較的似た方法（チャネルへの営業や新商品開発、大規模な広告による露出など）で真っ向対決する方法である。シェアや企業体力の差がないケースでは一定の効果を持つ。特に90年代中盤の（当時トップだった）キリンビールに対するアサヒビールの戦い方や、アメリカでのコカ・コーラに対するペプシコーラの戦い方などが典型的だ。ただし、この戦い方は時に消耗戦となることもあるので（例：昨今の牛丼業界）、それに耐えうる体力があるか、しっかり確認しておきたい。

❷リーダーの弱いところを攻める

リーダーといえども弱い部分はあるし、社内的な事情で反撃しづらい部分も必ずある。そこを攻めるのは、リーダーとの直接対決を避ける意味からも効果的だ。特にリーダーとの規模の差がある場合は、直接戦いを挑んでも勝てる可能性は小さいので、攻め方を工夫することが大切になる。リーダーの弱いところを攻めた例としては、ゼロックスというコピー機業界の巨人に、相手が注力していなかった中小型機で新たな市場創造に挑んだ、かつてのキヤノンやリコーが有名だ。

◉────**フォロワーの戦略**

フォロワーは比較的地味な存在に見られがちだが、勇ましくリーダーに挑むことだけが経営ではない。リーダーやチャレンジャーから敵対視されることは避けながら、コストダウンや二番手商法（自社で市場開拓をするのではなく、リーダーらが切り開いてくれた市場で一定のシェアを確保する）で確実に収益を上げることも1つの経営戦略である。

ただし、業界が成熟して競争が激しくなるにつれ、フォロワーの居場所がなくなっていくのも事実である。典型的なフォロワー戦略の実行者と言われた三洋電機が、エレクトロニクス業界の競争激化に伴って他社に吸収されてしまったのは、その好例である。

場合によっては大手とのM&Aなどにより、フォロワーの立場を脱するような戦略を打ち出すこともある。日本の損害保険業界はそうした合従連衡が進みつつある業界の代表といえよう。

● ── ニッチャーの戦略

これはポーターの3つの基本戦略のうち、集中戦略に近いものだ。自分たちの強みを生かせるセグメントを発見し、そこに経営資源をつぎ込むことで局所的ナンバーワンになり、競合の参入を防ぐのが定石である。ただし、過度の集中はリスクも伴うため、ある程度成長したらニッチな市場を複数押さえるような努力も必要だ。回転寿司のコンベアのパイオニアである石野製作所は、回転寿司向けコンベアのみならず、洗浄機や食品加工機器などに業容を拡大することでリスクの分散・低減を図った。

● ── 地位に応じた戦略に関する留意点

ここまで紹介した定石は、ある意味ステレオタイプなリーダー、チャレンジャー、フォロワー、ニッチャーを前提としているが、現実には、それに当てはまらないケースもある。たとえば、売上規模ではリーダーであっても、必ずしも競争力に勝っているわけではないケースも少なくない。自動車業界におけるかつてのGMがその典型だ。規模こそ世界最大ではあったものの、規模の経済性が効きにくい構造になっており、またレガシーコストが高すぎる、組織が官僚的すぎるなどの理由から、グローバルな競争力は弱かった。2016年に合併したファミリーマートとサークルKサンクスも、合併後は店舗数でセブン-イレブンに近づいたが、追い越すことは容易ではないだろう。

また、ここでも業界の定義を正しく設定することが必要だ。戦略立案上意味のある業界設定はどのようなものなのか、日本国内での地位とグローバルでの地位のどちらが重要なのかなど、しっかり考えるくせをつけたい。あるいは、そもそも分散型事業のように、規模の競争がそれほど意味を持たない業界があることも、あらためて確認しておきたい。

6● バリューチェーン

5つの力、3つの基本戦略、戦略グループなど、ポジショニング学派の拠り所ともなるフレームワークを提供したマイケル・ポーターが、それから数年後に出版した『競争優位の戦略』において提示し、事業分析の代表的フレームワークとなったのが**バリューチェーン**（価値連鎖）だ。それまでのポーターのフレームワークが業界構造や企業のと

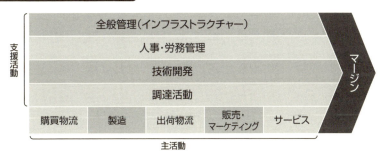

図表 1-21 バリューチェーン

出所：M.E. ポーター『競争優位の戦略』ダイヤモンド社　1985年

るべき大枠の方向性を述べていたのに対し、同書ではより具体的に、企業が競争優位を構築するうえでどのような活動をとっているかを分析するツールを提供しようとしたのである。

　バリューチェーンは、**図表1-21**に示したように、事業活動を機能あるいはプロセスによって分解し、どの部分（機能）で付加価値が生み出されているか（言い換えれば、企業としてどの部分に手間暇やコストをかけているか）を分析することで、その事業のポジショニングにおける価値提供の源泉を探り、戦略の再構築や事業改善に役立てようというものだ。

　ポーターはバリューチェーンのフレームワークを、大きく5つの主活動（顧客に遠いほうから近いほうに向けてプロセスを並べている）と、4つの支援活動に分けて提示した。

　バリューチェーン分析では、企業の諸活動を枠組みに沿って厳密に分類することが最終目的ではなく、それぞれの活動の役割やコスト（付加価値）、そして全体としての競争戦略や成長戦略への貢献度を明確にし、そこからの戦略的示唆を得ることがポイントとなる。

　たとえば、競合に対する優位性にそれほど影響を与えていないにもかかわらず費用がかかっている機能があれば、その機能をアウトソーシングして外部資源の利用を検討するのが有効と考えられる。あるいは、差別化戦略をとるうえで重要であるにもかかわらず、同規模のライバルより劣っている機能があれば、投資を増やして強化することが有効かもしれない。たとえば広告機能が弱ければ、広告投資を増やしてブランドエクイティを高める、などである。

　バリューチェーン分析で、成長のためのボトルネックを発見することもできる。ある機能の人材獲得・育成が遅れていて全社的成長のボトルネックになっているようであれ

図表 1-22　簡易版バリューチェーンの例

製造業	研究開発	調達	製造	物流	マーケティング・販売	アフターサービス

小売業	商品開発	仕入れ	物流	広告宣伝	店頭マーチャンダイジング	営業	（配送）

広告代理店	メディア購買	顧客開拓	商品企画	企画の販売	広告製作	実施	モニター

ば、思い切って他機能の人員を配置替えするか、採用のための投資を拡充するといった対策が求められよう。

　なお、ポーターのオリジナルのバリューチェーンは、実務的には使い勝手があまりよくない。分類が9つと細かいことや、製造業を強く意識しているため、サービス業や流通業にはややフィット感が欠けることなどがその理由である。

　そこで実務的によく用いられるのが、**図表1-22**に示した簡易版のバリューチェーンだ。実は、この簡易版のフレームワークは、**ビジネスシステム**という呼称で、コンサルティング会社のマッキンゼーがポーターに先立って用いていた。したがってポーターのバリューチェーンは、それをさらにアカデミックな立場から突き詰めたものともいえる。

　ポーターのバリューチェーン自体は非常によく考えられており、奥行きも深いものだが、一般のビジネスでバリューチェーン分析を行うときは、こちらの簡易版を使えば十分である。

　ポーターのオリジナル版との差異は、①主活動に絞り込んでいるところ、②業態に合わせてフレキシブルに変更できるところである。特に後者は、第4章で解説するバリューチェーンの再構築などを考える際には、かえって従前との差異がわかりやすくなるなどのメリットもある。

◉──── バリューチェーンの定量的分析とコストドライバー

　図表1-23に示したコマツの例では定性的な分析結果のみを記しているが、バリューチェーン分析を行う際には、同時にコストの定量的な分析も行うことが有効である。

　図表1-24はレストランのバリューチェーンを定量的な視点で見たものだ。定量的に見ることで、事業の特性がより明確に浮かび上がってくることがわかる。さらに情報が手に入るのであれば、競合と自社のそれぞれについて、定性面、定量面での比較を行うと、提供価値や収益性の差異などが浮き彫りになり、さらに有効な示唆が得られる。

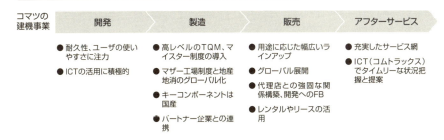

図表1-23 簡易版バリューチェーンによる分析例―製造業

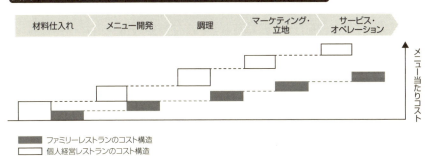

図表1-24 簡易版バリューチェーンによる定量分析例―レストラン

ポーターは、**図表1-25**に示したようにコストを規定する構造的要因を**コストドライバー**（表内ではコスト推進要因）と呼び、整理している。これらのいくつかは事業経済性で取り上げたが、そこには書ききれなかったものもある。図表に示したコストドライバーが、どのように自社のバリューチェーンに影響を与えるかを定量的に把握することが大切だ。一般には、自社の状況やニーズに合わせて重要な要素に絞り込んで分析する。

なお、コストドライバーという言葉は一般的には、管理会計における**活動基準原価計算**（ABC）の配賦基準を指す用語であり、実際にはそちらの意味で多用されているので注意してほしい。

●──── 業界全体をバリューチェーンで見る

バリューチェーンは元来、ある企業の活動を機能ごとにブレークダウンして見るためのフレームワークであったが、その後用語の指す範囲が広がり、業界全体の役割分担を分析する際にも、バリューチェーン分析というようになってきた。それを示したのが**図表1-26**だ。バリューチェーン分析といった場合に、一企業についての分析か、業界

図表 1-25　コストドライバー

コスト推進要因	調達活動への コスト推進要因	その説明
規模の経済性	購買規模	特定供給業者からの購入量によってその業者に対する交渉力が変化する。
連結関係	供給業者との連結関係	供給業者との間で、仕様、納品、その他の活動について調整がうまく行われると、トータル・コストが下がる。
相互関係	他の事業単位と共同して資材の購買をする	同系列単位と共同購買を行うと、供給業者に対する交渉力が強くなる。
統合	社内生産か購買か	統合によって、購買物件のコストが上がることもあれば下がることもある。
タイミング	供給業者との関係の時間的長さ	供給業者と長い取引関係にあるか、ゴタゴタした問題があるかによって、購買コスト、品不足のときの買い付け、業者から提供されるサービスが変わる。
ポリシー	購買慣行	購買慣行のいかんによって、業者に対する交渉力が強くなったり、業者が進んで特別サービスを提供したりする。たとえば、 ・供給業者の数や組み合わせを自由に選べる。 ・リスク減少のヘッジができる。 ・業者のコストおよび取引可能な業者リストについての情報に出資する。 ・年間契約かそのつど購入か。 ・副産物の利用。
立地	供給業者の立地	供給業者の立地条件は、輸送コスト、連絡のしやすさなどで、購買物件のコストに影響する。
制度的要因	政府および労組からの規制	政府の政策によって購入が規制されたり、関税、課税、その他の手段によってコストが変化する。労組は、海外からの購入を制限したり、組合に加盟していない業者からの購入を制限したりする。

出所：M. E. ポーター『競争優位の戦略』ダイヤモンド社　1985年

図表 1-26　出版業界のバリューチェーン分析

	著者	出版社	取次	書店
担当業務	● 企画立案(持ち込み企画の場合) ● 執筆 ● 著作権保持	● 企画立案 ● 著者の発掘、指導、ペースメーク ● 物理的な書籍の「モノ作り」 ● 書店営業、消費者向け広告	● 物流 ● 返本処理 ● 代金回収、与信 ● 情報サービス	● 委託販売(場所貸し) ● POP等の売場作り
成功のカギ	● ネームバリュー、固定ファンの有無 ● アイデア ● 筆力	● 企画力 ● 著者発掘・育成力 ● 営業力(規模を背景とする)	● 規模 ● ノウハウ蓄積によるコスト低減	● 好立地への出店 ● 店舗ごとの企画

全体についての分析かを混同しないよう注意が必要になる。

　業界のバリューチェーン分析を行うことで、業界における自社の位置付けを確認したり、業界のどこでどのような付加価値が生み出されているかを把握できる。たとえば、自社から見て川下企業の力が弱く、かつそれが業界発展のボトルネックになっていることがわかったら、自社の事業領域を川下方向に垂直展開したり、川下事業を買収するといった戦略仮説が導き出せる。

　なお、業界全体のバリューチェーンは**サプライチェーン**と呼ばれることもある。業界が川上から川下までスムーズに連動して、効果的にエンドユーザーに製品・サービスを提供できるようにコントロールすることを、**サプライチェーン・マネジメント**という。

●───バリューチェーンの留意点

　まず、どの事業について分析を行っているのかを明確にすることが必要だ。たとえばアマゾンは不特定多数の消費者を相手としたeコマース事業で有名だが、一方で、BtoBのクラウドサービス（アマゾン・ウェブ・サービス：AWS）でも業界ナンバーワンとなっている。これには当然、範囲の経済性が働いているわけだが、2つの事業を同じバリューチェーンの枠組みの中で分析しようとすると、とてつもなく混乱したものとなるだろう。「意味のある分析の単位」を設定することが重要だ。

　第2に、自社の提供価値にとって重要な活動は、漏れがないように必ず書き出すことだ。経営大学院のクラスなどでは、ある活動がR&Dに属するのか、それともマーケティングに属するのかといったことで悩む学生も多いが、どこに位置付けられるかはそれほど大きな問題ではない。重要な活動を漏らさず書き出し、比較対象（競合や自社の過去のバリューチェーン）と適切に比べることができれば十分というケースが多い。

　第3に、個々の機能に着目するとともに、それらがまさに鎖のようにつながって価値提供が行われているかを確認することも重要だ。よくあるのは、たとえばR&Dも生産も営業も優秀な人材を揃えているのに、それぞれのベクトルがばらばらで、組織としての強みが発揮できていないというケースだ。こうした場合は、バリューチェーンと目指すべき戦略に不整合、ミスマッチが発生しているのである。

　事業を支えるのは、最後は人間だ。バリューチェーン間のコミュニケーションや交流などにも意識を向けておきたい。ちなみに、機能間のコミュニケーション不足は地理的な距離の遠さに起因することが多いため、あえて異なる機能の人員を近距離に置く工夫をする会社もある。たとえばサムスン電子は、R&Dと生産の物理的距離を縮めることで機能間の協業がしやすくなるように工夫している。

● ── バリューネットワーク

バリューネットワークは、業界のバリューチェーンに近い概念で、川上から川下に至るまで、自社を含めどのようなプレーヤーがいて、どのような生態系が形成されているかを示すものだ（**図表1-27**）。第7章で解説する「イノベーションのジレンマ」を論じたクレイトン・クリステンセンによって提唱された。

バリューネットワークは、近接する業界からの脅威に備えたり、自社の新しい成長を模索するうえで重要だ。たとえば、パソコンのバリューネットワークにいるプレーヤーは、往々にしてパソコンのことだけを考えがちだ。しかし、パソコンはかなりの部分、タブレットやスマートフォンに置き換えられている。パソコンのバリューネットワーク上では王者であったマイクロソフトやインテルは、パソコンという商材が代替されるに従って、そのプレゼンスを失いかねないのである。

事実、スマートフォン向けのCPU（MPU）については、自社工場を持たないファブレスメーカーであるアーム社が、まさにスマートフォンの普及に伴って急成長を果たした（2016年にソフトバンクが買収した）。また、2017年現在、パソコン向けのソフト制作会社（パソコンのバリューネットワークに含まれる）が減っているのに対し、スマートフォン向けのアプリ開発会社（スマートフォンのバリューネットワークに含まれる）が増加しているのは周知のところだ。

なお、ある1つの企業が複数のバリューネットワークに属することは当然ありうる。パソコン向けのアプリとスマートフォン向けのアプリの両方を開発している企業も多いだろう。このようにバリューネットワークは、生態系という側面から見ると必ずしも明確に分けられるわけではなく、現実は混沌としているのである。

図表1-27　バリューネットワークの例

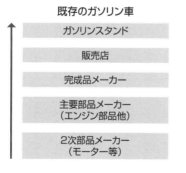

● ビジネスプロセス・リエンジニアリング

ビジネスプロセス・リエンジニアリング（**BPR**。単にリエンジニアリングとも呼ばれる）とは、企業などで既存の業務の構造を抜本的に見直し、業務プロセス（ビジネスプロセス）を最適化・再構築することである。1990年にマサチューセッツ工科大のマイケル・ハマーらが提唱した。

BPRが提唱された背景としては、バリューチェーンの主たる機能や、そのサブ機能が過剰に分業されすぎたことへの反省がある。高度な分業化によってたしかに個々の専門性は高まったが、全体として見たときにはかえって業務効率が悪化し、顧客に対する価値提供が適切にできなかったり、コスト高になってしまったりしたのである。

BPRでは、企業の業務プロセスを、顧客に対する価値提供を効果的に行うという観点から再構築する。その結果、業務スピードの向上、人件費などのコスト削減、さらに競争優位の創出が可能になるとされる。BPRは仕事のやり方を変えることにもなるため、場合によっては職務記述書の変更なども行われる。また、意思決定基準などの変更も行われ、組織や管理方法、人材の定義、経営者の役割などにも影響が及ぶことになる。

BPRに着手する際には、活動基準原価計算（ABC）なども同時に行われることが多い。コストの高すぎる活動（アクティビティ）やリソースなどは見直され、カットされたり、より安価なリソース（例：人間が対応していたものを機械での対応に変更する）に置き換えられたりする。

ITを活用するのも一般的である。BPRでは顧客への価値提供の観点からプロセスや組織を見直すため、ナレッジ重視、エンパワーメント重視の組織を志向する。ITは情報やナレッジの共有、プロセスの可視化などに不可欠となるのである。それをパッケージ化したものが、いわゆる**ERP**ソフトである。

BPRは適切に行えば大きな効果が期待できる半面、90年代後半のある調査によると、不連続的な変化に組織がついていけず、儲けたのはコンサルタントとITベンダーだけで、70％以上は失敗に終わったという報告もある。いきなりBPRに飛びつくのではなく、その前提となる戦略の方向性や、期待する費用対効果、またBPRの障壁となるような組織の慣性をあらかじめ理解しておくことが必要不可欠である。

第2章 ● 自社の強みの構築と活用

POINT

　第1章で見た戦略の基本用語やコンセプトの多く、特にマイケル・ポーターの提唱したフレームワークは、基本的に業界分析を適切に行い、そこで優位なポジションを取ることができれば（さらには、効果的なバリューチェーンを構築することができれば）企業間競争に勝てる、ということを前提に置いていた。しかし、どれだけ分析をしっかり行ったところで、自社に強みとなる経営資源がなければ戦えないのも事実である。また、多角化などを考える際には、自社の強みをベースとしたうえで市場に目を向けるケースが実務的にも多い。本章では、自社の強みをベースとした戦い方に関する考え方を紹介していく。

CASE

【セブン-イレブンの進化とセブン＆アイ・グループの発展】

　セブン-イレブンは、業界に先駆けて新しい商材やサービスの導入を積極的に行ってきた。古くは、1981年には宅配便の取次ぎを開始し、87年に東京電力の電気料金収納業務、88年には東京ガスのガス料金収納業務を開始するなど、単なる商品販売にとどまらず、ライバルに先駆けて各種取り扱いサービスを拡充していった。

　その後も90年代、そして21世紀に入ってからも、着実にビジネスのブラッシュアップを図り続ける。近年の動きとしては、店内でコーヒーを販売するセブンカフェへの注力がある。コーヒーはコーヒーショップやファストフード店で飲むもの（買うもの）という常識を覆し、味に関しても高い評価を得ている。

　また、もともと弁当や飲料を始め、プライベートブランド（PB）商品の開発に力を入れていたが、昨今では、人口減少の中で増えつつあるシニアや1人世帯の需要を取り込むべく、彼らのニーズに合った総菜の開発などにも積極的に取り組んでいる。

　セブン-イレブンは競合のコンビニと比較してもPB比率が高く（50％超）、かつPBは通常のメーカーブランドの商品（NB）より利益率が高い。セブン-イレブン本体の売上高利益率30％超という高収益は、こんなところにも理由がある。

◉ ── 仮説検証の精神

「セブン-イレブンの強みは社内の企業文化や仕組みにある」と言う業界関係者は多い。とりわけ人材に対する評価は高く、「セブンから転職してきたスーパーバイザーは、他のコンビニや業界のスーパーバイザーとは質が違う」という声もよく聞かれる。その差異を生んでいる最大の要因が、開業以来40年間トップに君臨してきた鈴木敏文の存在と、彼が最重要視し、組織文化や仕組みに組み込まれている**仮説検証**の精神である。

鈴木の信念は、以下のようにまとめられよう。

- 顧客のニーズは日々変わっていく。昨日までのデータは参考にはなるが、明日も昨日と同じ顧客ニーズがあるとは限らない。
- 小売業は、顧客ニーズの最前線に立つ業態である。顧客ニーズの変化に対応できない小売企業は負けていく。
- 顧客のニーズや購買行動は、日々微妙に変わる（晴れの日と雨の日など）。それを先読みし、それに応えられる施策を用意しなくてはならない。
- 顧客の行動にはその理由がある。行動の背景にある心理などをしっかりと理解、考察しなくてはならない。
- 顧客が明日何を求めるのかを、さまざまな情報（過去のPOSデータや、未来の環境〈天気、イベントなど〉予測）をもとに仮説を立て、それを日々検証することで、顧客対応力を高めていくことができる。
- 小売業は、1店1店置かれた環境が異なる。本社ですべてをコントロールすることはできない。それぞれのエリアや店舗ごとに仮説検証を行い、きめ細やかな対応を行っていく必要がある。
- ビジネスに絶対的、普遍的な答えはない。だからこそ、仮説検証のスピードや質を上げ、市場の環境変化に速やかに対応し続けなくてはならない。

経営者としての鈴木の卓抜さは、こうしたことをセブン-イレブンが成長初期の段階から組織に発信し、徹底してきたことだ。いまでこそ仮説検証は、経営者であれば普通に使う言葉となったが、四半世紀前にこの言葉の意味や意義をしっかり理解できていた人は、決して多くはないはずだ。そうした時代に、仮説検証を組織の中核的能力、組織文化とし、それを担保するための物理的な仕組みにも多額の投資をしてきたところに、鈴木の先見性とセブン-イレブンの独自性がある。

● ──── **セブン&アイ・グループの立場から**

　セブン&アイ・グループの立場に立つと、セブン-イレブンが好調であるだけでは不十分だ。セブン-イレブンが好調なのはもちろんのこと、その資源を活用して新しい事業展開を進めたり、他事業とのシナジーを生み出したりすることも重要だ。

　セブン-イレブンも含め、セブン&アイ・グループのシナジーを効かせて成功した事業がセブン銀行（当初はアイワイ銀行）だ。セブン銀行は貸し出しと資金調達のコストの差異（スプレッド）をベースに収益を上げる通常の銀行とは、まったくビジネスモデルが異なる。同行も貸し出しを行っていないわけではないが、運用の大半は国債であり、スプレッドで儲けようという発想はあまりない。

　彼らの収益源は、セブン銀行のATM（その多くはセブン-イレブンの全国でおよそ1万9000店ある店舗に置かれている）からの手数料収入である。しかもそれは基本的に提携金融機関から得ている。メガバンクといっても、三菱東京UFJ銀行や三井住友銀行が24時間ATMを運営しているわけではない。また、店舗を持たないネット銀行（ソニー銀行など）にとっては、セブン銀行のATMこそが主要なATMとなる。セブン-イレブンの持つ店舗数や集客力がセブン銀行の大きな強みになっているのは間違いない。

　一方、グループ企業（イトーヨーカドー、そごう、ヨークベニマル、LOFT、ニッセン、ぴあなど）との連携も進めている。キーワードとなっているのはオムニチャネルだ。オムニチャネルとは、リアルのチャネル（店舗やイベントなど）とネットのチャネル（ホームページ、SNSなど）を問わず、あらゆるチャネルを相互に連携させて、費用対効果の高いマーケティングを行うことだ。複数のチャネル間での顧客情報の共有、チャネル間で連携したイベントの企画、在庫の融通や商品受取場所のワンストップ化などにより、

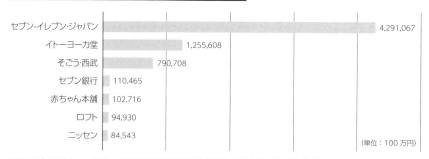

図表2-1　セブン&アイ・グループの企業別売上

出所：セブン&アイ・ホールディングス事業概要（2016年2月期データ）をもとにグロービス作成

顧客から見た際の便益、経験価値を上げ、ロイヤリティを高めることがねらいである（**図表2-1**）。

　具体的には、そごうで購入した商品を、よく使う最寄りのセブン-イレブンで受け取れるような仕組みを構築している、さらに、取扱商品を自社グループのものに閉じるのではなく、アライアンスを通じて他社製品も扱うことにより、顧客に対してベストな経験を提供することも模索している。

　少子高齢化やITの変化がますます進むなか、セブン＆アイ・グループが打ち出す戦略は今後も変わっていくだろう。しかしどのような戦略を打ち出すにせよ、セブン-イレブンがそのなかで重要な位置を占めるのは間違いない。

理論

　ポーターが主導するポジショニング論とは逆のアプローチが、リソース・ベースト・ビュー（RBV）だ。これは、単純に言えば、「良いリソース（経営資源）を持っているほうが結局は勝つ」という考え方である。グーグルやアマゾンといったIT業界の巨人が、自社の経営資源にあくなき投資をし、大きな企業価値を実現しているのを見ると、その考え方にもかなり分があるといえよう。

　本章では、まず自社の強みを発揮する戦場となる事業ドメイン（事業領域）について述べた後、コア・コンピタンスやケイパビリティ、そしてRBVそのもの、そしてVRIOといったコンセプトを紹介していく。

1●事業ドメイン

　事業ドメインとは、その企業が事業を展開する領域のことであり、全社戦略の前提ともなる。

　一般に事業ドメインは、自社の強みが適用できる（あるいは将来的にそこで強みを構築し、他の事業に横展開できる）ことを前提として設定される「戦いの場」である。事業ドメインの設定は、通常は経営者の意図に基づいて演繹的に（「べき論的」に）行われることが多い。

　事業ドメインの定義の仕方、言い方を変えると事業のくくり方や境界の定め方にはさまざまなパターンがある。たとえば、ケースのセブン-イレブンを擁するセブン＆アイ・グループの事業ドメインは、「流通を核とし、その周辺事業（金融など）も加えた、消費者向けサービス」などと定義できよう。カゴメは、野菜、特にトマトに関するノウハウを強みとしており、それを食品事業、飲料事業、ギフト事業に活かしている。伊藤園は、

図表 2-2　さまざまな企業の事業ドメイン

社名	主たるドメイン	主な事業
カゴメ	トマト	食品、飲料、ギフト
伊藤園	お茶	飲料、茶葉製品
ユニ・チャーム	吸水体	オムツ、生理用品、ペット用品
リクルート	情報流通	進学、就職、結婚、住宅購入、旅行、グルメ、美容、お稽古
DMM	人間の欲	アダルト動画配信、英会話、FX取引

　もともと茶葉を扱っており、日本で初めて缶入りの緑茶飲料を発売するなどマーケティングのノウハウにも優れていることから、基本的には「茶」を事業ドメインとして、飲料事業や茶葉製品を展開している。同社はコーヒーや果汁飲料なども扱ってはいるが、シェアは高くなく、緑茶系飲料の補完的な商品という位置付けにとどまっている。

　リクルートの事業領域は、同社の採用情報ページでは「リクルートのビジネスは、進学・就職・結婚・住宅購入などの将来を踏まえた大きな行動をサポートする領域から、旅行・グルメ・美容・お稽古などの日常行動をサポートする領域まで、大きく広がっています」と記されているが、いずれも「情報の流通」をカギとしていることから、「生活のさまざまな分野に関する情報流通」などとすることが可能だろう。使い捨てオムツや生理用品、ペット用品（システムトイレなど）を扱うユニ・チャームの事業ドメインは、「吸水体」の技術を大きな核としているのは間違いない。

　このように、事業ドメインの切り口には顧客軸もあれば技術軸もあるなど、さまざまである（**図表2-2**）。場合によっては、「あらゆるトラブルを解決する」といった機能的な切り口があるかもしれない。いずれにせよ、「自社の強み」が生きるドメイン設定が重要であることは、上記の例からもわかるだろう。

　自分たちの強みが通用しにくい分野にまでドメインを広げても、当然ながら競合には勝ちにくくなる。たとえば、ユニ・チャームはかつてドメインを広げ、「女性の生活を豊かにする」製品やサービスに積極的に多角化したが（例：結婚紹介事業）、多くはなかなかうまくいかず、結局は吸水体に原点回帰することで収益性を高めた。

　ただし、十分な市場性があったり、分散型事業的あるいは特化型事業的な要素が強くあったりする場合（つまり戦略変数が多数ある場合）などは、飛び地的なドメイン拡大でも勝てる可能性があるため、一概に否定されるわけではない。たとえば、DHCの翻訳

事業から化粧品やサプリメントの製造販売事業への展開や、ソニーの家電事業から保険事業への展開などが挙げられる。しかし、通常は自社の強みをしっかり理解したうえで、それが活かせるようにドメインを設定するのが基本である。

● 事業ドメイン設定の重要性

事業ドメインをどのように設定するかは、時として企業の成長を大きく左右する。たとえば、かつてアメリカの鉄道会社の多くは、自らの事業ドメインを「鉄道事業」と定義し、従業員もその範囲で事業を営むことを当然のことと見なしていた。しかし、このドメイン設定が裏目に出た。モータリゼーションが普及し、自動車と飛行機による移動が急速に一般化していくなかで、多くの鉄道会社は対抗策を打ち出せず、衰退の道をたどることになった。

一方、日本の私鉄の多くは、多角化の先鞭を切った阪急電鉄にならい、自分たちを単なる「鉄道屋」とは見なさず、沿線エリア住民に対するサービスを拡充させていった。現在、日本の多くの私鉄会社は鉄道事業のみを営むのではなく、鉄道沿線のエリアをベースに、百貨店やショッピングセンター、ホテル、不動産業、スポーツ施設、エンターテインメント施設などを営んでいる。私鉄の事業ドメインは、「特定エリアをベースに、鉄道を軸としながら、人々に豊かなライフスタイルを提案し、沿線地域のまちづくりに貢献する」などと定義できるだろう。

かつてのアメリカの鉄道会社の事業ドメインとは大きな違いである。技術進化が速く、新興国企業の台頭が目覚ましい今日は、第7章で述べる破壊的イノベーションが登場して、既存業界を根こそぎ消滅させることも十分に考えられる。事業ドメインを限定しすぎることは、企業の成長にとって大きなリスクになるのである。

● 小さすぎず、大きすぎないドメイン設定

事業ドメインを小さく設定することには、ほかにもいくつかのデメリットがある。

第1に、成長の限界がすぐに来てしまうという点がある。アマゾンは本の販売からスタートしたが、仮にアマゾンが自社のビジネスを「ネットの書店」と定義していたら、現在のような発展はなかっただろう。

第2に、優秀な人材を引き付ける力がないという問題もある。グーグルは、「グーグルの使命は、世界中の情報を整理し、世界中の人々がアクセスできて使えるようにすることです」とのミッションを掲げ、これがほぼそのまま事業ドメインを規定している。仮に「検索エンジンの世界シェアNO.1を維持する」のような、小さなドメインに絞っていては、集まる人材も限られてくる。この無限ともいえるドメインの設定が多くの優

図表 2-3　小さすぎもせず大きすぎもしない事業ドメイン

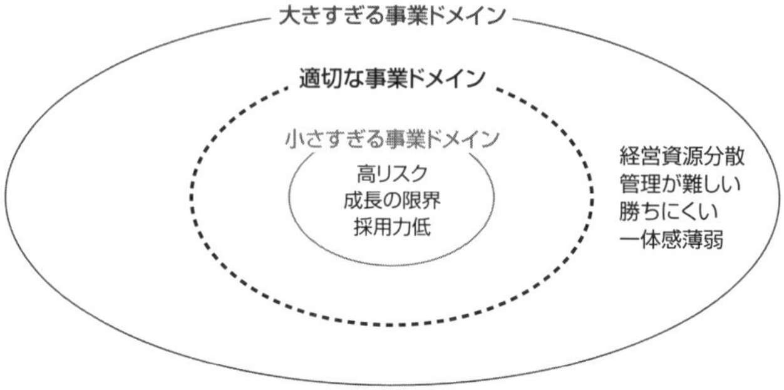

- 大きすぎる事業ドメイン
- 適切な事業ドメイン
- 小さすぎる事業ドメイン
  - 高リスク
  - 成長の限界
  - 採用力低
- 経営資源分散
  - 管理が難しい
  - 勝ちにくい
  - 一体感薄弱

秀な従業員を引き付けている。

　一般的には、企業の成長に合わせてドメインを拡大していくことが多い。ただし、その方向性として地理的な拡大を目指すのか、ネット事業にも取り組むのか、あるいは新しい事業開発を行うのかといった判断が必要になるが、その意思決定は必ずしも容易ではない。自社の強みとリソース、事業経済性、市場成長性などを複合的に考えたうえで決めていくことになる。

　しかし一方で、事業ドメインは大きすぎても問題が生じる。

　第1の問題は、自社の強みが通用しにくくなることだ。先述した伊藤園は、緑茶飲料というドメインでは圧倒的な強みを持っているが、他の領域ではいまだ強みを築けていない。

　第2に、グループのマネジメントが難しくなることだ。たとえばソニーは、原点ともいえるエレクトロニクス事業に加え、エンターテインメント事業（映画、音楽、ゲーム）や金融事業（保険、銀行）などを保有している。もちろん、各事業には責任者がいるわけだが、事業特性もKSF（成功のカギ）も、求められる人材も組織文化も異なる事業を、グループ全体として的確にマネージし、それぞれの事業で競争優位を築くのが容易ではないことは、想像に難くない。

　第3には、組織としての求心力が失われることだ。これは事業部間や従業員間の相互のコミュニケーションを阻害し、シナジーの効きを悪くする原因となる。企業には本来、芯となる企業理念やミッションがあり、それが複数の事業にまたがる従業員を結び付ける接着剤ともなる。しかし、ドメインが拡散しすぎると、ドメインごとに異なる文化が生まれ、それが従業員のマインドにも波及して、会社としての一体感が薄れてしまうのである。

このようにドメイン設定は小さすぎてもいけないし、大きすぎてもいけない。ドメインの設定に具体的な方法論や測定方法はないが、それでも経営者は、「現在の自社のドメイン設定は適切か」と常に自問することが必要である（**図表2-3**）。

2● コア・コアコンピタンスとケイパビリティ

ここまでの議論では、「自社の強み」という言葉を特に定義せずに使ってきた。しかし、同じ強みでも、人によって、あるいは着眼点によってその意味は変わってくる。そこで、ここでは、戦略論において企業の「強み」を指す代表的な用語である、**コア・コンピタンス**と**ケイパビリティ**について説明しよう。

なお、リソース・ベースト・ビュー（RBV）の大家であるジェイ B.バーニーは、著書『企業戦略論』でコア・コンピタンスもケイパビリティも、実際には、あまり違いを意識されずに用いられていると書いている。しかし、ケイパビリティの提唱者であるBCGのジョージ・ストークらは、ケイパビリティとコア・コンピタンスは違うと述べている。そこで、提唱者の当初の意図を中心に、その差異を簡単に紹介しておきたい。

●――― コア・コンピタンス

コア・コンピタンスは、文字どおり企業の中核となる強みのことだ。ゲイリー・ハメルとC K.プラハラードが1990年に発表した論文 "The Core Competence of the Corporation" において、「顧客に対して、他社にはまねのできない自社ならではの価値を提供する、企業の中核的な力」と定義した。両氏は当時の実例として、ホンダのエンジン技術、ソニーの小型化技術、シャープの液晶技術などを挙げている。

これらはすべて技術に関するものであり、実際に狭義のコア・コンピタンスを技術と製造スキルの組み合わせに限定する人もいるが、一般には、得意とするバリューチェーン上の活動（例：P&Gのマーケティング）やコーポレート・ブランド（例：コカ・コーラのブランド力）などをコア・コンピタンスに含めて用いることも多い。

コア・コンピタンスであるためには、競争相手との絶対的な位置関係や差異が重要な意味を持つ。単に「自社が得意だ」「自社にとって大事だ」と言うだけではなく、「どのくらいライバルに対して強いか」が重要だということである。たとえばハーバード・ビジネス・スクールは「ケース（事例教材）作成能力」において圧倒的な強みを持っている。これは、過去のアーカイブを武器にしたユーザーの多さや、教授陣や研究員、ライターの能力、取材先へのアクセス能力等に裏付けられており、他のビジネススクールが簡単にまねできるものではない。

コア・コンピタンスの評価にあたっては、模倣可能性（Imitability）、移転可能性（Transferability）、代替可能性（Substitutability）、希少性（Scarcity）、耐久性（Durability）の5点について考える必要がある。模倣可能性、移転可能性、代替可能性については、それが小さいほど強いコア・コンピタンスとなりうる可能性が高く、希少性と耐久性は高いほど競合に対する優位性が高まる。

ただし、いったん構築したコア・コンピタンスも、市場環境の変化とともに陳腐化するおそれはある。ハメルとプラハラードが最初の論文で取り上げたシャープの液晶技術は、もちろん同社にとってはいまだに重要な技術ではあるが、市場での絶対的な優位性はもはやなく、その意味でコア・コンピタンスとは言えない状況となっている。ノーベル物理学賞を受賞した中村修二が中心となって開発した「青色発光ダイオード」の技術をコア・コンピタンスとして、長年競争優位を持続させてきた日亜化学も、アジアのライバル企業のコストパフォーマンスが急激に上がってきた現在、いつまでそれをコア・コンピタンスとして維持できるのかはかなり不透明である。

また昨今では、破壊的イノベーションによる代替可能性の圧力が常についてまわる。圧倒的なバイイングパワーとアクセスの良さ、店舗運営ノウハウなどをコア・コンピタンスとしてきたアメリカの大手DVDレンタルのブロックバスターは、ネットでストリーミング配信などを行うNetFlixなどの台頭によってコア・コンピタンスが一気に無力化・無価値化し、業績が急激に悪化して連邦破産法11条の適用を申請せざるをえなくなった。

企業としては、時代の変化に合わせて新たなコア・コンピタンスを獲得・構築するために、継続的な投資を行うことが必要である。

◉─── **ケイパビリティ**

ケイパビリティが、戦略論と関連して明確に定義されたのは、BCGのジョージ・ストークス、フィリップ・エバンス、ローレンス E. シュルマンの3人が1992年に発表した論文 "Competing on Capabilities: The New Rules of Corporate Strategy" においてである。この論文で彼らは、「コア・コンピタンスがバリューチェーン上における特定の技術力や製造能力を指すのに対し、ケイパビリティはバリューチェーン全体に及ぶ**組織能力**である」とした（**図表2−4**）。

彼らが例に挙げたのは、アメリカにおけるホンダのオートバイ事業である。ハメルとプラハラードがホンダのコア・コンピタンスをエンジン技術にあるとしたのに対し、彼らは、ホンダの全米での事業展開においてより重要だったのは、そのケイパビリティであったと述べている。そしてその例として、ディーラー管理の優れたケイパビリティを

図表 2-4　コア・コンピタンスとケイパビリティの差異

	コア・コンピタンス	ケイパビリティ
バリューチェーンとの関連	個別の機能と関連 （特に技術開発や製造）	バリューチェーン横断的
強く連関するプロセス	戦略策定	戦略遂行
外部からの見え方	一見明確 （ただし背後のメカニズムは複雑）	見えづらい

挙げた。

　一般に、小規模なディーラーは、事業強化よりもオートバイマニアとしての自分の趣味に走りがちで、ビジネスへの関心が弱い。店舗の工夫も少なく、近寄りやすいとは言い難い。しかしホンダは、優れたディーラー管理、具体的にはマーチャンダイジング、営業、店舗レイアウト、サービス管理などに関する手順や方針の伝授から、研修への参加促進、ITを活用した管理などを行うことで、競合他社に圧倒的な差をつけたというのである。ポイントは、特定の技術ではなくビジネスプロセスにフォーカスしている点である。

　ストークスらは、ホンダに関しては製品化も同社の強いケイパビリティだとしている。それまでの製品開発のプロセスは、「計画」（市場ニーズの把握）、「試験」（提案された製品の評価）、「実施」（試作品の製作、工場立ち上げ）が別々に行われていたのだが、ホンダは計画と試験を同時並行で進めるとともに、これを実施と切り分けた。このようにビジネスプロセスを変えることで、ホンダは製品開発のスピードアップに成功するとともに、コストやリスクを低減させたというのである。

　ケイパビリティも、その構築が難しいほど、当然強みとしての価値が上がる。ストークスらは先の論文でウォルマートについても詳細に分析しているが、ライバル各社がウォルマートの「クロス・ドッキング方式」（ロジスティクス上の手法）をまねできなかった理由として、バリューチェーン全般にわたって巨額の投資や従業員の意識変革が必要なこと、店舗のコンセプトならびにビジネスコンセプトそのものの変更が必要なこと、あるいは組織の変更が迫られることなどを挙げている。

　ウォルマートというと「Every Day, Low Price」といった規模の効果を武器にした安売りに目が行きがちだが、その真の強みは、**ロジスティクス**というなかなか目につきにくい場所に多大な金銭的・人的な投資をし、それを軸にビジネスコンセプトやビジネ

> **図表 2-5　ケイパビリティをベースとした競争の基本原則**
>
> **原則1：**
> 　企業戦略を構成する要素は、製品や市場ではなく、ビジネスプロセスである。
>
> **原則2：**
> 　主要なビジネスプロセスを、他社に勝る価値を継続的に顧客に提供できるような戦略的ケイパビリティへと転換することが、競争の勝敗を左右する。
>
> **原則3：**
> 　SBU（戦略事業単位）と職能分野を結び付ける一方、双方の力をこれまでの限界を超えて引き出すためにインフラに戦略的に投資し、戦略的ケイパビリティを構築する。
>
> **原則4：**
> 　ケイパビリティは必然的に複数の職能部門にまたがるため、ケイパビリティ戦略を推進するのはCEOの仕事である。

スプロセスを構築した点にあり、それこそが同社のケイパビリティである、というのがストークスらの主張である。

　彼らはいくつかの成功企業の事例から、ケイパビリティをベースとした競争の基本原則を4つ紹介している。それを整理すると、**図表2-5**のようになる。

　このケイパビリティの考え方はコア・コンピタンスと相いれないものではなく、企業の強みを別の観点から捉えたものといってよいだろう。また、お互いに相互補完的であるという見方も成り立つ。ケイパビリティがあるからこそ、市場で勝てるコア・コンピタンスが発揮できるともいえるし、コア・コンピタンスがあるからこそ、企業はそれを軸にバリューチェーン全体にわたるケイパビリティ開発に投資できるともいえるからだ。

　ケイパビリティの提唱者（特にストークス）はコア・コンピタンスとケイパビリティに独自の意味付けをしているが、実のところ、それほどの差異はないとの考えが主流となり、両者を明確に切り分けて用いる意味は薄れつつある。

◉ーーー その他の強み

　戦略論のフレームワークにおいて重要な概念であるコア・コンピタンスとケイパビリティを紹介したが、企業が戦略を構築するにあたって、この2つの概念だけでは説明しにくい強みもある。それをいくつか挙げよう。

● カリスマ的なリーダー

　リーダーについては通常は戦略論とは別に語られることが多いが、現実にリーダー個人のネットワークや知名度、発信力などを戦略に活用している企業は多い。たとえばライフネット生命保険は日本におけるネット生保の草分けともいえる存在であるが、その

社名の普及度等については、創業者CEOの出口治明と、同じく創業者COOの岩瀬大輔の2氏に負うところが大きい。たとえば出口CEOは書籍の著者などで有名であるし、岩瀬COOはブログやTwitterでの情報発信を盛んに行っている。創業間もない企業がリーダーに依存しがちになるのは仕方のない面もあるが、属人的なスキルやネットワークをいかに会社全体のものとするかは大きな課題といえよう。

● 立地（土地）

立地（土地）は多くのビジネスで重要な意味を持つが、たまたま歴史的な経緯で好立地を手に入れることができたというケースも多い。たとえばサッポロビールは、いまや東京都の恵比寿における不動産事業が収益の大きな部分を占めるが、恵比寿は若者に人気の街で、渋谷の隣駅でもある。高級住宅街の広尾や中目黒などにも近い。そのような好イメージの恵比寿に広大な土地を持つことができたのは、偶然によるところが大きい（1887年にサッポロビールの前身である日本麦酒醸造会社が、当時寒村だった同地に工場建設用地を取得し、その後、工場で製造していたエビスビール運搬のために貨物駅「恵比寿停留所」を開設したのが現在のJR山手線恵比寿駅のルーツである）。もしサッポロビールの工場が、同じ山手線沿線でも別の場所にあったとしたら、サッポロビールの戦略も大きく変わっていただろう。

● 歴史的資産

立地（土地）もこの一部になるが、歴史的経緯から手にできた資産が強みとなることがある。たとえばかんぽ生命は、郵便局時代に集めた莫大な保険料収入を競争上の強みとしている。JTが持つタバコ農家とのネットワークもそうした資産の1つだ。もともと国営だった企業はこうした強みを持ちやすい。

あるいは、地域密着の分散型事業では、過去に地場産業であった歴史がいまも残っていることがある。富山県の家庭薬製造販売業がその典型だ。宿泊業や土産品製造販売業に代表される観光産業も歴史的資産に負うところが大きい。たとえば京都府や奈良県などの歴史を他地域の企業がまねることはできない。

歴史そのものが企業の強みとなることもある。たとえばメジャーリーグにおけるニューヨーク・ヤンキースの過去の優勝回数や、ベーブ・ルース、ルー・ゲーリッグといったスター選手輩出の歴史は、グローバル展開を図る同球団にとって、ファン獲得の大きな武器となっている。これは他球団が一朝一夕にまねできるものではない。

ここに挙げたこと以外にも、戦略上活用できる自社の強みは多い。コア・コンピタン

スやケイパビリティが長い時間をかけて、しかも多くの場合は意図を持って開発・構築されることが多いのに対し、偶然手に入った強みが戦略のカギとなる場合も多い。あらゆる強み、あるいはその候補に目配せをしながら、勝てる戦略を構築することが必要となる。

3● リソース・ベースト・ビュー（RBV）

　ここまで、企業の強みについて詳述してきたが、いよいよリソース・ベースト・ビュー（RBV）の話に入っていこう。RBVは、競争優位の源泉を企業の内部資源や内部の強みに求める戦略理論である。ポーターの戦略論が業界分析に基づく基本戦略のとり方（ポジショニング）を強調し、良いポジションを取ることが企業を成功に導くとしたのに対し、RBVを提示したバーニーは、競争優位の源泉は企業内部の経営資源にあり、良い経営資源を保有することが企業を成功に導くカギと考えた。

　RBVの源流は古く、さかのぼればリカード経済学に至るとされるが、企業の資源に着目し、それを最大限に活用することこそがマネジャーの仕事であると説いたのはエディス・ペンローズである。彼女は、1959年の著書 *The Theory of the Growth of the Firm* において、それまでよりも経営資源（原著では「生産資源」）を広義に解釈し（例：起業家としてのスキルなど）、その有効活用が企業の成長を規定するとしたのである。

　バーニー自身がこの考え方に至ったのは主に80年代からであり、論文で明確にこれを提唱したのは1991年のことである（Resource Based Viewという言葉自体は、すでにB.ワーナーフェルトが1984年に提唱していた）。

　したがってバーニーも、基本的にリソースを広義に捉えている。彼は、経営資源（firm resource）として、いわゆる「ヒト・モノ・カネ」と呼ばれる伝統的な資産に加え、コア・コンピタンスやケイパビリティ、プロセス、組織の特性、情報や知恵などを挙げている。つまり、企業のコントロール下にあり、活用できるものは、基本的にすべて経営資源であるという考え方である。

　ちなみにバーニーは『企業戦略論』において、ある強みがリソースなのか、コア・コンピタンスなのか、それともケイパビリティなのかという議論は、実務家にとって大きな意味はないことから、基本的にはリソースという言葉に集約して議論することを推奨している。この提案は、多くのビジネスパーソンにとって有効であろう。本章でも、以降は特に断りを入れない場合、コア・コンピタンスやケイパビリティという言葉は使わず、「リソース」や「能力」、「強み」といった用語を用いるものとする。

●── ポジショニング論との関係

ポーターらが主張するポジショニング論と、バーニーらが主張するRBVは、しばしば相いれない考え方のように捉えられもしたが、それは誤りである。現在は、ポジショニング論だけでもRBVだけでも企業の成功や失敗は説明できず、両方を相補的に用いることが適切とされている。つまり、どちらか一方が正しいわけではなく、どちらもある程度は正しく、しかもそれだけではすべては説明できないということだ（**図表2-6**）。

これは実務家の直感にも沿う考え方だろう。どれだけ素晴らしい業界分析を行い、ユニークなポジションを実現したとしても、内部に保有するリソースが貧弱では競争には勝てない。逆に、素晴らしいリソースを有していたとしても、儲けにくい業界で良い収益性を実現することは難しい。良いリソースを開発・保有し、そのうえで適切な業界分析を行い、独自のポジションを取ることができれば、高い収益性を期待できるというのは非常に納得感のある結論であろう。

このように相互補完的であるポジショニング論とRBVだが、特にRBVが力を発揮するのは、多角化や、事業ドメインの変更を検討する際である。例外的な場合を除き、企業は自社の強みを活かし、シナジーを効かせながら事業拡大を図るのが一般的である。

たとえばセブン-イレブンを擁するセブン&アイ・グループは、購買量に裏付けられたバイイングパワー、POSなどを活用した顧客ニーズへの対応力、充実した店舗網などを強みとして持つ。また、組織全体を通じて、優れた仮説検証力を保有している。これらを活かして成功した新事業が、ケースで見たセブン銀行だ。セブン銀行の成功要因は、顧客ニーズを踏まえたうえで、グループの店舗網を徹底的に活かし、ATMからの手数料収入に集中したビジネスモデルにある。「これだけのネットワークがあれば、他

図表 2-6　ポジショニング論とRBV

	ポジショニング論	RBV
エッセンス	市場で良いポジションを取ったほうが勝つ	良い経営資源を持つほうが勝つ
タイプ	規範的 （べき論）	記述的 （個別の追跡）
支持者	戦略スタッフ、 コンサルティングファーム	社会や組織を重視する人々 （特に日本と北欧）

行は自社のネットワークを利用したほうが得になる」といった仮説の設定や、その検証力も特筆に値する。

　製造業においても、日本電産は、ブラシレスDCモーター技術と、日本電産流マネジメントを武器にM&Aを行い、業容を拡大している。

　さて、RBVの提唱者であるバーニーは、ポーターの提唱したバリューチェーンに関しては、企業の強み（あるいは弱み）を特定するフレームワークとして非常に有効であると評価している。つまり、漠と見ていただけではわからない企業の強みやリソースが、バリューチェーンを通してミクロレベルで考察できることにより、競争優位構築のヒントも得やすくなるというのである。また、バリューチェーンをまたがる強み、すなわち、ストークスらの言うケイパビリティについても、それぞれの活動の連携や、情報フローの様子などを見ることによって特定することは可能だとしている。

　バリューチェーンは内部分析の重要ツールであるが、ポジショニング論に沿った分析にも有効であるし、RBVに沿った分析にも有効である。こうした点からも、両者は水と油ではなく、相互補完性があるといえるのである。

4● VRIO

　企業のリソースがどのくらい強みになるのか、言い換えれば、組織が持つリソースの有効活用可能性をチェックするフレームワークとして、バーニーが提唱したのがVRIOである。バーニーは、以下の4つの問いによってリソースを評価できるとしている。

- 経済価値（Value）に関する問い
- 希少性（Rarity）に関する問い
- 模倣困難性（Imitability）に関する問い
- 組織（Organization）に関する問い

　図表2-7、図表2-8からもわかるとおり、バーニーはVRIOの4つの項目に関して、上から下に行くほど、競争優位に資するリソースになると考えている。経済価値があるのはもちろんのこと、希少性や模倣困難性以上に、それらを活かせる組織能力が競争優位を持続させるという考えである。

　4つの中で直感的にすぐ理解できるのは、経済価値と希少性であろう。経済価値を生み出せないリソースが無意味であるのは言うまでもないし、希少性が高いほど良いリソースであるのも理解しやすい。

図表2-7 VRIO

経済価値 (Value)	ある経営資源を保有していることによって、企業は外部環境の機会を活用、あるいは脅威を無力化することができる
希少性 (Rarity)	その経営資源を保有する企業が少数である
模倣困難性 (Imitability)	その経営資源の獲得・開発・模倣コストが非常に高い
組織 (Organization)	その経営資源を活用するための組織的な方針がある

出所：ジェイ B.バーニー『企業戦略論 競争優位の構築と持続』ダイヤモンド社 2003年

図表2-8 VRIOによる評価

価値があるか	希少か	模倣コストは大きいか	組織体制は適切か	競争優位の意味合い	経済的なパフォーマンス	強みか弱みか
No	—	—	No	競争劣位	標準を下回る	弱み
Yes	No	—	↕	競争均衡	標準	強み
Yes	Yes	No		一時的競争優位	標準を上回る	強みであり固有のコンピタンス
Yes	Yes	Yes	Yes	持続的競争優位	標準を上回る	強みであり持続可能な固有のコンピタンス

出所：ジェイ B.バーニー『企業戦略論 競争優位の構築と持続』ダイヤモンド社 2003年

　たとえば、かつてダイヤモンドの生産・販売においてデ・ビアス社が圧倒的なポジションを有していたのは、ダイヤモンド鉱山を押さえるとともに、流通チャネルをほぼ独占していたことによるところが大きい。日本の地上波テレビ局各社がいまだに一定の地位を築けているのも、電波を利用する権利を独占的に与えられているという事情が大きく寄与している。

　その次の模倣困難性は、VRIO、あるいはRBVの要所となる考え方である。つまり、誰にでもすぐにまねできるようなリソースは強みとなりにくいが、容易にまねできない、つまり模倣がそもそも不可能であるか、模倣しようとすると莫大な投資・コストが必要になるようなリソースは、経済価値や希少性が担保されていれば非常に大きな強みになるということである。

模倣困難性は、広義にはさまざまな要素に起因する（莫大な投資など）。しかしバーニーは、簡単に、あるいは短期には模倣されにくいリソースの条件として、❶独自の歴史的条件、❷因果関係の不明性、❸社会的複雑性を指摘しており、こうした特徴を有するリソースを持つ企業は中長期的な優位性を築きやすいとしている。

❶独自の歴史的条件
　歴史的な偶然や出来事、蓄積によってもたらされたリソースの優位性である。NTT各社やJR各社、日本郵政の店舗網や技術はかつての国策によるところが大きく、競合がこれを模倣することは極めて難しい。私立大学ビジネスにおけるハーバードやオックスフォード、ケンブリッジなどの超老舗大学の資源の優位性も、多くはこれで説明しうる。このように時間がもたらす経済性を、競合の側から見て**時間圧縮の不経済性**と呼ぶ。同じ資源を獲得するために、歴史を繰り返すのは難しいということだ。
　経路依存性もこの歴史的条件に含まれる。企業のある強みはさまざまな試行錯誤、時には失敗からの学習などを通じて生まれるものであるが、それを表層だけたどって再現しようとしても容易ではない。ましてや、競合がその経路まで含めて模倣することは非常に困難である。トヨタのリーン生産システムなどは、数十年かけて練り上げたものであり、経路依存性が大きいといえる。
　バーニーは、こうした強みはトップの大きな意思決定もさることながら、ボトムからの小さな意思決定の集積による部分が大きいとしている。現場発の小さな意思決定を競合がすべて把握するのはほぼ不可能であり、それゆえ模倣は困難なのである。

❷因果関係の不明性
　「これをすればこのリソースが手に入る」という因果関係が明確であれば、優れたリソースも要素分解して模倣しやすくなる。だが、企業の強みとなる多くのリソースは、そのような単純な因果関係では説明できない。それゆえ、模倣が困難となる。たとえば、日本企業の「阿吽の呼吸」のような暗黙知の文化や、それを包含する擦り合わせの技術は、なかなか外国の企業には理解しにくいものだ。一見シンプルに見えるセブン-イレブンの仮説検証能力も、現場のレベルに至るまでには無数の試行錯誤があったわけであり、それゆえに競合は簡単にはまねできないのである。

❸社会的複雑性
　一般に、シンプルなものほど模倣しやすく、複雑なものほど模倣は難しくなる。たとえば個々の製品は**リバースエンジニアリング**である程度分解はできるが、それを生み出

した企業内におけるコミュニケーション、組織文化、サプライヤーや顧客とのやりとりなどは、社会的に複雑でわかりにくく、競合がそれを模倣するのは容易ではない。バーニーは、ハードな要素より、こうしたソフト要素ほどまねしにくいと指摘している。

　VRIOの最後の要素は、これまでの3つの要素を使いこなす組織能力である。その意味で、この要素はほかとは意味合いが異なる。組織能力の具体的な内容としては、個々人のスキルに加え、指示系統やコントロール・システム、評価報奨体系などが含まれる。これらも外からの見え方だけではなく、その運用の微妙な呼吸、ニュアンスが重要となるため、競合が容易に模倣するのは困難である。トヨタ、GE、サムスンなど、国内外で大きな収益を上げている企業は、概ねVRIOの4つ目までの要素を満たすリソースを保有していることが多い。
　ケースのセブン-イレブンについて言えば、売上高利益率30％超を実現していることからもわかるように、経済価値についてはまったく問題ない。希少性についても、店舗の好立地や店舗数、ブランド力、バイイングパワーなどは極めて希少性が高い。さらに、模倣困難性についても、上記の要素を模倣しようとすると莫大な投資が必要になるだけでなく、スーパーバイザーの育成や仮説検証文化の徹底など、外面からだけではまねできない要素が多いため、極めて高いといえよう。
　組織についても、人材のレベルの高さもさることながら、企業文化と一体となった要素が大きいため、模倣は容易ではない。
　こうして見てくると、セブン-イレブンは、まさに比類なき強いリソースを有しており、それがセブン銀行などへの多角化の足掛かりになったのもうなずける。

◉──── RBVに対する批判

　RBVは有効な考え方ではあるが、批判もある。最後に、それをいくつか紹介しよう。
　最も典型的な批判は、リソースの強さ、弱さは絶対的に決まるわけではなく、相対的、主観的にしか判断しえないということである。これはバーニー自身も認めているところである。
　たとえば、先進国において顧客の支持を得るプレミアム商品を開発できる能力は、明らかにその企業の強みのように思える。しかし、その強みは、新興国向けのリーズナブルな価格の商品開発においても強みになるとは限らない。むしろ、品質への過剰なこだわりなどが足枷となり、弱みに転じるおそれすらあるのだ。
　リソースは、それ単独では強みとはならず、市場や競合との関係性の中で、あるいは企業が抱える戦略的な文脈の中で適切に用いられて初めて意味を持つ、という考え方は

一般にも納得しやすい。リソースの意味付け・解釈をどうすれば適切に行えるか、というフレームワークは特に提示されてはおらず、結局は解釈する人のセンスに頼る部分が大であるのは、RBVの大きな弱点といえる。

　それまでにはない目新しい方法でリソースを獲得したり、組み合わせたりする視点を持ちにくいという批判もある。リソースは通常、組み合わせによって強みを発揮するものだ。単純な組み合わせであればすぐに思いつくかもしれないが、それでは競争優位にはあまり結び付かない。しかしRBVは、圧倒的な競争優位を築くようなリソースの斬新な組み合わせ方について、有効なフレームワークを提唱しきれていない。事後にそれを記述することはできても、事前にマネジャーが活用できるような効果的なフレームワークがなければ、実務性に欠けるという批判が出てくるのも当然だ。

　ちなみに、ポジショニング論が規範的な（「あるべき」ことを示す）戦略論であるのに対し、RBVは概ね記述的な（「結果としての状態」を示す）戦略論であるという言い方がされることもある（第3章で紹介するラーニング論が典型的な記述的戦略論であることに比較すれば、まだ規範的な側面は強いのだが）。規範的な戦略論は、ある程度フレームワークや手順を学べば誰でも一定のレベルの「べき論」が言えるのに対して、記述的な戦略論はそれが非常に難しい。これを克服する方法としては、具体的な事例をいくつも深掘りすることで、因果関係や相互関係に関する洞察を高めるしかない。そうした学び方の難しさもRBVには付きまとうのである。

　最後に、RBVの模倣困難性という考え方が、競争の一断面しか捉えていないという批判を紹介する。すでに述べたように、まったく新しいリソースを用いたイノベーションの登場が、自社の業績を悪化させる可能性は近年とみに高まってきているが、RBVはそれに対して有効な対策を提示しきれていない。VRIOを高い次元で満たすことは、たしかに好業績をもたらす可能性を高めるものの、イノベーティブな代替品も含めた競争環境の中で何をすべきか、という指針を自動的に与えてくれるものではないというのは重要なポイントであろう。

　このように見てくると、RBVやVRIOのフレームワークは有効ではあるものの、やはり競争優位構築の一側面しか見ていないことがわかる。ポジショニング論的な発想も補完的に持ちつつ、結局は経営者やマネジャーの洞察力を高めることが、効果的な戦略実現には必要なのである。

第3章 ● 戦略の動的プロセスとラーニング

POINT

　第2章では、自社の強みに基づく戦略の考え方を見たが、それをさらに動的（dynamic）な観点から見てみようという考え方がある。特に中心となるテーマは、戦略が生まれるプロセスや、そこに至る学習（ラーニング）などである。近年、「学習優位」という言葉がしばしば用いられるようになってきたのも、こうした考え方が背景にある。世の中が知識社会になるに従って、単にモノやカネ、あるいは表層的なヒトのスキルといった従来型の資源だけを見るのではなく、ナレッジや、それが生まれる裏側のダイナミズムに注目する必要性が増しているのである。

CASE

【山田病院の人間ドック拡大】
（注：本ケースは実話を題材にした架空ケースであり、組織や登場人物の名前も架空のものである）

　山田病院は都心に施設を構える中堅の総合病院である。JRや地下鉄の駅からのアクセスも良く、立地としては恵まれている。一方で、近辺に、やや老朽化が進んでいるとはいえ大きな病院が複数立地しており、患者の獲得競争では必ずしも有利とはいえなかった。
　山田病院はもともと人間ドックを行ってはいたが、ひょんなことから大きく人間ドックに軸足を移すことになった。あるビジネス誌に、「穴場の人間ドック」として紹介されたのだ。穴場というのは「立地は良く、診察もしっかりしているわりには混んでいない」という意味なので、必ずしも手放しで喜べるわけではなかったが、それでもその記事をきっかけに、人間ドックの申し込みが激増した。
　そのときわかったのは、都心には予想以上に大きな人間ドックのニーズがあるということだ。折しも人々の間で健康志向が高まっていた。また、都心の企業は福利厚生施策として、人間ドックを受ける社員に数万円程度の費用補助を出すところが多かった。そ

れにもかかわらず、多くのビジネスパーソンが働くオフィスに近い都心には、交通アクセスの良い人間ドックの施設が意外に少なかったのだ。こうしたことは、調べてみるまでわからなかった。

　ある日、病院で開かれた会議で、若い医師から「いっそのこと、人間ドックに軸足を移したらどうですか」という意見が出されたが、山田一郎院長をはじめとする首脳陣は慎重だった。

「やはり医の中心は治療だよ。それがないと医師のモチベーションも上がらない」

「もちろんそれも大事ですが、せっかくのニーズがあるのにもったいない。世の中の流れは『治療から予防へ』ですよ」

「そうは言うがな……」

　その日の会議では結論は出なかったが、参加していた若い婦人科医の水木優里は、感じるものがあった。常日頃、患者と接して彼女たちの声を聞き、あるアイデアを抱いていたのだ。

「病院としていきなり人間ドックに舵を切るのは難しいとしても、婦人科だけでも人間ドックのメニューを充実させたらどうかな。婦人科固有のオプション検査も多いし、どうしても検査が億劫で来ない中年女性も多い。接客などもしっかりすれば、絶対に喜ばれるはず」

　水木はそのアイデアを固めると、意を決して山田院長に提案した。院長は、初めのうちは懐疑的に聞いていたが、水木のアイデアには惹かれるものがあったようだ。

「働く女性も増えたし、アクセスの良いうちのドックに来る女性は多いかもな。とりあえず実験的にやってみるか」

　院長はその場で水木をプロジェクト推進者に任命し、実験を進めるように言った。

　婦人科の内装を入りやすい雰囲気にリフォームし、待合室の雑誌なども女性向けのものを増やした。また、つてをたどって女性誌などにもＰＲし、パブリシティで取り上げてもらうことに成功した。その結果、山田病院の女性向け人間ドックは連日フル操業となったのだった。

　ちょうど、ビルの上の階に空きが出たことからフロアを借り増して人間ドックのキャパシティを増やし、医師も新たに採用した。検査レベルは高い水準が維持され、評判がクチコミで広まっていった。

　こうして山田病院の人間ドックは、病院の看板科目に順調に育っていった。だが、しばらくして看護師の太田夕奈が受診者のちょっとした不満に気がついた。それは女性受診者が漏らした、こんな一言だった。

「人間ドックのときは、医師や医療スタッフはすべて女性がいいな。特に婦人科系は」

太田の提案で事務局が女性受診者にアンケートを取ってみると、通常の診察・治療なら割り切れても、人間ドックの検査のときは、やはり男性の医師や検査技師はちょっと、という声が予想以上に多かったのだ。
　院内で議論をしたり、受診者にヒアリングをしたりするなかで、「女性向け人間ドックが充実している」という期待値が高すぎるゆえに、それが裏切られると満足度が低くなるということに、スタッフたちは気がついた。そして、女性向けドックでは、医師も検査技師もすべて女性が担当することにした。
　その後も、山田病院では受診者アンケートを充実させつつ、医師も含めた現場スタッフのミーティングを頻繁に開き、そこで出てきたアイデアをサービス設計やマーケティングに活かすようにしていった。
　その結果として、たとえば男性用のフロアと女性用のフロアが完全に分離された。これにより、特に女性受診者の満足度が極めて高くなった。
　過去の受診者に対する「ご挨拶メール」は、ITを得意とする若手スタッフのアイデアだったが、これもシンプルではあるが続けた結果、リピート率の向上につながった。
　最近では、中国語を話せるスタッフを雇い、観光がてら人間ドックも受けたいという中国人旅行者向けに先端的な検査を行うサービスを始め、まずまずの成功を収めている。中国人は日本人以上に、PET検査などの高額な検査を好むことも実施していくなかでわかってきた。
　今日も山田病院では、どうすれば短い時間で人間ドックを終了できるか、どうすれば施設の稼働率が上がるか、どうすれば客単価が上がるのか、スタッフ全員が考え、ミーティングの場で意見交換している。

理論

　第1章、第2章では、比較的静的（Static）な分析を中心に、戦略との関連性を見てきた。しかし現実には、戦略やそのプランニングは動的（Dynamic）なものである。特に重要なのは「学習」（ラーニング）を基盤にした戦略の立案、展開である。この領域は1970年頃から研究が進められてきたが、日本人研究者による貢献が非常に大きい分野である。競争環境や資源の分析から戦略が導かれるのではなく、組織のさまざまな営みのなかで戦略が進化し、効果的な戦略が定着するというのは、特に日本企業にとっては有効な示唆を含んでいる。
　学習ベースの戦略論は、資源ベースの戦略論以上に記述的側面が強く、「こうすれば競争優位が築ける」という議論はしにくい。しかし、そこから得られる知見は非常に有効性が高い。1つ1つの実例を丹念に読み解き、自社に応用可能な示唆を得ることが必

要である。

1 創発戦略

　第1章で紹介したポジショニング論の議論は、事前の分析をしっかり行えば、（多少の創造性は必要なものの）ある程度は効果的な戦略を策定できるという前提に立ってきた。かつてマイケル・ポーターは「日本企業には戦略がない」といった旨の発言をしたが、その背景には、戦略立案のためのスタッフ機能などが、日本企業はアメリカ企業に比して脆弱だという認識があった。そうした機能が弱いがゆえに、日本企業は効果的な戦略を描き切れないというのである。

　しかし、本当に日本企業に戦略がないのだとしたら、多くの日本企業がなぜ、世界で強いポジションを築けたのだろうか。偶然と片付けるには、その数はあまりにも多い。この背景には、やはり優れた戦略が存在しているはずである。では、戦略を構築する機能、特に経営企画室などのスタッフ機能が弱いにもかかわらず、なぜ有効な戦略ができあがってきたのか。

　1990年代、ヘンリー・ミンツバーグらのグループは、カナダのマギル大で戦略策定に関してさまざまな研究を行っていた。そこで得られた結果は、非常に示唆に富むものである。彼らの研究によれば、戦略は事前の「意図的な」プランニングによっていきなり完成形ができあがることは稀で、むしろ現場でのさまざまな失敗を通じて、市場に学び、「創発的」につくられていくもの、あるいは偶然に発見されるものだ、というのである。

　ミンツバーグはいくつか事例を出しているが、彼の代表作でもある『戦略サファリ』の中では、ホンダのアメリカバイク市場での成功を取り上げている。かつてBCGは、「ホンダは（事前に）アメリカ市場を研究し、小型バイクであればユニークなポジションを構築できると考えた」とホンダの成功理由を結論付けたが、ミンツバーグらが調べたところ、それはまったくの誤解だったという。現実はもっと泥臭く、かつ偶然によるところが大きかったのだ。

　実のところホンダは、当時ハーレーダビッドソンが席巻していた大型バイク市場に真っ向勝負を挑むべく参入した。しかし、ホンダのバイクは低価格ではあったものの、ハーレーに性能や外見で見劣りし、ほとんど売れなかった。しかし、だからといって急に小型バイクに舵を切ったわけではなかったのだ。

　ホンダの小型バイクは、もともと、現地のホンダのスタッフが自分たちの移動用に持ち込んだものであった。そして、彼らは休日になると日頃の鬱憤を晴らすべく、そのバ

第3章　戦略の動的プロセスとラーニング

イクで西海岸を走り回っていた。それを見たアメリカ人たちが、「そのバイクいいね。自分も欲しい」と言ったことが、アメリカにも小型バイクのニーズがあることを発見したきっかけだったのである。

　最初は小さなスタートであったが、やがて小売チェーンから取り扱いたいとの申し出があり、徐々に売上げが伸びていく。結果として、いったん大型バイクからは撤退し、小型車にフォーカスしたというのが真相だったのである（小型車でポジションを固めた後に、大型車を再度市場投入して成功した）。56ページで紹介したようなディーラー政策も、事前に意図して計画されたものではなく、試行錯誤しながら現場で考えたものだったのである。

　ミンツバーグは、マッキンゼー賞を受賞した論文 "Crafting Strategy"（邦訳「戦略クラフティング」）の中でもこの例に触れ、「ホンダのマネジャーたちがアメリカで自社製品を乗り回したことだけが唯一正しかった。このおかげで、彼らは市場の反応を偶然つかめたのである。つまり、第一線で学習したのである」と述べている。

　ミンツバーグが「戦略クラフティング」の論文で挙げたもう１つの例は、カナダ国営映画協会（NFB）に関するものである。NFBは、長編映画のビジネスにも長けた会社であるが、もともとは短編映画に関する卓越性で知られた組織であった。しかし、たまたま出資したプロジェクトでできあがった映画が予想以上に長く、長編映画になってしまった。それを映画館に売り込むために大変苦労したことが、同社の長編映画に関する知見につながり、その後の戦略変更に結び付いていったのである。ここでも、短編から長編への軸足の移動は意図的ではなく、創発的だったのだ。

　冒頭ケースに示した山田病院の女性向け人間ドックの拡大戦略も、ちょっとした現場の発案からスタートした。組織のトップである院長らが綿密に市場を調査し、事前に戦略を練り込んだわけではない。山田病院の成功は、現場に権限やアイデアの発案を任せ、市場の声を聞きながらそれに応えるべく改善を重ねていったことにある。

◉──**創発戦略が生まれる条件**

　では、どのようなときに有効な創発戦略が生まれ、実行されるのか。それにはいくつかの条件がある。

❶トップのリーダーシップ、そしてトップとフロントで働く社員とのコミュニケーション

　意外に思われるかもしれないが、トップあるいは事業責任者のコミットメントなくしては、創発戦略は有効に機能しない。現場にアイデア出しとその実行を丸投げすること

を創発戦略の条件と考えている人がたまにいるが、それは誤解である。現場から得られる知見や提案は尊重しつつも、やはり会社全体が支援しなければ（少なくとも邪魔はしない）、その戦略はうまくいかない。また、適切なコミュニケーションを日常的に行うからこそ、戦略の意味が現場にも経営陣にも深く理解され、実行もスムーズに進むのである。

❷風通しの良い組織文化

現場からの意見を黙殺するような組織、経営企画部などのスタッフ機能が幅を利かせすぎている組織、上意下達の組織では創発戦略は生まれにくい。個々人の可能性に対する信頼もベースに、談論風発し、面白ければ若手の意見でも受け入れるような組織文化が望ましい。ホンダの「ワイガヤ」（役職や年齢、性別を越えて気軽に「ワイワイガヤガヤ」と話し合うこと）重視は、それなりの理由があるのである。

山田病院のケースでも、この❶❷の条件は担保されていたといえるだろう。

❸学習

創発戦略が機能するためには、素早い学習が必要不可欠だ。これについては、以下でくわしく解説する。

2● 学習

学習（ラーニング）にはさまざまな意味合いがある。ここではまず、シンプルな市場からの学習を解説し、その後で組織としての強みを発揮するうえで重要な組織学習の基本的な考え方にも触れていこう。

市場からの学習とは、顧客が何を自社に求めているかを知ることだ。大きな問いは2つある。「既存顧客は自社に何を求めているか」、そして「顧客ではない人々（企業）に何を提供したら顧客にできるか」である。

前者の問いはビジネスの基本中の基本だが、プロダクトアウト（製品ありき）の発想が強すぎる企業などでは、意外になおざりにされていたりする。あらためて基本に立ち返ることが必要だ。

また、この問いはベンチャー企業の**リーンスタートアップ**にも通じる考え方である。リーンスタートアップでは、**MVP**（Minimum Viable Product）と呼ばれる、最低限の機能のみを備えたβ版をまず市場に出し、それに対するユーザーの反応を見ながらバージョンアップを行っていく。これは製品開発だけにとどまらず、売り方やアフターサー

ビスなどにも及ぶ。つまり、事前アンケートなどに頼るのではなく、実際に市場に出してみて、その反応から自社にとって有益な示唆を得て学習していくのである。ベンチャーマネジメントでは、近年、**ピボット**（方向転換）という用語もよく使われるが、市場からの学習で現在の方向性ではうまくいかないと判断したら、大胆な戦略転換を行うのである。こうした柔軟性も、環境変化が非常に速くなっている昨今は重要である。

もう1つの「顧客ではない人々（企業）に何を提供したら顧客にできるか」という問いも、事業拡大を図るうえで非常に重要になる。先のホンダの事例、あるいは山田病院のケースでもそうだが、初期においては、事業の成否は偶然によるところが大きい。しかし、市場や顧客を注意深く観察し、可能であれば潜在顧客の声を吸い上げられる多様な接点（見込み顧客との接点、あるいはチャネルとの接点など）を持つようにすべきである。

また、こうした「本音の声」は、文字どおりの「声」としてではなく、非言語コミュニケーションを通じて入ってくる場合もある。昨今、マーケティングの分野では行動観察やデプスインタビューを通じた**インサイト**（顧客の深層心理、洞察）の分析が盛んだが、そうした方法論も併せて声なき声を集める努力が必要だ。

● 組織学習

組織における学習は、個人のみで完結していては極めて効率が悪い。学習の成果が組織で共有され、組織全体の知見やスキルの向上、さらには変化への対応力の強化につながるように、学習が文化として組織に埋め込まれた、**学習する組織**（ラーニング・オーガニゼーション）になることが望ましい。

学習する組織は、過去の戦略や組織の枠に思考や行動を縛られることなく、変化に対応し、戦略や組織を進化させていく機能を備えている。構成員が自律性と協調性を持ち、現在の経営環境に適応する強さと、将来の変化に対応する柔軟性を併せ持つ。この定義からもわかるように、ここで言う「学習」は、単に知識を習得することにとどまらず、思考や行動のパターンを変えていくことも含む。戦略の実行にあたっては、背景のロジックもさることながら、思考や行動パターンの変化が重要になることからも（例：売上げ重視から利益重視に変えるのであれば、「とにかく売ればいい」というメンタリティを変える必要がある）、組織学習は重要である。必然的に、組織変革においてその重要性は増す。

学習する組織を実現するための要素には多くのものがあるが、ここでは最も著名かつ基本的な、クリス・アージリスとドナルド・ショーンの**ダブルループ・ラーニング**と、ピーター・センゲの**5つのディシプリン**を紹介する。

図表3-1 シングルループ・ラーニングとダブルループ・ラーニング

Double-loop Learning
ダブル・ループ学習

Single-loop Learning
シンプル・ループ学習

Governing Variables
変数 → Action Strategies
行動戦略 → Consequences
もたらされる結果

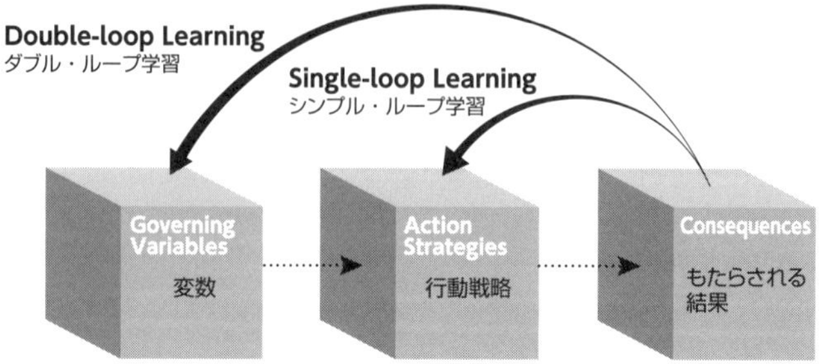

出所：DIAMOND ハーバード・ビジネス・レビュー編集部編訳『組織能力の経営論』ダイヤモンド社　2007年

◉────ダブルループ・ラーニング

　アージリスらは著書 *Organizational Learning* の中で、組織における学習プロセスには、シングルループ・ラーニングとダブルループ・ラーニングの2つの形態があるとした。シングルループ・ラーニングとは、問題に対して、既存の目的達成へ向けて軌道修正を行うことをいう。一方、ダブルループ・ラーニングとは、問題に対して、既存の目的や前提そのものを疑い、それらも含めて軌道修正を行うことをいう。アージリスらは、従業員が効果的に戦略立案や変革に資する行動を取るためには、ダブルループ・ラーニングが必要だと考えた。

　アージリスらが用いた代表的な比喩はサーモスタットである。所定の温度からずれたときに、それを修正しようとするのがシングルループ・ラーニングであり、そもそもの温度設定の是非から見直すのがダブルループ・ラーニングである（**図表3-1**）。

　ホンダの例で言えば、大型バイクを売るための方策をどれだけ考えていても打開策は生まれなかっただろう。それまでの目的や前提を疑い、議論を通じて小型バイクの可能性を探ったからこそ、戦略転換に成功したのである。当時は「組織学習」という言葉はまだ登場していなかったが、ホンダが実践したことはその先駆けだったのである。

　ちなみに、この2つのループは、戸部良一らが著した『失敗の本質─日本軍の組織論的研究』の中でも取り上げられている。日本軍はあくまで所定の目的にこだわったのに対して、アメリカ軍は必要に応じて、目標や問題の構造そのものを再定義し、変革するというプロセスを重視したという。昨今、ビジネスの世界でも「ゲームのルールが変わる」事態がしばしば見られるが、それを得意とするのはアメリカの企業である（もちろん、すべてのアメリカ企業がそれを得意としているわけではなく、実践できるのはごく一部の

企業である)。

　日本企業が「後追い型」「下請け型」にならないためにも、そもそもの戦略目的、さらには組織の目的から再考するという態度が、より強く求められるだろう。

◉──── 5つのディシプリン

「学習する組織」の名付け親でもあるセンゲは、その実現のために必要な要素として**5つのディシプリン**（構成技術）を挙げた。これができている企業は、環境変化に応じて俊敏に対応できるという。5つの構成技術は具体的には下記のようになる。

❶システム思考
　独立した事象に目を奪われずに、各要素間の相互依存性、相互関連性に着目し、全体像とその動きを捉える思考方法。

❷自己実現と自己研鑽
　自らのビジョンや欲求が何であるか探り続けると同時に、現状を的確に見極めることによって両者のギャップを認識し、それを克服してビジョンや欲求の実現に向けて行動すること。

❸メンタルモデルの克服
　物事の見方や行動に大きく影響を与える固定観念や暗黙の前提をメンタルモデルという。自社や競合、市場に関して組織で共有しているメンタルモデルを認識し、それを打破するための取り組みが必要とされる。

❹共有ビジョンの構築
　各個人のビジョンから組織として共有されるビジョンを導くことにより、組織の構成員が心から望む将来像を構築する。

❺チーム学習
　学習の基礎単位は個人ではなくチームと考える。構成員間の**対話**（ダイアローグ）を通して複雑な問題を探求することにより、個人で考えるときよりも優れた解決方法の発見へとつなげていく。

　センゲは、これらのなかでもシステム思考を、他の4つの要素を束ねる最重要のディ

図表3-2 ビア・ゲーム

	1月	2月	3月	4月	5月	6月	7月	8月
小売店								
月初在庫	120	120	118	122	117	121	120	126
販売数	100	99	102	98	101	100	105	100
月末在庫	20	21	16	24	16	21	15	26
次月初予定在庫	120	118	122	117	121	120	126	120
流通業者への注文	100	97	106	93	105	99	111	94
流通業者								
月初在庫	200	200	194	212	186	210	198	222
販売数	100	97	106	93	105	99	111	94
月末在庫	100	103	88	119	81	111	87	128
次月初予定在庫	200	194	212	186	210	198	222	188
メーカーへの注文	100	91	124	67	129	87	135	60
メーカー								
月初在庫	150	150	136	186	100	193	130	202
販売数	100	91	124	67	129	87	135	60
月末在庫	50	59	12	119	-29	106	-5	142
次月初予定在庫	150	136	186	100	193	130	202	90
生産	100	77	174	-19	222	24	207	-52

前提：小売店は、その月に売れた数量の1.2倍の在庫を翌月初めに確保できるよう流通業者に発注をかける。
流通業者は、その月に売れた数量の2倍を翌月初めの在庫として確保できるようにメーカーに発注する。
メーカーは、その月に売れた数量の1.5倍を翌月初めの在庫として確保できるよう生産を行う。

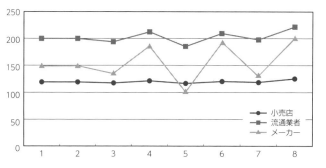

上の前提のもとにビア・ゲームを行い、その在庫を示したもの。小売りにおける販売数のわずかな変化が川上に行くほど大きな振れ幅につながっていることが見て取れる。

シプリンとして位置付けている。

　システム思考の重要性を知るための事例として、センゲが著書『最強組織の法則』で挙げたのがビア・ゲームと呼ばれる有名なシミュレーションゲームだ。このゲームは、メーカー、流通業者、小売りの各プレーヤーが、川下からの注文に応じて、一定のルールに従って適切にビールを供給しようとする。しかし、お互いにコミュニケーションをとることは禁じられている（**図表3-2**）。

　実際にどのような結果になるかといえば、小売りが顧客から受け取る注文数（図表3-2の小売店の販売数が顧客からの注文に該当する）はそれほど変化していないのに、流通業者やメーカーの供給数や在庫は極めて激しく変動する。特に、川上になるほどその影響は強い。各プレーヤー（特に小売り以外のプレーヤー）は、「よほど受注が変動するのだろう」と考えるのだが、ゲーム後に実際にはほとんど注文が変化していなかったことを知らされ、愕然とするという。いかに人間がミクロな範囲でしか物事を考えられないか、システム全体の挙動を把握しきれないかを知る良い機会になるというわけだ。

図表 3-3　システム思考のレベル別活用法

	初級	中級	上級
指標	重要な指標を見出し、評価を行う	データ測定方法を開発するまた、パターンや因果関係を見出す	包括的で効果的な指標や報告システムを開発する
システムの観察	基本的な因果関係とフィードバック・ループに着目する	全体のダイナミクスを理解する	コンピュータを用い、未来の挙動をシミュレートする
イノベーション	改善につながるプロジェクトのブレスト、既存のイニシアティブ推進	優先順位付け、効果的な新しいイニシアティブの推進	新しい選択肢のR&D、実施効果の検証など
戦略	必要資源やTo Doリストの特定、アサインメント	さまざまな分析手法を用い、未来に向けて最善の道筋を選択	「変化の理論」の策定など
合意	個人間で交わすコミットメント	正式な組織のコミットメント	法的に意義のあるコミットメント

出所：ドラネ H.メドウス『世界はシステムで動く』英治出版 2015年をもとにグロービス作成

なお、システム思考のレベル別の具体的な活用方法については、**図表3-3**を参考にしてほしい。

図表中、指標では、「何が起きているのか」を知るために何を測定するかを決める。システムの観察は、要素間のつながりをどう見極めるべきか、ということである。イノベーションは、システムを利用したり介入したりすることで、イノベーションにつなげる方法を示している。戦略は、実施や長期的成功に向けての計画を示す。合意は、行動へのコミットメントを得るレベルを示す。

3●ナレッジ経営

企業が経営環境に合わせて戦略や組織を変えていくうえで、学習が必要なことはここまで述べてきたとおりだ。それに加え、近年のITの進化がもたらした組織学習の重要な論点が、ナレッジ経営である。これは、企業が独自の知識の創造と活用を適切に行える仕組みや体制を、ITを有効活用しながら構築することを指す。

ナレッジにはさまざまな特性があるが、競合性がないというのは特に重要なポイントだ。競合性がないとは、誰もが同時に活用できるということだ。工場のような有形資産は、皆が同時に、勝手に使えるわけではない。しかしナレッジは、誰もが同時に活用することが可能なのである。経営資源として、ヒト、モノ、カネ、情報とよく言われるが、ヒト、モノ、カネとは異なり、情報やナレッジは、多くの従業員が同時に有効活用できる点が大きな特徴であり、それを可能にしているのがITである。ビジネスにとって意味のある情報を、多くの人間が同時に活用することの有効性はいまさら説明するまでもな

いだろう。

　いったんその情報やナレッジを知った人からは、それを頭の中から消し去ったり、取り返したりできないという点も重要だ。それゆえ、モノなどに比べると、取引が難しくなるし、また、「流れ」のコントロールが極めて重要な意味を持つ。たとえば、人材の流動性が高く、ノウハウ流出が経営にとって重大なリスクとなる場合は、伝える範囲を限定する必要があるかもしれない。また、外部とやり取りする際には秘密保持契約の締結が必要となるかもしれない。

　ナレッジ経営を推進するには、まずコンピュータ・ネットワークなどのインフラを築いたうえで、従業員の知識や知恵、データベース上に蓄積された情報データ（例：顧客の購買行動やクレームなど）や、それを解析して得られた知見を、ばらばらなものとしてではなく「結合した経営資源」として管理し、活用する必要がある。

　ナレッジの範囲は自社内にとどまらない。2013年頃からSMACS（Social、Mobile、Analytics、Cloud、Sensor/Security）という用語が浸透してきたが、いまやSNSのネットワーク上にいる顧客やパートナー、あるいは自社（自社製品）についてコメントした一般人の知恵や感情なども、活用できる資源になっている。また、かつては人間が解釈しやすいデータのみを取り扱うことが多かったが、昨今ではセンサーや**ビッグデータ**解析の進化もあり、そこからもたらされた知見などを活用することもナレッジ経営の重要な要素と見なされるようになってきた。

　こうした環境変化の中で、いまやナレッジ経営はCIO（Chief Information Officer）やCKO（Chief Knowledge Officer：ナレッジ・マネジメントの責任者）に任せておけばいいというものではなくなり、CEOの理解やコミットメントがより強く求められるようになっている。

◉──── **ナレッジ経営とIT**

　ナレッジ経営にITは欠かせない。大まかに、どのような技術が必要となるかをプロセスごとにまとめてみよう。

●**情報の収集、コード化**

　知の源泉となる情報には、競合情報や顧客情報など人間の活動によって発生・収集される情報と、POSデータのように自動的に収集される情報がある。前者の収集や蓄積にはグループウェアなどを利用し、後者の情報には業務プロセスと連動したセンサーやストレージシステムなどを用いる。近年、進化が著しいのが後者だ。IoT（Internet of Things:モノのインターネット）という言葉が一般にも浸透してきたが、さまざまなセン

サー（測定装置）を活用して業務に役に立つかもしれない情報を集めることが必要だ。第1章、第2章のケースで取り上げたセブン-イレブンは、POSデータを徹底的に活用しながら効果的に学習を行い、各店の品揃えや効率化に役立てている。

● 知の蓄積・検索（知のデータベース）

集めた情報は蓄積するだけであれば、クラウドも発達しているのでそれほど費用はかからない。しかし、役立つ知としての利用を促進するためには、情報を目的に合わせて効率良く検索できるようにする必要がある。そこで必要となるのが、データベース管理システム（リレーショナル型のデータベース管理システムが代表的）、あるいは高速で検索できる仕組みだ。

● 知の解析

このプロセスは、近年のビッグデータ解析でその様相を大きく変えた部分である。かつては人間が仮説に基づいてデータ（定性データと定量データ）からの意味合いを引き出す必要があったが、いまやその役割はかなりの部分が**データアナリスト**や**データサイエンティスト**に任されている。経営者やマネジャーは、彼らと適宜コミュニケーションをとり、方向付けを行うとともに、彼らが提示する示唆を虚心坦懐に聞くことになる。

● 知の流通

企業内で創出された知は、企業内部はもちろん、外部にも流通させることにより、価値を生み出すことができる。知の流通はインターネットによる部分が大きいが、デバイスの進化により、その末端での活用方法はどんどん進化していくだろう。

◉─── SECIモデル

ここまでは、主にITを主眼に、収集された情報をいかに活用するかという観点から議論をしてきた。しかし、それだけがナレッジ経営ではない、もう1つの重要な側面は、従業員1人1人が抱えている暗黙知（経験や勘に基づく知識で、言語化されていないもの）を組織に落とし込んだり、そこから新しい知を創造したりすることである。これらはナレッジ経営の両輪ともいえるものである。

特に暗黙知の活用や知の創造を実践するうえで非常に示唆の多いフレームワークが、一橋大の野中郁次郎が提唱したSECIモデルである。SECIのプロセスを管理すると同時に、このプロセスが行われる「場」を創造することが重要とされる（**図表3-4**）。

SECIモデルの各プロセスの詳細は以下のようになる。

図表3-4 SECIモデル

知識変換の活動
暗黙知

共同化
① 社外の歩き回りによる暗黙知の獲得
　サプライヤーや顧客との共体験（直接経験）を通じて身体で知識・情報を体験するプロセス
② 社内の歩き回りによる暗黙知の獲得
　販売や製品の現場、社内各部門に出向いて、共体験を通じて知識・情報を獲得するプロセス
③ 暗黙知の蓄積
　獲得した知識・情報を自己の内部に関係づけながらためておくプロセス
④ 暗黙知の伝授・転移
　言葉になっていない自分のアイデア・イメージを社内・社外の人々に直接転移するプロセス

表出化
⑤ 自己内の暗黙知の表出
　言葉になっていない自分のアイデア・イメージを演繹的分析や帰納的分析、あるいは発想法的推論（メタファー／アナロジー）や対話を通じて言語・概念・図像・形態にするプロセス
⑥ 暗黙知から形式知への置換・翻訳
　顧客や専門家などの暗黙知を触発し、理解しやすい形に「翻訳」するプロセス

連結化
⑦ 新しい形式知の獲得と統合
　形式知化された知識、または公表データ等を内部から収集して結び付けるプロセス
⑧ 形式知の伝達・普及
　プレゼンテーションや会議などの形式知を形式知のまま伝達・普及するプロセス
⑨ 形式知の編集
　形式知を利用可能な特定の形態（ドキュメントなど）に編集・加工するプロセス

内面化
⑩ 行動／実践を通じた形式知の体化
　戦略・戦術・革新・改善についての概念や手法を具現化するために、OJT的に個人に体得させるプロセス
⑪ シミュレーションや実験による形式知の体化
　仮想的な状態の中で、新しい概念や手法を実験的に疑似体験・学習するプロセス

形式知

出所：野中郁次郎『組織的知識創造の新展開』DIAMONDハーバード・ビジネス・レビュー 1999年9月号

❶共同化（Socialization）

文書化されていない行動様式やそのベースにある知恵、メンタルモデルなどを指す暗黙知を獲得・蓄積・伝授・転移するプロセス。

共同化は、日々の活動を通じて各人が獲得・保持している暗黙知を、共通の時間を過ごしたり、空間をシェアしたりすることを通して、他人と共有していくことである。組織としては小集団での活動を前提にすることが多い。その最も典型的な例は**徒弟制度**である。

❷表出化（Externalization）

共同化によって蓄えられた暗黙知を、言葉やチャート、プロトタイプなどを活用して、具体的な形式知に変えていくこと。形式知とは、文書化あるいは可視化されたドキュメントやマニュアル、方法論などのことである。

表出化では対話が重視される。暗黙知は、そもそも本人がその存在に気づいていないことも多く、それゆえに、他人と対話を重ねることによってその本質を言語化し、磨くことが重要とされる。センゲの5つのディシプリンでも従業員同士の対話（ダイアローグ）が重視されていたが、対話によって初めて気がつくことは多いのである。

❸連結化（Combination）

表出化された形式知をさらに結び付けて具体化し、最終的な形に落とし込むプロセス。たとえば、形になったコンセプトを、すでに動いているオペレーション・サイクルに効果的に適用できるように追加することなどが該当する。

❹内面化（Internalization）

連結化によって組織としての形式知とされたものを、再度個人の暗黙知として取り込んでいくフェーズ。たとえば、新しい業務プロセスにおいて、実際に手や足や頭を動かすなかで感じる事柄は、個々人の経験として内面に取り込まれていく。

内面化で重要なのは、内省と実践の反復である。意識的に内省をして、体の中に深く取り込んでいくことが重要だ。より具体的には、自分なりに工夫をし、反省をし、何度も繰り返すことである。

SECIプロセスは、1回きりのプロセスではなく、繰り返し回し続けるプロセスでなくてはならない。よくある失敗は、運動論として1回トライし、一定の成果は収めたものの、それで終わってしまい、ナレッジが進化していかないというものだ。SECIプロセスが自動的に回り続ける仕組みを構築するためにも、トップの強いコミットメントと、知識創出を当たり前の活動と考える組織文化の醸成が必要となる。

なお、先にSECIモデルでは「場」の設定が大切と言ったが、これはナレッジ経営全般に言えることである。場とは、物理的な場所だけではなく、他者との交流により相互関係を築くための時間や空間を確保することも意味する。メーリングリストなども重要な場となるし、近年ではSNSやニュースアプリなども十分に場たりうる。こうした場を、公式・非公式にいかに設定し、活性化するかがナレッジ経営の重要なポイントとなる。ケースの山田病院では、病院という比較的小さな組織において、頻繁にミーティングを開いている点が注目される。

なお、その場に上がってくるナレッジの量が少なくては、効果的なナレッジ経営は行えない。ナレッジを発信したくなるような情報発信のインセンティブを巧みに設計することも必要だ。**KPI**（Key Performance Indicator：重要業績評価指標）を設定し、人事考課に絡めるのは手軽なやり方ではあるが、従業員の意図せぬ行動を引き出すおそれもある。たとえば、発信回数をKPIにすると、内容がプアなものをひたすら数多く発信するなどだ。受信者からのお礼やフィードバックなどが行われる場を設け、人々の承認欲求に訴えるなどの方策を組み合わせることが必要である。

4●見えざる資産

　見えざる資産という概念は、1984年に一橋大の伊丹敬之らが『新・経営戦略の論理』の中で提唱した考え方である。工場や物流センターなど「目に見える資産」ではなく、ノウハウや顧客情報の蓄積、ブランド、プロセスやナレッジなど、目には見えにくい組織の資産を総称して「見えざる資産」と言う。この考え方は、第2章で紹介したリソース・ベースト・ビューにも大きな影響を与えた。特にケイパビリティの概念などは、見えざる資産とかぶる部分が多い（その意味で、第2章の資源アプローチと、本章の学習アプローチを明確に切り分けることはできないのである）。本項では、そのなかでもよりダイナミックな要素に注目し、解説をしていく。

　伊丹らが『見えざる資産の戦略と論理』で見えざる資産の典型として挙げたのが、ヤマト運輸の事例だ。ヤマトは「宅急便」（一般名詞としては宅配便）のサービスの先駆者として知られるが、ヤマトの優位性を決定づけたものは、トラックの数や集荷センターの数といった単純な要素ではない。その背後にある、組織体制や情報システム、人の質などを、間断なく進化させ続けた点にこそ成功のカギがあった、というのが伊丹らの主張である。

　さらに重要なポイントは、まさに「市場からの学習」によって、サービスラインを拡げた点である。「ゴルフ宅急便」「スキー宅急便」などは、ヤマトが自発的に考えたというよりは、顧客が勝手に考えた用法にヤマトが気づき、それをサービスに落とし込んでいった側面が強い。

　ヤマトのシステムの力やノウハウの蓄積が、顧客の自発的行動を促進し、さらにヤマトがそれに気づいて新しいサービスに取り込むというダイナミックな進化こそが、見えざる資産の重要要素である。つまり、単に外からはわかりにくいというだけでは見えざる資産とは言えず、それを持つ組織が学習と自己進化の仕組みを内包していることこそがポイントである。

　自己進化の大きな要素に情報が含まれるのは必然である。伊丹らは、「情報蓄積」と「情報チャネルの有効性」を見えざる資産構築の中核要素として指摘している。そして、**図表3-5**に示した3つの情報の流れを、見えざる資産の本質と連関が強いものとしてまとめている。

　特に3つ目の内部情報処理特性の要素として、組織風土といった要素が入っている点は重要だ。たとえば、常に常識を疑うという組織風土があるからこそ、さまざまな情報の収集方法や、その解釈にバリエーションが生まれ、対話が促進され、新しい戦略へとつながっていくのである。

> **図表 3-5 3つの情報の流れ**
>
> **環境情報：環境に関する情報の企業内の蓄積量とその取り入れチャネルの容量**
> （例）技術・生産ノウハウ、顧客情報の蓄積、市場情報の獲得ルートなど
>
> **企業情報：企業に関する情報の環境における蓄積量とその供給チャネルの容量**
> （例）ブランド、企業の信用、広告のノウハウなど
>
> **内部情報処理特性：情報処理のパターンの蓄積と処理能力**
> （例）組織風土、経営管理能力、情報システムなど

出所：伊丹敬之他『見えざる資産の戦略と論理』日本経済新聞社　2004年をもとにグロービス作成

　伊丹らは情報の流れの多様性（公式ルートと非公式ルートの組み合わせなど）や、そのダイナミズムを非常に重視している。これらはすでに述べたナレッジ経営の要素とも重なる部分が大きい。いずれにせよ、情報を単なる情報で終わらせず、ナレッジとして意味付け、蓄積し、さらに企業の競争力の源泉、そして変化対応力の源泉となる資産に昇華させることが重要であるという点は銘記しておきたい。

◉────**ダイナミック・シナジー**

　伊丹が提唱したもう1つの重要概念が、**ダイナミック・シナジー**である。第1章で紹介した範囲の経済性、一般的なシナジーは、目に見えやすいシンプルな投資の多重活用を中心に据えていた。それに対して、ダイナミック・シナジー論は、時間軸をさらに広げ、見えざる資産の多重的活用を目指すものである。

　伊丹らは、ダイナミック・シナジーの典型事例として東レを挙げている。東レはもともと繊維会社であったが、プリミティブな繊維事業が縮小していくことを見越して、繊維で培った技術、調達、生産、開発などのプロセス、そして顧客と協働して用途開発を推し進める方法論などを武器に多角化を進め、「先端材料の東レ」への脱皮を図ったのである。その代表的な成功例が、ユニクロ（ファーストリテイリング）と協働して開発したヒートテック素材である。まさに顧客と協働した積極的な学習が奏功した例といえよう。

　こうしたノウハウは、カネで買うなどして一朝一夕に手に入るものではない。まさに見えざる資産を長年かけて構築し、それを他の事業に転用したことにこそ、東レ成功のカギがあったのである。最も競合がまねをしにくく、また企業の市場適応力を高めるうえで、ダイナミック・シナジーの考え方は、見えざる資産と並んで強く意識しておきたいものである。

　セブン-イレブンの例では、鈴木敏文が根付かせた「仮説検証」の企業文化や、それ

に伴う素早い品揃えの変更、PB商品の開発ノウハウなどは、まさに見えざる資産である。これらを活用し、グループの流通会社に応用できれば、それがダイナミック・シナジーとなる。しかし現実を見ると、それがイトーヨーカ堂や西武百貨店、そごうなどで実現しているとは言い難い。GMSや百貨店というビジネスモデルそのものが、過渡期、再編期にあるとはいえ、これをいかに実現していくかが、セブン&アイ・グループの大きな課題といえるだろう。

5 ● 学習優位の経営

マッキンゼーのコンサルタントであった名和高司は、2010年に出した著書『学習優位の経営』の中で、事業現場や顧客接点、あるいは顧客洞察のプロセスや組織のDNAに企業が強みにできる見えざる資産が眠っていると指摘した。

◉──── イノベーションの〈4＋1〉Box

そして名和が提唱したのが、イノベーションの〈4＋1〉Boxである。その意味するところを整理すると、以下のようになる（**図表3-6**）。

● **事業現場**（右下）
企業が製品やサービスを顧客に提供する際のオペレーションすべて。現場の知恵を得ることができる。日本企業では特に生産現場において、改善が積み重ねられている。

図表 3-6 イノベーションの＜4＋1＞Box

エコシステム（空間軸）		バリューチェーン（時間軸)		
		着想 (Define)	構築 (Develop)	提供 (Deliver)
	顧客	顧客洞察 ・新たな顧客価値の発見・定義		顧客接点 ・顧客への価値のデリバリー／フィードバック
	製品・サービス		成長エンジン ・大きくスケール（規模）を取り得るビジネスモデルの作り込み	
	企業	組織DNA ・会社のDNA・アセットを定義・組み替え		事業現場 ・オペレーションプロセスの再設計

出所：名和高司『学習優位の経営』ダイヤモンド社　2010年

- **顧客接点**（右上）
  顧客に製品やサービスを提供するあらゆる接点。顧客に価値を伝達するとともに、そこからのフィードバックを得る場となる。特に顧客からのフィードバック（クレームも含む）を丁寧に解析したり、彼らの購買行動を観察したりすることが重要とされる。

- **顧客洞察**（左上）
  顧客が本質的に求めている価値を洞察するプロセス。行動観察やデプスインタビューなどによって顧客インサイト（顧客の深層ニーズやそれに関する洞察）を探ることが重要である。

- **組織DNA**（左下）
  自社の価値観や思考様式、行動規範など。第2章で解説したコア・コンピタンスやケイパビリティなどの強みも、結局はここに源泉を持つ場合が多い。
  名和は、このDNAには静的DNAと動的DNAの2種類があるとし、セブン-イレブンで言えば、静的DNAとは「基本に忠実なこと」であり、動的DNAは「実践から学び直すこと」であると指摘している。DNAの「読み解き」と、それを価値につなげる「読み替え」が非常に重要とされる。

補論● ゲーム理論

序章で示した戦略論の類型と類似したものに、一橋大の青島矢一らが『競争戦略論』の中で提示した、「外部／内部」×「要因／プロセス」の2軸で整理したマトリクスがある。それによると、戦略論は**図表3-7**のように整理される。

大きな特徴は、「外部×プロセス」としてゲーム理論の考え方を戦略論に含めていることだ。ラーニングにおけるプロセスと、ゲーム理論におけるプロセスではかなり意味合いは異なるが、戦略的思考という側面ではゲーム理論も非常に重要な分野であり、示唆に富む分類法といえる。

ゲーム理論は、数学者のフォン・ノイマンと経済学者のオスカー・モルゲンシュテルンによって基礎が作られた。もともとは数学の一分野として発展したが、徐々に経済の仕組みや企業経営における意思決定、さまざまな交渉のメカニズムなどを理解するうえでも有効なことが認識され、多くの分野に影響を与えるようになった。

たとえば牛丼店の商品開発や価格競争では、「自分たちがこうすれば、相手はどう動

図表 3-7　戦略論の類型

	要因	プロセス
外部	ポジショニング	ゲーム（理論）
内部	資源	学習

出所：青島矢一他『競争戦略論（第2版）』東洋経済新報社　2012年をもとにグロービス作成

くだろうか」という予測を合理的に立てることが必要になるが、そうしたときにゲーム理論の知見が役に立つのである。

　アメリカではゲーム理論をベースにした戦略がさまざまな分野で積極的に採用されており、軍事戦略策定の中枢部門や外交政策の立案部門、大企業のマーケティング部門や事業戦略の策定部門などにも、ゲーム理論の専門家が所属しているケースがあるという。

　ゲーム理論の基本コンセプトとしては、以下が特に重要だ。

● プレーヤー

　ゲームの参加者。個人とは限らず、チームあるいは会社がプレーヤーとなることもある。各プレーヤーはゲーム理論を熟知しており、ゲーム理論に基づいて合理的な戦略を立て、不合理な戦略をとるプレーヤーはいないことを前提とするのが一般的である。

● 利得

　ゲームの終了時に各プレーヤーが手に入れるもの。プレーヤーは基本的に、自分の利得を最大化するためにだけ行動すると考える。

● 戦略

　ゲームは通常、何段階かにわたって行われるが、各段階においてプレーヤーは選択可能ないくつかの打ち手の中から自分の打ち手を選択する。ゲーム全般にわたる選択を決める方針が戦略である。効果的な戦略を発見したプレーヤーが多くの利得を得る。

　たとえばジャンケンは、最初にグーを出す人が多いという統計があり（人間はグー、

チョキ、パーをランダムに3分の1ずつ出すことができないため)、最初にパー、(それであいこなら) グー、(またあいこなら) チョキの順で出すと確率的には最も利得が大きくなるため、これが有効な戦略となる (NHK「頭がしびれるテレビ」2012年4月9日放送回より)。

● ゲームのルール

そのゲームに関する決め事。たとえば将棋は、先手と後手が交互に駒(駒によって動きが決まっている)を動かし、最終的に敵の玉(王)を詰めば勝ちとなる。盤面の状況は、両方のプレーヤーが完全に知ることができる。これを「情報は対称的である」と言う。それに対して、企業の戦略では、自社と相手の手の内はそれぞれわからず、また状況把握に関する情報差も大きいため、「情報は非対称」となる。一般に、**情報非対称ゲーム**のほうが、効果的な戦略の発見は難しくなる。

先述したように、ゲーム理論はさまざまな領域に応用されてはいるものの、複雑な現実社会の出来事をモデル化することが難しく、また確率や利得などを正確に見積もることが困難ということもあって、一般の企業ではなかなか導入に至っていない。また、現実社会のプレーヤーは、ゲーム理論が前提とするほどには合理的な行動を取らない。

しかし、「自社がこうすれば、合理的な相手であればこう考えるはず」、あるいは、「自社がこうしたときに相手がこうきたら、自分たちはどのような影響を受けるのか」という思考回路そのものは非常に大切である。独りよがりに戦略を考えるのではなく、意思を持った相手がいるということをしっかり認識しておく必要がある。

◉────リアルオプション

リアルオプションは、不確実性のある将来において、柔軟性を持つプロジェクトや資産は、そうではないプロジェクトや資産に比べて高く評価できる、という理屈に基づいた投資の意思決定方法である。これも、NPV (正味現在価値) 法などの通常の意思決定方法がかなり静的であるのに比較し、動的な思考を要求する。また、ゲーム理論と併せて紹介されることも多いので、ここで簡単に触れておく。

柔軟性を持つとは、ある状況が明らかになった段階で継続か中止かなどの判断が可能な場合をいう。たとえば、新製品をいきなり大々的に市場導入する場合と、テスト・マーケティングを行い、その結果次第で本格的に展開するか止めるかを決められる場合とでは、後者のほうがプロジェクトの価値が上がる。

リアルオプションの効果を示したのが**図表3−8**である。

図表 3-8　リアルオプションの活用例

	開発A	開発B+生産	販売	油田開発の価値	
	コスト	コスト	売上げ	普通の計算	リアルオプションを用いた計算
シナリオ❶(50%)	▲200億円	▲800億円	1400億円	= 400億円	400億円
シナリオ❷(50%)		▲2000億円	1400億円	= ▲800億円	▲200億円(開発Aのみ)
平均		▲1400億円		▲200億円	100億円

注：金額はすべて現在価値に割り戻されているとする

　これは油田開発のプロジェクトについてリアルオプションの考え方を適用したものだ。このプロジェクトは3つの段階（開発A、開発B＋生産、販売）に分けられている。現段階では、シナリオ❶になる可能性と、シナリオ❷になる可能性は五分五分である。

　このプロジェクトをファイナンスの伝統的な投資評価手法であるNPV法で評価すると、トータル400億円の可能性が50%、マイナス800億円の可能性が50%、平均はマイナス200億円となり、プロジェクトは見送られることになる。

　ここで、開発Aの段階で、シナリオ❶になるかシナリオ❷になるかが判明するものとしよう。シナリオ❷になると進めてもマイナスが増えるだけなので、その段階で開発は中止される。つまり、開発Aの200億円のコストだけで済むのだ。シナリオ❶であれば、そのまま開発を進める。

　シナリオ❷の場合は止められるという柔軟性が生まれた結果、このプロジェクトの価値はプラスとなり、まずは開発Aを進めるべきという結論になるのである。

　リアルオプションはしばしば、「入場券を買っておく」という表現で説明される。すべてのアトラクションを利用するかどうかを事前に決めるのはリスクが大きいので、まずは入場券のみを買って、アトラクションを利用できないリスクを避ける。そのうえで、アトラクションがつまらなそうだと判断したら、入場券の購入だけで止める。それ以上の費用は使わなくて済むという意味合いである。

　リアルオプションは特に、成功する確率や、成功したときのリターンが見込みやすい資源開発ビジネスや、一部の医薬品ビジネスなどで用いられることが多い。

　リアルオプションで注意が必要なのは、その柔軟性が、本当に現実味のあるものかということである。無理に柔軟性をこじつけて、本来であれば進めるべきではないプロジェクトを進めてしまうのは、戦略的思考とは正反対のものである。

第2部

実務に使えるフレームワーク

- **第2部のはじめに**

　経営戦略を学ぶ人にとってチャレンジとなるのは、第1部で紹介したような基本用語、基本コンセプトの理解もさることながら、それを自分自身の置かれた環境にどのように適用し、優れた戦略立案につなげていくか、ということであろう。

　基本的な理解がおろそかなままで戦略立案をしようとしても、「生兵法はケガのもと」の言葉のとおり、適切な戦略を立てられる可能性は低い。しかし、戦略に関するコンセプトをいかにくわしく、深く理解したところで、実際の戦略立案に的確に応用できなければ、ビジネスパーソンとして学ぶ意味は乏しい。

　そこで第2部では、実務においていかに戦略を立てていくかというテーマについて、戦略策定のプロセスに沿って解説する。戦略策定のプロセスは、**図表4-a**のように表すことができる。企業の目指す「あるべき姿」を示すものとして経営理念やビジョンがあり、これを土台として外部、内部の分析が行われ、そして実際に採用される戦略が選択されていく。採用された戦略は、一定期間実行に移され、その結果をレビューすることで将来の戦略に修正が加えられる。

　このうち本書では、経営戦略の立案のプロセスにおいて、実務上しばしば用いられるフレームワークとその使い方を解説する。

　第4章では、外部・内部の環境を分析し、そこから得た示唆をいかに戦略に結び付けていくかを述べる。3C分析、SWOT分析などと言えば、すでにこれらのフレームワークを使って分析を試みたことがある、もしくは社内資料等でこれらを用いた分析結果を読んだことがある、という方も多いかもしれない。しかし、フレームワーク自体はポピュラーであっても、それを的確に使いこなすには、より深い理解が不可欠である。ぜひ、このフレームワークを使って自分とかかわりの深い状況を分析するとしたら、と想像しながら読み進めてほしい。

　第5章では、複数の事業を営んでいる企業を念頭に、全社の資源配分や優先順位の付け方に関するフレームワークを解説する。「戦略とは捨てること」という表現があるように、限られた自社の資源を何に優先して配分していくか（その他の部分は"捨てる"こ

とになる)というテーマは、戦略立案の肝となる部分である。

第4章、第5章では、「NECの携帯電話事業」をケースに取り上げ、それをフレームワークに当てはめて解説を試みた。同業界になじみの薄い読者もおられると思うが、フレームワークの使用例として、おおよそのイメージをつかんでいただきたい。

これに加えて第6章では、少し見方を変えて、戦略の実行をチェックしていく際に有用なフレームワークを紹介する。戦略の実行やチェックと言えば、戦略「立案」とは必ずしも直接結び付かないと思われるかもしれない。しかし、戦略はいったん立案したら「あとは実行するのみ」ではない。章中で扱うPDCAのフレームワークがまさに示すとおり、実行の過程で得られた示唆や影響を将来の戦略立案に織り込み、継続的に修正を加えていくべきものである。したがって戦略の実行過程からフィードバックを得られるフレームワークも、外すわけにはいかない分野なのである。

第2部の内容をしっかりマスターし、自分自身の頭で、自社の置かれた環境に合わせて一通りの戦略立案ができるようになる、そんなゴールを目指していただきたい。

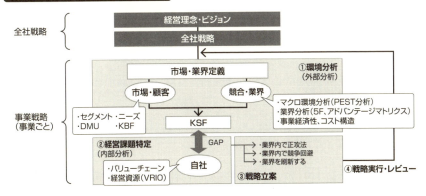

図表 4-a　戦略策定の基本プロセス

第4章 ● 環境分析と戦略立案

POINT

経営戦略を策定するプロセスにおいては、まず、現実を正確に把握する必要がある。そのために行うのが環境分析である。自社の外部と内部の環境に着目し、抜けや漏れなく必要な要素を押さえるために、すでにさまざまなフレームワークが考案され、定着している。その目的や見るべきポイントをしっかり理解したうえで、的確に使いこなして意味のある示唆を得る必要がある。それが良い戦略立案の第一歩である。

CASE

【NECの携帯電話事業】

　NEC（日本電気株式会社）は、通信機器、コンピュータ、ITサービスを主力事業とする企業であり、日本で携帯電話のサービスが開始された当初から携帯電話端末（以下、端末）の開発を手がけていた。1991年には、初めて折りたたみ型の端末ムーバNを発売し、その後折りたたみ型が他社でも主流になるなか、「折りたたみのNEC」と呼ばれてシェアを伸ばした。100万台売れればヒット商品と呼ばれる国内端末市場で2001年に発売されたNECのN503iは、販売台数が400万台を超える大ヒットとなった。NECの2001年度の国内端末出荷台数は1191万台（前年比5.5%増）、シェアは27.7%にのぼり、長い間トップだった松下電器（現パナソニック）を上回ってシェア1位に躍り出た。

　レンタル制からスタートした日本の携帯電話ビジネスは、1994年より事業者売り切り制に移行した。事業者売り切り制では、端末メーカーはNTTドコモなどの携帯電話事業者（キャリア）のみに端末を販売し、キャリアが家電量販店・販売代理店・直営店を通じて販売を行った。そのため、メーカーはキャリアのサービスや提示した仕様に従って端末を製造することになった。また、販売奨励金が導入され、キャリアは販売代理店に対して端末販売支援のための費用を支払い、その分をユーザーが支払う毎月の基本料金に上乗せして回収した。

　事業者売り切り制によって回線と端末をセットでユーザーに提供でき、販売奨励金に

よって端末の販売価格を安く設定できたため、事業者売り切り制を導入した94年度末の携帯電話加入数の増加率は、前年比で100％以上となった。携帯電話市場の立ち上げ期において、事業者売り切り制は携帯電話の普及を後押しすることとなったのである。一方で、メーカーは直接取引を行うキャリアの要求にしばられ、自由に端末を開発することができなかった。結果的に、日本独自の機能に特化した技術を採用した日本の携帯電話は「ガラパゴス携帯」と呼ばれ、世界標準とは異なる進化を遂げることになったのである。また、これによって国内メーカーが海外の携帯電話市場に事業展開することは、非常に困難な状況となった。

2001年と2014年における携帯電話の市場・顧客分析比較

NECの折りたたみ携帯端末のN503iが大ヒットした2001年、端末の国内出荷台数は4303万台であった。5年前に15％強であった携帯電話の普及率は54.3％に拡大して成長を見せていたが、それでもまだ半数程度は携帯電話を持っていない状況で、成長の余地があった。さらに、販売奨励金により端末価格が安く抑えられ、0円で購入できる端末もあったため、当時の国内携帯電話市場は端末が売れやすい時代であったといえる。

当時、国内のキャリアには、NTTドコモ、KDDI、J-PHONE、ツーカーの4社がいたが、ドコモが契約者数シェア約6割を占め、独り勝ちの状態であった。

キャリアは差別化のため、それぞれ独自のサービスやコンテンツを提供していた。ドコモで言うとiモードが一例である。メーカーはキャリアに満足してもらえる端末を開発して初めてショップの棚に自社製品を並べることができたので、キャリアからの要求仕様に従って端末を開発する必要があった。メーカーは通常、ベースは同じモデルでも、キャリアによって異なるサービスに対応したソフトを搭載し、デザインもキャリアごとに違いが出るようマイナーチェンジをして販売していた。

当時、国内携帯電話市場は成長期を迎え、携帯電話の基本機能・基本要素である通話品質やメールへの対応、また端末のサイズ感（持ち運びやすさ）は、各メーカー同等のレベルにまでなっていた。さらに、販売奨励金制度によるユーザーの費用負担も小さかったため、価格でも大きな差はつかない状態であった。つまり、携帯電話そのものの機能やコストの差がなくなり、ユーザーはそれぞれの「嗜好」によって選ぶ側面が大きくなっていたのである。たとえば、背面液晶、カメラ、GPS等の新機能や特定機能、折りたたみの機構や特殊なデザインなど、ニーズは非常に分散化していた。加えて、メーカー側の大胆な価格政策により顧客の端末費用負担が極めて小さかったことや、多くの場合、契約更新のタイミングが2年だったことも、買い替えの短期化に拍車をかけた。2002年の買い替えサイクルは2年で、14年の3.5年と比較して買い替え頻度が高か

った。

　時代が進んで2014年になると、携帯電話（スマートフォン含む）の普及率は119.2%にのぼり、市場は飽和状態となった。国内端末出荷台数も01年の4303万台から3788万台にまで減少した。複数の海外メーカーも参入して小さなパイの市場を多数のメーカーが奪い合い、国内携帯電話市場の競争は激化した。この競争環境の中、国内メーカーの数は合従連衡によって減少した。

　2001年にはシェアトップであったNECも、11年にはシェアを7位に落とし、13年にはスマートフォンの新規開発を中止、16年には従来型端末の新規開発も止めて、17年には生産終了が報道された。

　市場規模や競合の変化だけでなく、プロダクトの変化もあった。アップルのiPhoneやサムスンのGalaxyの登場により、スマートフォンの販売数が急速に増加した。スマートフォンは、iPhoneであればApp Store、GalaxyなどのAndroid端末であればGoogle Playといった各キャリア共通のマーケットでアプリをダウンロードして利用するため、キャリアによって異なるコンテンツやサービスの提供が難しい。また、2006年に施行された携帯電話番号ポータビリティ制度やLINE等の普及により、同じキャリアに固執する必要性がなくなっていった。

　スマートフォンの登場により、キャリアの仕様に制限されない商品力の高い魅力的な端末が普及すると、キャリアのメーカーに対する交渉力は弱くなっていった。世界中で爆発的にヒットしているiPhoneは、一部、キャリアを通さずアップルが直接ユーザーに端末を販売するビジネスモデルを採っており、販売チャネルにまで変化をもたらした。

　ユーザーの携帯電話の用途も以前より広がりを見せている。通話・メールを主に使用するユーザーもいれば、PCの代わりとして活用するユーザーもいる。その用途に合わせ、フィーチャーフォンからスマートフォンまで幅広く販売され、国内の携帯電話市場のプロダクト・ポートフォリオは大きな広がりを見せている。

　そのほかにもMVNO（Mobile Virtual Network Operator：仮想移動体通信事業者）と呼ばれる、自社で無線通信インフラを持たずに、他社のインフラを借りて通信サービスを提供する事業者が増加している。大手キャリアに比べるとサポート体制が十分でないなどのデメリットはあるが、設備投資をしなくてよいぶん、低価格なサービスを提供でき、ユーザーにとっては通信費を抑えられるメリットがある。

　また、2015年にはSIMロックの義務化が解除された。SIMとはSubscriber Identity Moduleの略で、携帯電話の利用者を識別するためのICカードである。日本では従来SIMにロックをかけてその端末で使用できるキャリアを制限していたが、この解除により利用者はキャリアの制限なく複数の端末を利用できるようになった。SIMフリー端末

は徐々に認知度が上がっており、対応する格安のMVNOの利用は今後さらに増えていくことが予想される。

> 理論

本章では、有名なフレームワークである3C分析、PEST分析、SWOT分析を取り上げ、その意味合いを解説していく。特に3C分析については、ケースストーリーのNECにおいてどのように適用できるかの一例を示した。

1● 3C分析

自社のビジネスを取り巻く環境をシンプルに広く押さえることができるという点で、さまざまな場面で活用される機会が多いフレームワークが**3C分析**である。3Cは、Cus-tomer（市場・顧客）、Competitor（競合）、Company（自社）の頭文字を取ったものである（**図表4-1**）。

当然のことながら、3つのCを漠然と押さえていれば何らかの答えが出てくるというわけではない。大事なのは、それぞれの項目において、何をどのように見ていくのか、という視点である。本項ではそれぞれのCの押さえ方や、3C全体の考え方について、理解を深めていきたい。

●——市場・顧客（Customer）分析

3C分析の**Customer**は、日本語では市場・顧客と訳されるが、市場と顧客では分析の視点が異なることをまず押さえたい。市場については、一般的にはマクロな視点か

図表4-1　3C分析

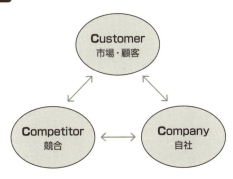

ら全体の規模や成長率などを押さえる。一方、顧客分析では、ミクロな視点で個々の顧客（個人、法人）を押さえ、それぞれの顧客がどのようなニーズを抱えていて、そのなかでも大事なニーズは何なのかを具体的に考えていく。このように分析の視点が異なる市場と顧客は、まとめて考えるのではなく、それぞれ深く考えていくことが求められる。

たとえば、「団塊世代の引退によって市場規模が3％成長する」という考察があったとする。これは、マクロな視点で市場を見たことにはなっても、ミクロな視点での顧客を見たことにはならない。当然のことながら、団塊世代とひとくくりにしても、その行動スタイルは個人によって大きく異なり、結果的にニーズも多様である。こうした違いについてリアリティを持って考えるには、たとえば居住地域や家族構成など、特定の切り口によって市場を細分化し、顧客像を具体化していく必要がある。このように市場を細分化することを、**セグメンテーション**と呼ぶ。具体的には、地理的変数（ジオグラフィック）、人口動態変数（デモグラフィック）、心理的変数（サイコグラフィック）といった切り口から、比較的均質な顧客の塊に細分化していくことになる。

次に、その細分化された市場の中で、より具体的な顧客像に絞り込んでいく作業を**ターゲティング**と呼ぶ。市場・顧客分析と言うときは、このようにマクロな視点から徐々に焦点を絞りながら、具体的にイメージできるミクロの視点まで落とし込んでいくことが求められる。

このときミクロの視点においては、「そもそも顧客は誰なのか？」、そして「顧客はどのような状態にいるのか？」ということを丁寧に考えることが有効になる。

顧客を考えるにあたって注意すべきことは、買う人と使う人が必ずしも同じであるとは限らないということだ。特に**BtoB**ビジネスではその傾向が顕著である。たとえば、法人向けの研修ビジネスで考えてみよう。最終顧客（サービス受益者）は研修の参加者である社員だが、その研修を採用するかどうかを決める意思決定者は、人事担当者や経営者の場合が多い。さらには、その購買プロセスには直接かかわらずとも、意思決定に影響を及ぼすインフルエンサーと呼ばれる人物や組織がある場合には、そこを押さえることも重要になる。

つまり、一口に顧客とくくるのではなく、丁寧にユーザー、意思決定者、インフルエンサーといった視点を交えて、複眼的に分析することが大切なのである。BtoBに限らず、BtoCビジネスであっても自動車のような商品は、意思決定者が父親、インフルエンサーが母親で、ユーザーが子供などというケースがよくあるので、こうした点を忘れてはならない。

加えて、ミクロの視点を深めるにあたっては、顧客の購買プロセスを分解した**AIDMA**に代表される顧客の態度変容プロセスが有効である。一般的に顧客が何かを購買すると

図表4-2 AIDMA分析

Attention 注目	Interest 興味	Desire 欲求	Memory 記憶	Action 行動
製品の存在を知る	興味を持つ	欲しいと思う	記憶に留める	購入する

きは、まず製品やサービスを認知(Attention)し、興味(Interest)を持ち、欲しい(Desire)と思う。そして、それを記憶(Memory)に留め、最後に具体的な購買行動(Action)に至る(**図表4-2**)、というプロセスを経る。こういった購買プロセスのフレームワークを顧客に当てはめて考えれば、具体的に顧客がいまどのフェーズにいるのかを把握でき、顧客について表面的ではない、より深い理解が得られるようになる。

AIDMAにおいては、顧客がActionに近い状態にあるときほど、顧客像をより具体的に頭の中にイメージして、「顧客が最終的に購買の意思決定をするタイミングにおいて、大事にしていることは何なのか?」という**購買決定要因**(KBF:Key Buying Factors)を押さえることが重要になる。

KBFを押さえるためには、データに基づいた消費者調査が極めて重要になる。消費者調査はインターネットが普及したことで、より簡易的に行うことが可能になり、なおかつ、いままでとは桁違いのデータを取得できるようになった。こういった膨大なデータに対する分析力や解釈力の差は、企業の消費者理解を大きく左右しつつある。

一方で、少ないサンプル数のデータであっても、その顧客にじっくり張り付いて調査し、そこから顧客に対する理解を深めていく行動観察のようなアプローチも、データでは捉えられない顧客のニーズを把握するのに有効である。

図表4-3のように、3C分析における市場・顧客分析の難しさは、このようにマクロからミクロまで幅広い視点で考えなくてはならない点にある。市場規模や成長率のようなマクロの数字をリサーチすることだけが、市場・顧客分析ではないことを覚えておきたい。マクロの視点と同等に、ミクロの地に足の着いた具体的な顧客像を忘れずに、考察を深めていくべきである。

◉── 携帯電話におけるKBFの変遷

ケースで見た2001年当時の携帯電話市場では、ユーザーが実際に自分で端末を購入する際、ショップの棚に並んでいる多くの端末の、どのポイントを見て購入を決定していたのだろうか。

図表 4-3　市場・顧客における代表的な分析ポイント

市場（マクロ）
・規模（売上金額・出荷数量・顧客数等）
・年平均成長率（過去・将来予測）
・構成比率（地域別・年齢別等）

顧客（ミクロ）
・代表的顧客像（ペルソナ）
・購買決定プロセス・購買行動分析
・購買決定要因（KBF）
・購買決定者（DMU）

　まずは、サービスがキャリアで異なるため、利用したいサービスを提供しているキャリアが販売する端末の中から選ぶことになる。当時はまだ、キャリアを変えれば電話番号を変更しなくてはならなかったことや、家族で同一キャリアに加入すれば通話料が割引になるサービスがあったことなどから、ユーザーにとっては「キャリアがどこか」ということは、最も大きなKBFであった。一方で、それ以上の明確なKBFはほとんどなかったともいえよう。

　それが2014年になると、「キャリアはどこか」という問いはさほど意味を持たなくなり、その代わりに「スマートフォンか、フィーチャーフォンか」「iPhoneか、Android端末か」といった、プロダクトのさまざまな機能・性能やメーカーがユーザーにとってのKBFになっていった。

　さらに、今日では携帯電話市場の活性化により、ユーザーのKBFは広がりを見せている。たとえば、通話やメールしか使用しないエントリーユーザーにとっては、通話・メール機能の使いやすさこそが何より大事になる。おのずとシンプルなフィーチャーフォンが候補として挙がるだろう。PC機能の代替を求めるユーザーにとってはスマートフォンが候補になり、その中でもアップルの製品を使ったことがあるユーザーにとっては使い勝手の観点からiPhoneが第1選択肢になるかもしれない。費用を抑えることを優先するユーザーは、MVNOで使用できるSIMフリー端末が候補になろう。

　このように、端末のバラエティや、契約・サービスの形態においても選択肢が増え、ユーザーのニーズもセグメントごとに多様化している。社会状況や技術の進化、ユーザーへの商品の浸透度合いによって、ユーザーの求めるものが刻々と変わり、KBFも変化していくのである。

● 競合（Competitor）分析

　競合分析を行うためには、まず競合の定義をしっかり考えることが重要である。競合と言うと、ややもすると、同じ業界としてくくられた企業群が分析の対象として挙がってくる。しかし、分析すべき競合は、必ずしもその範囲に収まるとは限らない。

　競合の定義が必要となる第1の理由は、インターネットを中心としたテクノロジーの進化や規制緩和などによって、いままで存在していた業界の垣根が意味をなさなくなってきているからである。デジタルカメラ業界の競争に大きな影響を与えたスマートフォンや、音楽CD販売チャネル業界に対する音楽ダウンロードサービスなどがわかりやすい事例だろう。あるいは、タクシー業界に大きな影響を与えているウーバー（Uber）のような、海外プレーヤーの新規参入もある。こういった垣根を越えた戦いは、テクノロジーの進化が激しい昨今、めずらしいことではなくなった。その意味からも、後述するPEST分析を通じて、競合の存在をマクロ環境の変化とともに見極めることが大切である。

　2つ目の大きな理由は、自分たちがどの抽象度の顧客ニーズにねらいを定めているのかによって、競合の定義が大きく変わるからである。

　たとえば、ドトールコーヒーの競合はどこであろうか。これを考えるうえで大事なのは、ドトールコーヒー自体が顧客ニーズを、「コーヒーを味わうこと」という具体的なところで捉えているのか、もう一段抽象度の高い、「喉の乾きを潤すこと」「忙しい中で手軽に一息つくこと」にあると考えているのか、ということである。ねらい定めた顧客ニーズによって、スターバックスやタリーズといったコーヒーショップを競合として定義するのか、家庭用コーヒーメーカーや、セブン-イレブンのようなコンビニ、もしくはホテルのラウンジや飲食店までが競合として入るのかが変わってくる。

　このように、顧客ニーズの抽象度を高めて考えていくと、競合との戦いは、顧客にとっての「最大のボトルネック」の奪い合いであることに気づくだろう。たとえば、忙しいビジネスパーソンにとっての最大のボトルネックは「時間」である。ビジネススクールと居酒屋とフィットネスクラブはけっして同じ業界ではないが、ビジネスパーソンのボトルネックである時間を奪い合うという関係性においては、競合関係にあるともいえる。同様に、女子高生の視点で考えれば、携帯電話サービスとファッションは、最大のボトルネックである「お小遣い」を奪い合うという点で競合関係になる。

　こうした視点は、予期せぬ競合の登場に対する備えにつながるので、一度は考慮すべきことだ。しかし同時に、ビジネスの焦点がぼやけかねない、というリスクも認識する必要がある。戦う相手が多岐にわたりすぎると、誰と戦っているのかを見失いかねない

からだ。では、競合の範囲をどこまで広げて考えるべきか、ということになるが、それへの明確な答えはない。最終的には事業の当事者が、自社は顧客のどのようなニーズに応えていきたいかということに関して、いかなるビジョンを持つかで決まってくる。

いずれにせよ、競合分析の際に重要なのは、業界内にいる競合プレーヤーをただ並べるのではなく、まずは競合の範囲を考えることである。「〜業」というカテゴリーで思考停止してはならない。そして、顧客ニーズをどの抽象度で考えるにせよ、最終的な想定競合を明確に定義する。ビジネスを行うにあたり、競合が具体的にイメージされなければ、競争戦略を立案することは困難である。

競合を特定したら、次には競合の強みと弱みをあぶり出していく。そのために2つの切り口で情報収集を行う必要がある。

1つは、アウトプット（結果）系情報とインプット（施策・リソース）系情報である。アウトプット系情報とは、売上げや利益、シェア、ブランドイメージといった結果にかかわる情報、平たく言えば競合の実績である。アウトプット系情報に関しては、その業界において意味を持つ数字を押さえることも重要になる。アパレル業であれば、坪当たり売上高のような、ブランドや店舗の力を見るうえで極めて重要な数字がある。

インプット系情報とは、アウトプットにつながる打ち手、つまり競合がやっていることである。たとえばプロモーション施策、商品ラインナップなどが該当する。第1章で述べたバリューチェーンのフレームワークを活用して、競合が行っていることを丹念に分析していく。

もう1つの切り口は、公開情報と非公開情報である。ホームページや経営計画などの公開情報も大事だが、顧客の声などの非公開情報からも有力な情報は多く入手できる。顧客に意見を聞くのは、必ずしもニーズを把握するためだけではない。競合の評判などをしっかり収集することにより、外からは見えない重要な情報をうかがい知ることができる。競合の顧客、もしくは自社を選ばなかった顧客は、自社と直接の接点が少ないために情報入手の心理的なハードルが高く、おろそかにされがちである。しかし、こういった非顧客の声を集めることができれば、公開情報からは知ることのできない、別の競合像を浮き彫りにすることができるだろう。

これらのアウトプット／インプットと、公開／非公開の切り口を組み合わせると、**図表4-4**のような、4象限のマトリクスができあがる。これらの4つの象限について、丁寧に事実を押さえながら競合についての仮説を立てていくことが求められる。

◉────**KSF**

市場・顧客分析と競合分析を行ったうえで考えたいのが、**KSF**（=Key Success

図表 4-4　競合分析の視点

	公開情報	非公開情報
アウトプット （結果）	・財務情報 ・シェア推移	・業界ごとの主要数値 ・ブランドイメージ
インプット （施策・リソース）	・ビジョン ・中期経営計画 ・社員数	・戦略方針 ・ターゲット顧客 ・営業手法 ・リソース配分

Factors）、つまりその業界で成功するためのカギについてである。もしくは勝負を決める大きな要因ともいえるだろう。

　たとえば、缶コーヒー事業におけるKSFは、一般的に「自動販売機の数」と「プロモーション投資の大きさ」といわれている。缶コーヒーという商品に対して、顧客が何を基準に購買商品を選ぶかを考えると、何よりも、身近で手軽に買えることが重要であるとわかるだろう。顧客は特定の缶コーヒーを求めて歩き回ることはなく、コーヒーを飲みたいと思ったときに、いちばん近くにある自動販売機やコンビニに置いてあるものの中から選ぶ。したがって、自動販売機の数と、コンビニの良い棚を確保するためのプロモーション投資がカギになってくる。このような仮説を持って各社のシェアを見ると、自動販売機やプロモーション投資に比例していることがわかる。

　このように市場・顧客や競合を分析することで、KSFの仮説を持つことは極めて重要である。KSFを定義するということは、市場・顧客分析、および競合分析から得た大量の情報を集約し、要するにこの業界で成功するために何が重要なのかをわかりやすく抽象化することだからだ。そしてKSFを定義できれば、この後に述べる自社分析の焦点を絞りやすくなり、仮説が立てやすくなるはずである。

　ここでケースを振り返り、携帯電話端末事業のKSFを見ていこう。2001年の携帯電話のキャリア別契約数は、ドコモが59％と過半数のシェアを獲得していた。当時はまだ、ユーザーにとってのキャリアの意味合いが大きかったため、端末メーカーはキャリアに自社の端末を扱ってもらうことが、事業を発展させるための絶対条件であった。さらに、ユーザーへの販売数を増やすためには、キャリアになるべく多くの種類、カラーバリエーションの製品を扱ってもらい、キャリアの販売戦略に乗せてもらうなどして、多くの台数を売ってもらうことが重要だった。その際、ドコモのように大きな顧客基盤を抱えるキャリアに納入できれば、ユーザーに端末を手に取ってもらう機会も増える。

したがってメーカーにとっては、端末を多くのユーザーに販売してくれるキャリアの要求にしっかりと応えて、自社製品を扱ってもらうことこそがKSFであった。

　2014年になると、キャリア主要3社の契約割合はドコモが45%、au（KDDI）が29%、ソフトバンクが26%となり、キャリアの差が縮まった。また、携帯電話市場におけるキャリアの力が相対的に弱くなった。結果的に、メーカーはキャリアの要求に応えた端末を開発するだけではユーザーを十分に引き付けられず、キャリアに頼らない商品開発力が必要になった。逆に言うと、メーカーがユーザーにとって魅力ある端末を開発すれば、キャリアに対する交渉力が強まり、販売等に関するメーカー側の要望を聞いてもらえる可能性が大きくなったのである。

　近年は飽和市場の中で、アップルやサムスンのようなグローバル企業が国内市場に参入し、競争が激化している。こうした企業は世界各国で販売台数を積み上げ、規模の経済性を効かせてコスト競争力を高め、利益を研究開発に投資してより魅力ある商品を開発したり、グローバルにマーケティングを行ったりしている。国内市場のパイが小さくなるなかで、グローバルメーカーと競争するため、国内メーカーも市場を世界に拡大し、コスト効率を高めることを余儀なくされている。

　このように、市場環境やユーザーのKBFが変化するなかで、商品開発力とコスト競争力が、メーカーにとってのKSFへと変わってきた。加えて、ユーザーのニーズも多様化しているため、変化に柔軟に対応し、強みを発揮できるセグメントを見つけることも重要となっており、成功が難しい市場になっている。

● ―――― **自社（Company）分析**

　最後に自社分析について考察していく。自社分析において外せないキーワードが「強み」である。第2章でさまざまな強みを紹介したが、ここではシンプルに次の2つを強調したい。自社の強みと呼ぶには、この2つの条件を満たさなくてはならない。1つは、競争相手と比べて秀でていること。2つ目は、KSFに関係があること。この2つをクリアしたとき、初めてそれを自社の強みと認められる。

　つまり自社が注力しているという理由だけで、それを強みとするのは不十分であり、競合やKSFとの比較において強みは認識されるべきものである。裏を返せば、競合が変わり、市場・顧客が変われば、自社の強みの要素も変わるということだ。たとえ現状において強みであっても、それがいつまでも強みであり続けることはない。かつて圧倒的な「ナショナルショップ」の店舗数を強みにして成長を遂げた松下電器（現パナソニック）は、ヨドバシカメラやヤマダ電機などの大規模な家電量販店が出現したことにより、その店舗数自体が強みではなくなってしまった。

ほかにも、競争ルールが異なる異業種からの参入、コスト構造のまったく異なる海外企業の参入、テクノロジーの進化など、強みの変化を引き起こす要因はいくらでもある。したがって強みを定義する以上は、その強みを脅かす存在も冷静に見極めておく必要がある。そのためにも、自社だけを考えるのではなく、競合とのバリューチェーン比較分析やKSFの変化を読み解く視点が求められるのである。

◉── バリューチェーンのデコンストラクション（再構築）

　自社分析でバリューチェーンを活用するにあたり、自社だけのバリューチェーンを考えるのでは不十分であることを忘れてはならない。顧客への価値提供は、自社のみで完結するわけはなく、サプライヤーや協力企業の存在が重要となってくる。そうした外部企業といかにコラボレーションするかということが、重要な論点になる。

　さらに言えば、昨今はグローバル化やネットワーク化、規制緩和などの影響を受け、バリューチェーンのどの部分を自社で抱え、どの部分をアウトソーシングするのか、という観点が極めて重要になっている。つまり、バリューチェーンがバラバラに分解され、再構成されつつあるということだ。このようなバリューチェーンが分解・再構成された状態のことを、BCGは**デコンストラクション**と呼び、従来型の一貫した事業モデル（**インテグレーター**）とは異なる、新たな戦い方を提示している。

　デコンストラクション前の統合されたバリューチェーンで戦うインテグレーターは、川上から川下まですべての機能を自社で抱えるモデルである。たとえば、典型的な日本の銀行は、預金を通じて資金調達を行いながら、金融商品の開発、銀行窓口での販売、営業活動も含めて、すべてを自社で行っている。同様に、研究開発組織を持ち、自社工場で生産して、自前の営業組織を通じて販売するようなメーカーも、このインテグレーターに該当する。

　こうした完全自前主義に対して、バリューチェーンの中でも自社が強みを発揮できる部分に活動を特化して、バリューチェーン全体を再構成していくのがデコンストラクションである。BCGは、デコンストラクションには、**レイヤーマスター**、**オーケストレーター**、**マーケット・メーカー**、**パーソナル・エージェント**の4つのパターンがあるとしている（図表4−5）。

❶レイヤーマスター（専門特化型企業）

　バリューチェーンにおける特定箇所のみに特化して、その部分で圧倒的な力と地位を獲得する戦い方である。1つの要素で支配的地位を確立することによって、「その企業が存在しないとビジネス全体が成立しない」という状態を実現する。パソコンにおける

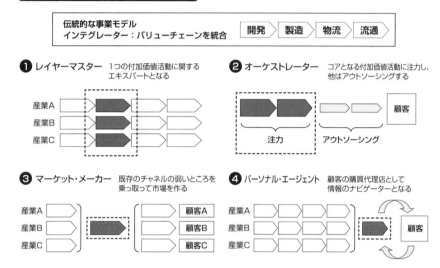

マイクロソフトやインテル、もしくは自転車において高付加価値のパーツを提供するシマノのようなプレーヤーが該当する。

❷オーケストレーター（外部機能活用型企業）

　ある要素で強力なプレーヤーが、バリューチェーン全体のプロデューサーになるという方向性を指す。インテグレーターとは異なり、すべての機能を自社で提供することはせず、コアの機能だけを抱え、あとは独立したプレーヤーが連なるバリューチェーンを効率的に運営することにより、全体の価値を高める戦い方である。
　たとえば、パソコンのダイレクト販売で知られるデルは、従来の在庫販売型をやめ、受注生産を効率的に行うシステムを作った。具体的には、デルはマーケティングと受発注、組み立て、サービス機能だけを保持し、それ以外の製造や配送にはすべて外部資源を活用することでバリューチェーン全体を効率化したのである。一部の機能だけを自社保有し、全体を効率化することで付加価値を高めたという点で、オーケストレーターの代表事例である。

❸マーケット・メーカー

既存の仲介機能が効率的に運営されていない箇所に着目し、自分自身がそれに代わってマーケット（＝仲介市場）を設立するプレーヤーのことを指す。サービスや製品の提供者と利用者がそれぞれ無数かつ分散的に存在するなかで、それらを十分につなぎきれていない場合に、マーケット・メーカーが確立されやすい。リクルートが提供した『週刊住宅情報』（現SUUMO）や中古車販売のガリバーなどは、マーケット・メーカーの代表例である。

❹パーソナル・エージェント

旧来のビジネスは、製品やサービスの提供者の視点で構成されているのに対して、消費者・顧客の立場に立ってバリューチェーンを構成するのがパーソナル・エージェントである。パーソナル・エージェントは、個人のニーズを理解し、そのニーズに合わせるかたちで製品やサービスを選定し、提供することを手伝う存在となる。生産財コマースのミスミは「購買代理店」というコンセプトの下、自社の関係会社が作るものを販売（＝販売代理店）するのではなく、顧客が求めるものを取り揃えて販売するという立場を徹底的に追求することにより成長を遂げた。また、アマゾンなどに代表されるインターネット販売のポータルサイトも、メーカー視点ではなく消費者視点に立ち、その使い勝手を追求しているという部分において、パーソナル・エージェントに含められるだろう。

しかしながら、必ずしもすべてのビジネスがデコンストラクションの方向に進むわけではない。たとえば、ユニクロに代表されるSPA（製造小売業）は、いままで分散されていたアパレルの各機能を統合する、つまりインテグレーター化することで成長を遂げたビジネスモデルともいえる。旧来のアパレル業界では「商品企画―生産― 一次卸―二次卸―小売り」という、何層にも重なった業界構造の中でそれぞれが在庫を保持するために、リードタイムの長期化、マージンの重層化という結果を招き、最終的に商品価格が高止まりする状況に陥っていた。SPAは、このように分散された各機能を川上から川下まで統合することにより、業界全体を効率化し、マージンを排除することでコスト競争力を高めてきたのである。デコンストラクションが進めば、それによる弊害や非効率も一方で発生する。その非効率がインテグレーターの登場につながる。このようにして双方の往復を重ねながらビジネスは進化していく、と考えるのが健全であろう。

いずれにせよ自社分析においては、このような自社提供機能以外の視点も含めた分析が求められる。裏を返せば、KSFを実現するための手段は、必ずしも自社だけで揃える必要はないということだ。

2 ● PEST分析

　戦略を立てて実行していくにあたり、時代の流れやトレンドを理解することは極めて重要である。時代の流れや大きなトレンドをまるで考慮しない戦略よりも、時代の流れをしっかり読んだ打ち手のほうが成功の確率が高くなるのは、当然の帰結であろう。しかし、トレンドを押さえるといっても、はたして何を、どう押さえるべきなのか。未来学者のジョン・ネイスビッツは、往年のベストセラー『メガトレンド』において、こう述べている。

　「メガトレンドとは、社会、経済、政治、科学技術の大きな変化であり、それはゆっくりと形成されるが、ひとたび起これば、ある程度の期間──7年から10年、あるいはもっと長く──影響を及ぼす」

　ネイスビッツはメガトレンドを、社会、経済、政治、科学技術の4つの視点から見た。これをビジネス向けに定義したのが**PEST分析**で、ビジネスに影響を与える外部環境の変化を把握し、トレンドを理解するための実用的なフレームワークである。PESTとは、**政治**（Politics）、**経済**（Economy）、**社会**（Society）、**技術**（Technology）の頭文字を取ったものである。PEST分析は、顧客や競合など、より具体的な対象を分析する3Cと比較して、よりマクロな視点が要求されることから、マクロ環境分析とも呼ばれている。

　PESTは事業の中長期的な戦略を立案する際に使われることが多いフレームワークである。中長期的な戦略においては、外部環境に多くの不確定要素があり、できるだけ広い範囲でビジネスの変化の可能性を捉える必要がある。その際に、PESTという枠組みでビジネスを見ることができれば、機会やリスクに対する見落としが減ることになる。

　たとえばケースの携帯電話のビジネスを例にとると、中期経営計画を立案する場合や年初の事業戦略策定時などには、人口構成の変化やモバイルテクノロジーの変化、もしくは通信政策の変化の可能性は考慮する必要があろう。そういった大きな変化に対して考え漏れがあってはならない。そのためにも、PESTというフレームワークを活用して網羅的にマクロ環境を押さえておくことが求められる。

● ─── 政治（Politics）

　ビジネスは政治や法的環境の変化に大きな影響を受ける。法律や規制、税制などは企業活動に大きな影響を及ぼし、その活動を制限する。変化によるネガティブな影響もあるが、逆にそれが新たなビジネスチャンスを生み出すこともある。

　たとえば、一部の医薬品のネット販売は規制の変化に大きな影響を受けてきた。2009年に施行された改正薬事法で一部の医薬品のネット販売が規制されることとな

り、ネット販売専業の医薬品業者は大きなネガティブ・インパクトを受けた。しかしその後、訴訟を経て14年6月には販売が正式に認められることになり、今度は多くのプレーヤーがネットでの医薬品通販ビジネスの規模を拡大させ、勢力地図にも大きな変化が出ている。医薬品に代表されるいわゆる規制産業は、規制そのものや運用ルールの変更によって、業界の競争環境が根本から変わってくる。

　政治の影響を分析する際には、誰が、どのように法律や規制を決めるのかを、正しく理解しておくことが肝要となる。一般的に言って、規制は社会に何らかの問題が顕在化し、行政によるコントロールの必要性が喚起され、しかるべき法的プロセスを経て決まり、運用法が定まった後に施行されるものである。しかも、決定・施行された規制をすぐに変えることは不可能であり、その影響が幅広い分野に及ぶことも多い。

　そのため、少なくとも当事者として携わっているビジネスについては、「どのような法律改正・新たな制定の可能性があるのか」「そのプロセスは誰がどう決めていくのか」「そのプロセスにおいて、いまはどのような段階なのか」といった点に関し、情報を収集して動向を正しく認識しておく必要がある。これによって競争環境を有利にしうるからである。

　特に、グローバルにビジネスを展開している場合は、国によって政策決定プロセスが異なり、世論や問題意識も違うので、日本以上に政治に対するアンテナを張り巡らす必要がある。

◉────**経済（Economy）**

　ビジネスの環境分析において景気動向や経済的環境を把握することは、基本である。インフラや生活必需品にかかわるビジネスは景気の影響をさほど受けないが、娯楽や余暇・レジャーに関連するビジネスなどは影響が大きい。そうしたビジネスにおいては、経済分析の巧拙が死活問題につながることもある。

　景気や経済的環境の分析は、分析対象が幅広くなるが、基本的な視点としてGDP（国内総生産）は押さえておきたい。Gross Domestic Productの頭文字を取ったGDPは、「ある地域で、1年間で最終的に創り出された財とサービスの付加価値の総額」である。そして、この付加価値の中から人件費が配分される（労働分配率）。したがってGDPの増減は給与に関係してくるわけであり、その意味でも景気を理解する重要な指標となる。

　なお、国の裕福度を測るには、GDPを人口で割った**1人当たりGDP**で理解するのが早い。たとえば、人が生活するのに必要な最低限の衣食住がまかなえる目安値は、1人当たりGDPが3000ドルを超えたところである。3000ドルを超えると徐々に自動車

市場が拡大するといわれている。

　ただし、単純な平均値としての1人当たりGDPでは、国内の貧富の差を読み取ることはできない。格差を理解するためには、**ジニ係数**を見る必要がある。所得や資産の偏在度を示すジニ係数は、値が0から1の範囲で示され、値が大きいほどその集団における格差が大きいことを表す。ジニ係数が0であれば、各人の所得が均一で、格差がまったくない状態であり、1であれば所得格差が最大の不平等な状態を示す。社会騒乱が多発するような警戒ラインは、ジニ係数0.4である。

　ほかにも、為替や金利、株価なども押さえるべきポイントである。為替の変化は輸出入ビジネスに大きな影響を与えるので、日頃からチェックしたり、近未来の予測をしたりすることが不可欠になる。輸出入には直接関連しない業界においても、資源を輸入に頼っているケースが多く、自国為替安への変動はコスト高要因となる。したがって、いずれの企業においても、為替の大まかな動向には注意を払う必要があるだろう。

　また、金利についても、多くの企業は何らかのかたちで間接的な影響を受ける。金利が上がれば、事業活動で求められるリターンも上昇するし、資金調達もしづらくなる。したがって、低金利のタイミングではゴーサインが出るビジネスであっても、金利上昇局面では了承されないということは、現実に多く見られる。経済分析においては、金融機関のように直接的な影響を受けるビジネスはもとより、それ以外の業界においても何らかのかたちで間接的な影響を受けることを認識すべきである。

● ──── 社会（Society）

　社会のカテゴリーでは、社会環境や消費者のライフスタイルの現状および今後の変化を洞察し、それらがビジネスにどのような影響を及ぼすのかを考えていく。具体的には、人口動態、世論、環境問題、文化的流行、宗教、教育といった分野の動きを分析していくことになる。

　全般的に概念が広く、捉えどころがないために、社会についてはおおよそのトレンドを理解することが主眼になる。たとえば「環境に対する消費者の意識が高まっている」「企業内において女性の社会進出を支援する意識が広がりつつある」といったことは、そのトレンドが急激に変化するような性質のものではない。したがって、基本的には3～5年程度の視点で、大まかな変化を捉える作業が求められる。

　捉えにくく抽象度の高い社会分析において、比較的具体性があり、かつ確実性の高い分析ができるのが人口動態である。人口構成は流行などと異なり、確実にデータとして把握することができ、かつ移民の積極的受け入れなどよほどドラスティックな政策を採らない限りは、将来の予測も外れることはない。出生率は短期間で大きく変化すること

がないからだ。しかも、人口動態は経済に大きな影響を与える。15～64歳という生産年齢人口の変化は労働市場に直接的な影響を及ぼし、その変化は「労働人口×労働時間×労働生産性」という変数から成るGDPに直結するからだ。

日本の人口構成についてはあらためて分析するまでもないが、グローバル展開を考えるにあたっては、その市場の消費地としてのポテンシャルを読み解くうえで人口動態分析が不可欠になる。

また、社会分析の中で特に意識しておきたいのは、環境問題に対する人々の意識である。環境問題は今後のビジネスを考えるうえで避けることのできないテーマである。PEST分析の延長で**PESTEL分析**というフレームワークもあるが、PESTに続くEはEnvironment factors（環境要因）である。あえて外枠で設け、分析漏れをなくす意味合いがあり、それだけ重要な要素なのである（ちなみに、その後に続くLはLegal factorsである）。

環境面への配慮と経済的リターンを相反するものとして捉えるのではなく、両立を目指す経営を**サステナビリティ経営**と呼ぶ。企業はまさに、サステナビリティ（持続可能性）を意識した活動を今後いっそう心がけていく必要がある。そのためには、環境に対するニーズやトレンド、問題意識に対して敏感でなければならない。そして変化に受動的に対応するのではなく、積極的に取り入れることにより、新たなビジネスを創造していく姿勢が求められているのである。

● 技術（Technology）

技術的進化の影響を受けないビジネスはない。もちろん、その影響にはポジティブな側面があるものの、ネガティブなものも少なからずある。インターネットの技術進化にしても、その技術を活用することで成長を遂げたアマゾンのような企業がある一方で、大打撃を受けた小売業は数多く存在する。一見テクノロジーに無縁なビジネスのように見えても、技術進化の影響は予想外のかたちで表れる。

では、企業はどのような技術に対してアンテナを立てておくべきなのか。それはその企業が技術に対して、どのような戦略的意図を込めるかによって変わってくる。具体的には、市場をあらかじめ決めたうえで技術を見るのか、特定の技術を通じて市場を探るのか、いずれの戦い方をとるのかだ。

市場を決めている企業にとっては、このPEST分析におけるテクノロジー分析は極めて重要な意味を持つ。自動車業界を一例に取れば、ガソリン、ディーゼル、ハイブリッド、電気、水素など、その動力源として多くの技術が乱立している。こうした分散した技術に対して、将来を見越したうえでコミットする技術を決めていかなくてはならない

からである。したがって、テクノロジー・ライフサイクルなどを理解しつつ、政府の規制変化の可能性や競合の技術投資の推移などを見極めて自社の戦略を考える必要がある。

他方で、特定の技術を通じて市場を探る戦い方もある。コミットする技術を絞り込み、その技術に対する蓄積を積み重ねていくことで、そのナレッジをベースに商品展開を考えていく戦略である。アミノ酸技術をベースに商品開発を進める味の素や、40近いコア技術（テクノロジープラットフォーム）をベースに商品展開を進める3Mなどはここに該当する。これらの企業は、世の中一般のテクノロジートレンドの推移を追いかけるというより、既存のコア技術の習熟度を高めることが重要になる。

いずれの企業においても技術変化を見極める必要性があることは言うまでもないが、その企業がとる戦い方によって技術へのコミットの仕方が変わってくる。その点を理解して技術の動向を見ていくべきだろう。

以上のようにPEST分析の各要素を見てきたが、実際の分析場面においては、必ずしもこれらのすべての要素を網羅的に押さえるわけではない。それぞれのビジネスによって、影響を受けやすい要素、受けにくい要素が混在している。実務においては、まずは自社のビジネスの特性を把握したうえで、PESTの各要素のうち影響を受けやすい要素を明確にし、それを定期的・継続的に見ていくことが現実的だろう。

3● SWOT分析

自社のビジネスを取り巻く環境を押さえるフレームワークとして、3CとPESTを見てきたが、最後に**SWOT分析**を紹介したい。戦略を考えるうえでは、外部環境と内部環境を広い視点で正しく理解することが求められるが、戦略立案の当事者になるほど、特定の箇所に視野が集中しがちで、ややもすると決め打ちのプランニングになりかねない。特に、具体的な課題意識がある場合には、その課題にばかりフォーカスして、戦略立案が極めて視野狭窄になりがちである。こうした状態を避けるためには、外部環境、内部環境についてのポジティブ、ネガティブな側面を、網羅的に押さえておくことが必要になる。つまり、外部環境の変化が自社にもたらす「機会」と「脅威」、そして自社が保有するリソースが持つ固有の「強み」や「弱み」を幅広く押さえることである。この4つの項目（Strengths：強み／Weaknesses：弱み／Opportunities：機会／Threats：脅威）の頭文字を取ったものがSWOTというフレームワークである（**図表4-6**）。

SWOTは現場でよく使われるフレームワークではあるが、実はその使い方の難易度は高い。なぜならば、SWOTには高度な判断が求められるからである。

図表 4-6　SWOT分析

	ポジティブ	ネガティブ
内部環境	Strengths 強み	Weaknesses 弱み
外部環境	Opportunities 機会	Threats 脅威

　たとえば、全国各地に販売拠点を持つメーカーがあるとしよう。競合にはそこまで網羅された拠点はない。さて、その販売拠点はメーカーにとって、強みなのか、弱みなのか。これは現状の競争ルールを正しく読み解くとともに、今後の変化を見極めなければ判断できないことである。現時点では拠点を持つことが優位性になっているとしても、時代や環境が変われば拠点を保有していることが足枷となり、弱みに転じることも考えられる。強みや弱みについては、表面的な事象だけを見て答えを出すことはできないのである。

　同様に機会と脅威についても、そこに明確な線引きがあるわけではないので、正確な判断が求められる。たとえば、少子高齢化の進行という環境の変化は、多くの企業にとって機会であると同時に脅威でもあるだろう。

　つまり、SWOTは4つの象限で切り分けられているものの、環境が変われば中身が入れ替わる流動性があるのだ。それゆえ分析の際は、何らかの意図を持ち、前提を置きながら判断していかなくてはならない。そこに、このフレームワークの難しさがある。

　また、別の意味の判断も必要になる。たとえば、ある前提を持ち、SWOTの4象限それぞれに項目を入れたとしよう。強みのところに4つ、弱みには3つ、機会には5つ、脅威には2つの項目が入っている。さて、一見すると、強みも機会も多いため、ポジティブな結論が導き出せそうではある。しかし、現実がそのような単純な数の勝負で決まることはない。どれだけ機会に書き込まれた項目が多くあろうが、たった1つ書き込まれた脅威こそが今後の経営を左右する重大な事象であり、そこに優先的に取り組まなくてはならない場合もある。逆もまたしかりである。つまり、4象限に書き込む際に判断を下し、そしてそのうえでできあがった全体像を見てまた別の判断を下さなければならないのである。

このように、SWOTというフレームワークは高度な解釈力が求められることを忘れないでほしい。「とりあえず思いついた事象をSWOTのマスに入れていく」という程度で分析を終え、上述した判断をおろそかにすると、有効な示唆は生まれないのである。
　この特性を踏まえて使えば、SWOTは戦略策定のツールとして有効であるのみならず、組織内での判断軸の擦り合わせに活用することも可能である。つまり、SWOTのフレームワークをベースに組織メンバーと現状や将来像について議論することで、「そもそも何をもって脅威とするのか？」「何が我が社の強みなのか？」ということや、「何に優先的に取り組むべきか？」という判断軸が問われる部分についての擦り合わせを的確に行えるのである。

第5章 ● 資源配分と戦略立案

POINT

　第4章では、個別事業の戦略立案に関するアプローチを紹介したが、本章では複数の事業を取りまとめた全社の資源配分や戦略立案、優先順位の付け方に関する考え方を紹介する。全社戦略に必要な視点は、より抽象度を高めてビジネスの全体像を捉えること、つまり、ミクロな個別具体的な事象を切り捨てて物事を眺めることである。そこでは、何を優先し、何をあえて無視するのかが問われる。「あれも必要」「これも必要」と言っていては、いつまでも複数の事業の全体像を捉えることはできない。

CASE

【NECの携帯電話事業からの撤退】

　日本の携帯電話市場では、11社の国内メーカーが端末を開発・製造しており、携帯電話の普及率が2007年度末には80％、11年度末には100％を超えた。市場が飽和してくると、メーカー間の競争は激化した。さらに08年7月からソフトバンクが、11年10月からはKDDIが、アップルのiPhoneの販売を開始した。07年にアメリカで発売されたiPhoneは、アップル独自のiOSを搭載したスマートフォンであり、急速に普及してスマートフォン市場の拡大に貢献した。国内でもiPhoneの販売台数は急速に伸び、アップルは12年には25.5％のシェアを獲得し、1位に躍り出た。

　iPhoneだけでなく、Android OSを搭載した他のスマートフォンも普及が進み、12年度の国内携帯電話出荷台数の71.1％をスマートフォンが占めるまでになった。13年夏からはドコモが、ソニーエリクソンとサムスンのAndroid端末2機種を主力機種として割引販売する「ツートップ戦略」を展開した。これにより他のメーカーの販売台数は落ち込んだ。また、13年9月にはドコモもiPhoneの販売を開始した。こうして海外メーカーも参入してスマートフォン市場が拡大するなかで、スマートフォンの開発に出遅れた国内メーカーは、スマートフォンでの差別化、機能・品質の担保、コスト競争に苦しみ、ますます苦境に立たされることとなった。国内端末メーカーは携帯電話事業の再編を余儀なくされ、メーカーの数は年々減っていった（**図表5−1**）。

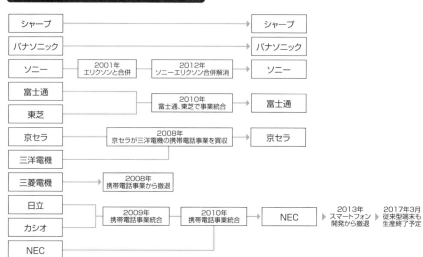

図表5-1　国内端末メーカーの事業再編

出所：InfoComモバイル通信ニュースレター2013年8月号をもとにグロービス作成

　携帯電話市場で事業再編が進むなか、NECも2010年6月、カシオと日立の携帯端末を開発しているカシオ日立モバイルコミュニケーションズと事業統合し、NECカシオ モバイルコミュニケーションズを設立した。NECは競争激化に伴い04年度まで1位だったシェアを徐々に落としており、他社に出遅れて11年に初めてスマートフォンを発売した年には、シェア7位にまで転落していた。

　遅れを取り戻すべく、12年には次世代高速通信サービスLTEに対応し、ワンセグ、おサイフケータイ、赤外線、Wi-Fiテザリング機能、防水・防じん仕様の新製品を投入した。これは、カシオ計算機の腕時計G-SHOCKと連携し、音声やメールの着信をG-SHOCKに知らせるほか、G-SHOCKとの距離が離れると自動的に通知する「置き忘れ防止」機能を備えていた。さらに、13年3月には、2画面の折りたたみ薄型スマホを発売し、注目を集めていた。

　海外展開においても12年にタイやメキシコへ進出し、さらなる展開を模索していた。ところが、前述したようにドコモが13年夏からツートップ戦略を展開したため、販売やプロモーションで不利な立場に追い込まれたNECは、13年7月、スマートフォンの新規開発を中止した。競争力の維持・強化にはスケールメリットが重要であるものの、NECの携帯電話端末事業は出荷台数が減少傾向にあり、業績改善を見通すことが難し

くなったためであった。さらには、開発を続けていた従来型端末も16年3月には新規開発をやめ、17年3月には生産を終了すると報道されている。

理論

全社的な資源配分を考えると言うと、複雑な意思決定を想像しがちかもしれないが、複雑なビジネス群をできるだけシンプルに表現できてこそ、実務に使えるフレームワークとなる。

本章で紹介するフレームワークは、どれもシンプルだが、それだけに活用にあたっては注意が必要である。また、それぞれのフレームワークは何を表現し、何をそぎ落としているのか、その本質を理解することが重要だ。

1● 資源配分を考える

全社戦略では、ビジネスの全体像を捉える必要がある。第2章ではその前提となる事業ドメインについて話したので、ここでは全社の資源配分の典型的な方法を紹介する。

●─── プロダクト・ポートフォリオ・マネジメント（PPM）

プロダクト・ポートフォリオ・マネジメント（PPM）は、1970年代にBCGによって開発されたフレームワークである。M&A等を通じコングロマリット型企業が台頭した60年代のアメリカにおいて、経営が複雑化していく過程でどうすれば効果的な資源配分を行えるのか、という課題意識に基づき開発された（**図表5-2**）。

PPMの根底にあるのは**キャッシュ**の概念である。事業はそれぞれ経営においてさまざまな意味合いを持つものだが、PPMはキャッシュだけに着目して事業を位置付けている。具体的には、「その事業はキャッシュの投資が必要かどうか」、そして「その事業はキャッシュを生み出すかどうか」という2軸で事業への投資判断を行う。つまり各事業を、「投資が不要×キャッシュを生み出す＝金のなる木」「投資が不要×キャッシュを生み出さない＝負け犬」「投資が必要×キャッシュを生み出さない＝問題児」「投資が必要×キャッシュを生み出す＝スター」という4象限のいずれかに位置付けるのである。

全社的な観点では、各事業は全体としてバランスよく、4象限（さらに理想的には左側の2象限）に配置されることが理想である。たとえば「問題児」ばかりに事業が偏っていては、急激にキャッシュフローが悪化する。他方で、「金のなる木」の事業ばかりを抱えているのであれば、短期的にはキャッシュフローは安定的だが、中長期的な成長性に不安が残るだろう。このように中長期的な企業の成長を考えるとき、全社的な事業

図表 5-2　PPMのイメージ図

バランスが大切になるのである。

　では、実際にキャッシュの必要性（資金需要）やキャッシュの創出を、どのように判断するのだろうか。これを厳密に判断するのは難しいので、PPMではキャッシュの必要性を**市場成長率**で、キャッシュの創出については**相対市場シェア**で判断する。図表5-2のとおり市場成長率を縦軸に置き、相対市場シェアを横軸に置く。

　さて、縦軸の市場成長率の高低については、当時のBCGは10％を基準に上下に位置付けることを提唱していたが、実際には景気動向や事業特性によって数値は異なってくるため、分析者がその時々の環境を踏まえて適切な値を判断することになる。

　他方、横軸の相対シェアについては、「自社シェア÷最大競争相手のシェア」で求められる。値が1.0以上、つまり最大シェアを持つ事業は左の象限へ、2位以下の事業は右の象限にプロットすることになる。相対シェアが小さいほど、リーダー企業との差が開いている事業であることを意味する。

　さらに、軸に沿って事業をプロットする際には、事業の売上げの大きさを円の面積で表現する。円の面積は、各事業の売上げに比例するように大小が表現されていればよく、絶対的な大きさに関する制約があるわけではない。

　こうした作業によって、企業における各事業の位置付けが一目でわかるようになる。多種多様な事業を持つ複雑な企業経営の実態や、社内の個々の事業の位置付けが、4つの象限における位置と円の大きさにより感覚的に把握できるのがPPMの特徴である。

◉── プロダクトライフサイクル（PLC）

　それでは、なぜキャッシュの必要性を市場成長率で見るのだろうか。一般に市場成長率が高ければ高いほど、必要となる投下資金は多くなる。逆に市場成長率が望めなけれ

図表5-3　プロダクトライフサイクル理論の概要

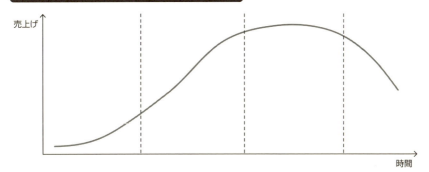

ステージ	導入期	成長期	成熟期	衰退期
売上げ	低水準	急成長	維持・ピーク	低下
資金需要	高水準	高水準（比率は低下）	低下	低下
競合	ほとんどなし	増加	安定・減少	減少
顧客	先駆者	初期採用者	マス・市場全体	遅滞者

ば、資金需要もそれほど大きくはならない。これは**プロダクトライフサイクル**（PLC）理論に基づいている（**図表5-3**）。

　PLCは、アメリカの経済学者であったレイモンド・バーノンによって1960年代に提唱された理論であり、マーケティングの大家であるフィリップ・コトラーなどによって紹介され、広く普及してきた。

　この理論の骨子は、どのような製品やサービスにおいても、基本的に人間が生まれてから老いていく過程と同様のライフステージがある、というものである。そのステージは、導入期、成長期、成熟期、衰退期の4つに大別できるとされており、ステージごとに特徴的な傾向が定義されている。

　新製品やサービスが導入された直後の**導入期**は、市場における製品の認知度が低く、顧客が使用イメージを持ちにくいこと、もしくは将来の価格低下を期待した買い控えが起きることが大きな障害となる。したがってこの段階では、製品の本質的な機能を徹底的にわかりやすくして伝える必要がある。そのため、説明重視のプッシュ型コミュニケーション、チャネルの限定、チャネルへの高いインセンティブなどによって、確実に消費者にメッセージが届くようにしなくてはならず、初期投資費用が必要となる。一方でコスト効率化の優先順位は低くなるため、価格は高く、利益もほとんど望めない。

やがて市場が拡大すると、製品の本質的な機能のほかに補助的機能を加えて、全体の魅力を向上させることが重要になる。このため引き続き開発費用やマーケティング費用が必要となる。しかし同時に規模の経済性や習熟効果によってコストが削減されるため、利益も拡大していく。これを**成長期**と呼ぶ。成長期のステージでは、多くのプレーヤーが類似商品やサービスで新規参入を始めるため、徐々に競争環境は厳しくなっていく。

そして、製品やサービスが顧客全般に広まって市場の拡大が止まると、当然のことながら売上げも頭打ちになる。これを**成熟期**という。一般的に、このステージに入ると消費者の認知度も高まり、導入期や成長期と比べて多額の投資を必要としなくなる。加えてコストもそれほどかからないため、利益はこの時期に最大化する。また、成熟期のステージでは、過去の累積生産量によりコスト構造が決まるため、概して早期参入プレーヤーが相対的に低コスト構造となり、後発の企業がそのコスト構造を実現することは難しくなる。そのために、新規参入プレーヤーの数は成長期と比較して減少する。

しばらくすると隣接分野で新たな市場が立ち上がるなどして、市場規模が縮小し始める。これがいわゆる**衰退期**である。衰退期には、売上げがマイナス成長となる一方でコストは変わらないために、利益額は減り、競合も新たな魅力的な市場を目指して撤退し始める。

それでは、PLCの理論を踏まえてPPMを考えてみよう。市場成長率が高いのは、PLCで言うところの導入期、もしくは成長期である。これらのステージでは、前述のとおり、まずはリソースを投下することによって有利なポジションを確保することが求められるため、キャッシュも多く必要となる。

逆に市場成長率が低いのは、PLCにおける成熟期、衰退期である。このステージではできる限りリソースを投入せずに効率的に戦い、適切なタイミングで撤退時期を探ることが重要となる。キャッシュの必要性はあまりない。このように見ると、PPMの縦軸である市場成長率には、PLCの考え方がベースにあることがよくわかるだろう。事業には寿命があるが、企業は事業と共に消滅するわけにはいかない。そのため、複数の事業を同時に育てている。そのときの資源配分を考えるフレームワークとしてPPMがあるともいえよう。

一方、横軸の相対市場シェアが表すものはキャッシュの獲得である。相対市場シェアが高ければ高いほど（つまり、PPMにおいて左側に位置付けられるほど）、業界内で優位なポジションに位置し、多くのキャッシュを獲得できる可能性がある。第1章で述べたように、この理論的裏付けは、経験曲線にある。つまり、相対シェアが高まれば経験量を積み増すことができ、その結果コスト低減が可能となり、最終的にキャッシュ獲得につながるというシナリオに基づいている。

● ── PPMを構成する4つの象限

PPMを構成する2軸の理論的な背景を理解したところで、この軸によってできあがる4つの象限の意味合いを整理してみよう（**図表5-4**）。

●スター：相対市場シェア 高 × 市場成長率 高

キャッシュの入りが多い一方で、キャッシュの投下量も多い、企業内でいちばん注目されやすい花型事業である。このカテゴリーの事業は、キャッシュの入りと出が拮抗している場合が多いので短期的には収益源になりにくいが、そのまま市場が成熟期となりキャッシュの投下量が減れば、一気に収益事業となる。したがって、企業の将来性を考えるうえでは、このカテゴリーにどれほどの事業を持つかがポイントとなる。

●金のなる木：相対市場シェア 高 × 市場成長率 低

キャッシュの入りは多く、キャッシュの投下量が少ないという収益事業のカテゴリーである。スター事業は、時間の経過とともにこのカテゴリーに位置付けられるようになる。全社的に見てこの事業はキャッシュの供給源として機能することが多く、ここで稼いだ資金をどこに回していくかということが、経営上の課題となる。その意味では、このカテゴリーに多くの事業を持つ企業は、現時点では経営に余裕があるという見方ができる。

●問題児：相対市場シェア 低 × 市場成長率 高

今後伸びていく有望な市場であるにもかかわらず、競合との競争に負けているというカテゴリーである。キャッシュの入りは少ないにもかかわらず、競争に勝つためにキャッシュをどんどん投下する必要があるため、金食い虫的な存在である。しかしながら、何らかのかたちでシェアを伸ばすことができれば、スター事業になる可能性を秘めているので、このカテゴリーの事業をどう伸ばしていくかは経営の1つのポイントである。

●負け犬：相対市場シェア 低 × 市場成長率 低

今後の伸びが期待できない市場において、シェアが獲得できていない事業である。市場が成熟期や衰退期に入っているため、キャッシュを新たに投下する必然性を認めにくく、一方でシェアが低いためにキャッシュの入りも見込めない。キャッシュの投下も限られているので大きく損失を出しているわけではないが、将来性を見出しにくいため、撤退が1つの定石と考えられている。

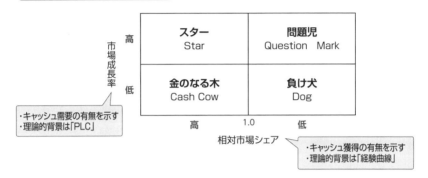

図表 5-4　PPMの理論的背景

　ここで、PPMにはその性質上、特有の使いにくさがあることを指摘しておきたい。端的に言えば、ポートフォリオの位置付けが市場成長率と相対市場シェアという2軸で決められているため、状況に応じた解釈ができず、柔軟性に欠けるのである。

　たとえば、市場成長率という数字が実質的な意味を持たない場合である。市場成長率は本来、今後3～5年程度の年平均予想成長率を用いるべきであるが、実務的には予想が難しいため、過去3～5年の平均成長率を用いることが多くなる。しかしながら、どのカテゴリーにも属さないまったく新しいビジネスを始めようとした場合、市場自体がまだ存在しないため、過去の成長率を指標にすることができない。それゆえ、市場成長率の設定は極めて恣意的にならざるをえない。

　もう一方の相対市場シェアにも同様の問題がある。相対市場シェアを置く理由は、「シェアが高いほどコスト優位性がある」という習熟効果に基づいているが、すべての業界、環境において「高シェア＝コスト優位」の方程式が当てはまるわけではない。労働集約型産業であれば比較的習熟効果も出やすいが、自動化が進んだ業界では過去の累積生産量以上に、ワンショットで作る量が大きい企業、つまり規模の経済性を効かせられる企業のほうがコスト優位に立ちやすい。また、イノベーションが起きている業界であれば、過去の経験やノウハウがかえって足枷になることもあり、必ずしも優位性につながらない場合がある。したがって、あらゆる業界において、相対市場シェアという軸に意味があるわけではない。PPMにはこのような限界があることを、理解しておいてほしい。

　にもかかわらず、PPMがいまだに広く活用されているのは、そのシンプルさゆえである。複雑なビジネスを2×2のマトリクスで表現し、その2軸は成長性とシェアである。これは極めてわかりやすい。メリットと限界の双方を理解したうえで、活用方法を

考えるべきであろう。

● GEのビジネススクリーン

こうしたPPMの限界を踏まえて、その後多くのフレームワークが開発されたが、その中で最も浸透したといえるのが、ゼネラル・エレクトリック（GE）がマッキンゼーとともに開発した**ビジネススクリーン**と呼ばれるフレームワークである。多角化企業であるGEにとって、どのビジネスを優先的に伸ばしていくかということは、極めて重要な意思決定事項である。そこでGEは、先に述べたPPMの欠点を解消すべく、ビジネススクリーンを開発した（**図表5−5**）。

ビジネススクリーンでは縦軸に業界の魅力度、横軸に事業単位の地位を取り、それぞれを高・中・低／強・中・弱の3段階に分け、3×3＝9つの象限を設ける。

魅力度が高で地位が強、魅力度が中で地位が強、魅力度が高で地位が中になるものは、さらなる投資を目指していくカテゴリーとなる。その対極で、魅力度が中で地位が弱、魅力度が低で地位が中、魅力度が低で地位が弱のポジションの事業は、投資を最小限に抑えるべき事業、もしくは撤退事業と位置付けられる。その中間体である魅力度が高で地位が弱、魅力度が中で地位が中、魅力度が低で地位が強については、現状維持という位置付けとなる。

PPMとビジネススクリーンの大きな違いは、軸の柔軟性にある。軸はそれぞれ事業の魅力度、事業単位の地位と定められているものの、その評価方法については使用者に委ねられており、状況に応じて臨機応変に使うことができる。

たとえば、業界の魅力度を測るためには、市場規模、成長率、収益性といった項目が考えられる。事業地位を測るためには、シェア、競争上の優位性、相対的収益率といっ

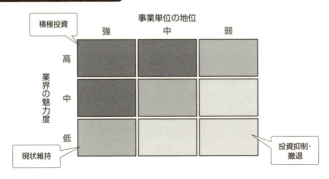

図表5−5　GEのビジネススクリーン

たことを考慮できる。これらの基準をベースに状況に応じて軸を定義する。

しかし、軸の柔軟性はビジネススクリーンのメリットであると同時に、デメリットにもなりうる。基準の作り方が主観的になりがちで客観性に欠ける、という点はメリットの裏返しである。また、事業単位の地位については、優位性など定量化しにくい基準もあり、どう扱うかによってプロットされる位置が大きく異なってくることにも留意すべきだろう。

したがって、どれが理論的に正しいかを考えるよりも、自社にどのような経営課題があり、どのような特性のあるビジネスか、もしくはどういう場面・目的でポートフォリオ分析をする必要があるのか、ということを考えたうえで活用するツールを見極めるべきだといえよう。

◉ PPMの活用事例

ケースで取り上げたNECの、2005年3月期のアニュアルレポートに掲載されていたポートフォリオ図(**図表5-6**)を紹介する。

この図においては、縦軸に0%を基準とした年平均伸長率を取り、横軸には0%を基準とした営業利益率を取っている。アニュアルレポートであることから分析が目的では

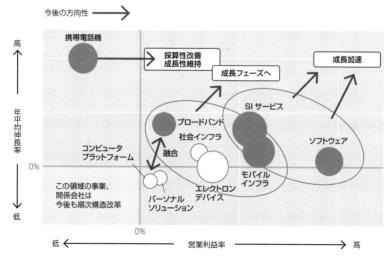

図表5-6　NECの事業ポートフォリオと今後の展開　2005年3月期

出所：NECアニュアルレポート2005年3月期

なく、対外的コミュニケーションを目的としている。つまり、NECの方向性をステークホルダーにわかりやすく伝えることをねらいとして、PPMをベースにカスタマイズしたポートフォリオ図が使われているのである。

カスタマイズした箇所は、具体的には2点ある。1点目は左右の軸が相対シェアではなく、営業利益率になっていること。もう1点は、基準値が縦軸、横軸ともに0％になっている、つまり、0％を上回るか下回るかを評価のポイントと定めていることである。横軸が左右逆転しているので、PPMを前提に考えると若干見にくい部分があるが、右上の「高営業利益×高伸長率」に事業を集中させるとともに、左下の「低営業利益×低伸長率」については構造改革、つまり撤退も含めた改革を考えている、という極めてシンプルなメッセージである。PPMで言い換えるならば、負け犬から撤退し、そのリソースをスターに集中させていく、ということになる。

NECのポートフォリオに見られるように、必ずしも教科書どおりに軸を定める必要はない。PPMやビジネススクリーンの背景や意図を理解したうえで、使用する文脈によってカスタマイズしてもかまわないのである。

2 成長戦略を考える

────アンゾフのマトリクス

PPMやビジネススクリーンが、多角化した企業が複数の既存事業にどのようにリソースを配分していくのかを考えるためのツールだとすれば、次に紹介するアンゾフのマトリクスは、「どのような方向で新規事業を生み出していくか」「どのような方向で成長を目指していくか」を考えるためのツールである（**図表5-7**）。

イゴール・アンゾフは、市場・顧客を縦軸に、製品・サービスを横軸に取り、それぞれを既存と新規に分けて4象限の**成長マトリクス**を提示した。具体的には、企業成長の方向は以下の4つのカテゴリーに分類される。

❶市場浸透

現在の市場において、既存の製品やサービスの販売機会を増やしていく戦い方である。同じ市場での新規ユーザーの開拓やチャネルの展開、もしくは既存ユーザーのリピーター化に向けた強化策などが該当する。また、ある食品のアンチエイジング機能や美肌効果などを訴求して利用頻度の拡大を図るような、既存顧客に新たな用途や価値を提案して使用機会を増やすことも含まれる。

図表 5-7　アンゾフのマトリクス

		製品・サービス	
		既存	新規
市場・顧客	既存	**市場浸透** ・マーケットシェア拡大 ・使用度の拡大 　✓使用頻度や量の拡大 　✓新用途開発	**新製品開発** ・新たな属性の追加 ・製品ラインの拡張 ・新技術導入
	新規	**新市場開拓** ・地理的拡張 ・新規ターゲット開拓	**多角化** ・新たな領域への参入 ・新規事業

　一般的にこの成長戦略は、営業やマーケティングに注力することで実現可能である。比較的リスクの少ない成長戦略であり、獲得できていない顧客が多い場合や、潜在顧客がいる可能性が高い場合には、優先的に検討すべき方向性である。

❷新市場開拓

　既存の製品やサービスを、まったく新しい市場や顧客に提供する戦略である。このカテゴリーにおける一般的な戦い方は、地理的な拡張になろう。たとえば、日本国内でしか販売していなかった製品やサービスを海外の市場に展開していくようなケースである。また、地理的な拡張でなくとも、法人向けサービスをそのまま個人向けに展開するといった、新しいセグメントの開拓も該当する。この戦略の実行は面の展開になるため、新たな顧客とつながるチャネルをどう開拓するかが大きなテーマとなる。そのために、アライアンスやM&Aなどが具体的施策として挙がってくることが多い。

❸新製品開発

　既存の顧客に対して、新しい製品やサービスを導入する戦い方である。新商品の追加によって既存顧客の新たな需要を喚起し、一顧客当たりの売上げを増やしていくことが目的となる。そのためには、研究開発や製品・サービス企画などの力が重要になる。もちろん、新商品を開発することによって新規顧客が増える可能性もあるが、このカテゴリーはあくまでも既存顧客の深耕を目的にした成長戦略である。

❹多角化

　新しい市場に新しい製品・サービスを投入して勝負する戦略であり、企業にとっては

未知の領域への参入に位置付けられる。当然ながら、4つのカテゴリーの中で最もリスクが高く、成功する可能性は低い。そのために、ゼロから戦略を立案していくよりも、すでにノウハウのある企業の買収などを通じて実施するほうが現実的である場合が多い。

アンゾフのマトリクスは、これらの4つの成長の方向性について、それぞれ具体的な施策をオプションとして洗い出し、自社に適したものを絞り込んでいくのが現実的な活用方法である。しかしながら、このツールで確認できるのはあくまでも方向性だけであり、戦略そのものではない。具体的な戦い方については、前章までに紹介したアプローチを活用して中身を詰めていく必要がある。

◉ーーー アンゾフのマトリクスの活用事例

それでは2001年当時にさかのぼり、NECの携帯電話事業の成長の方向性を検討してみよう（**図表5-8**）。

01年に発売した折りたたみ型携帯端末がヒットし、NECは大きくシェアを伸ばした。当時は国内市場の販売台数が伸びており、まだ成長の余地があった。したがって同社にとっては、国内市場で販売機会を増やすことが主要な課題であったはずだ。これは、アンゾフのマトリクスで言う市場浸透に該当する。

一方、携帯電話の基本機能、基本性能については、各社とも同等のレベルにまで達していた。そこでさらにシェアを高め、売上拡大を図るためには、使用頻度の拡大や新用

図表5-8 アンゾフのマトリクス　NECの事例

製品・サービス

	既存	新規
既存（市場・顧客）	**市場浸透** ・新用途の開発 　✓ 動画撮影・送信 　✓ 電子決済 　✓ テレビ視聴 ・機能改善による使用度の拡大 　✓ 電池寿命改善 　✓ カメラ品質改善	**新製品開発** ・新技術導入 　✓ スマートフォン開発
新規（市場・顧客）	**新市場開拓** ・海外市場への進出 　✓ アジア、欧州への製品投入 ・新規ターゲット開拓 　✓ 子供向け 　✓ シニア向け	**多角化** ・新規事業 　✓ 携帯機器用小型 　　燃料電池開発

途・機能の開発を進めることが必要になる。たとえばカメラ付き携帯電話がヒットし、携帯電話で写真を撮影し共有することがブームになったので、カメラ機能の品質を向上させることで使用頻度を高めることが考えられる。また、魅力のある新機能を開発し、その機能を使いたいと思うユーザーが増えれば、より多くのユーザーの獲得も期待できるだろう。実際、01年以降には、携帯電話で動画を撮影・共有できることや、買い物の電子決済ができる、テレビが見られるなど、新たな機能が開発され、それが結果的に携帯電話の販売数増加につながっていった。

また、NECは電池寿命を従来製品より約3倍に伸ばすといった機能改善もしており、それも携帯電話の利用度の向上に貢献したと考えられる。

当然ながら、それまでターゲットにしていなかった市場に向けて携帯電話を販売して、総販売台数を伸ばすことも考えられただろう。アンゾフのマトリクスで言うところの新市場開拓である。具体的には、海外市場への進出がある。国内だけでなく、世界でNECの端末を販売すれば、市場の拡大、売上げの増加が見込めたはずだ。実際にNECはアジアやヨーロッパ市場で新たに製品を投入した。

また、国内においても、携帯電話のメインユーザー層以外の市場を開拓することが考えられる。たとえば、子供向けの拡大施策として、GPS機能や防犯ブザーなどを搭載した携帯電話は、その後に発売されたものである。表示文字の拡大、音声のクリア化、機能のシンプル化などを追求したシニア向け携帯電話も、数年後には市場に登場した。

既存の市場・顧客に対してまったく新しい製品・サービスを提供する、新製品開発の方向性はどうだろうか。既存顧客の潜在ニーズを読み、新たな商品の研究・開発を進めるということだ。当時は、データの通信速度が上がった第3世代移動通信システム（3G）サービスが始まり、携帯電話でのインターネット利用が徐々に広がりを見せていた。一方で、パソコンでインターネットを利用するほどの利便性は、まだ携帯電話にはなかった。そのような状況の中、欧米でPDAと呼ばれる携帯情報端末がメール、インターネット閲覧、音声通話の機能を備えて進化しつつあった。後にスマートフォンが登場し、同等のものとして携帯電話市場に吸収されたが、当時の既存の市場・顧客が携帯電話で利用していたインターネットの将来性、それに対するニーズを考えれば、スマートフォンのような新製品の研究・開発を進めることが考えられただろう。

そのほか、新しい市場・顧客に対して新しい製品・サービスを提供する多角化の方向性がある。多角化は未知の戦い方になるため、戦略立案も容易ではないが、NECは携帯電話以外にもさまざまな事業を行っていたため、他の事業とのシナジーで多角化を進めることは考えられただろう。

たとえば、NECは01年に携帯機器用の小型燃料電池を開発している。NECの基盤

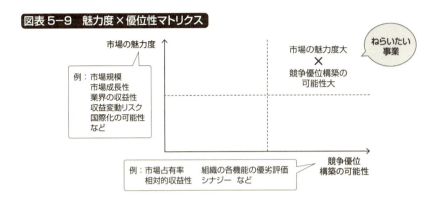

技術として研究を進め、携帯電話以外にも、パソコン、さらには自動車や家庭用発電機への応用が考えられた。将来の新事業創出への道を拓くことになった可能性がある。

● 魅力度×優位性マトリクス

アンゾフのマトリクスで見たように、新規事業の大まかな方向性を考えたら、次には具体的にねらいを定めた市場に参入するかどうかを意思決定する必要がある。その際には、企業を取り巻く複雑な環境を踏まえ、さまざまな要素を勘案しなければならない。意思決定時に、あらゆる点で優れた唯一の戦略を立てられることは稀である。したがって、成功の可能性がある複数の戦略代替案を考えて、何かを取ったら何かを捨てるトレードオフの観点も入れて慎重に比較検討し、最善と思われる戦略を選択することになる。

戦略代替案の評価方法としては、「市場の魅力度」と「競争優位構築の可能性」の2軸で各案を検討するのが代表的な考え方である。市場の魅力度においては、市場規模や成長性、収益性、収益変動リスクなどを踏まえて評価する。もう一方の競争優位構築の可能性においては、見込まれる市場占有率、自社の強みを活かせるかどうか、既存の技術やノウハウが使えるようなシナジーがあるかを中心に考えていく（**図表5−9**）。

当然、この2軸のいずれにおいても、「大きい」と判断されるオプションを選択するのが理想である。しかしながら、そのようなオプションが必ずしも存在するわけではない。実際には、この2軸で客観的な可能性を冷静に評価しつつ、会社の経営理念やビジョン、経営課題に応じて、優先順位を決めたうえで意思決定することになる。

第6章 ● 戦略のマネジメント

POINT

　戦略を策定し、意思決定を行ったら、次は実行のプロセスに入っていく。そこでは戦略が確実に機能しているのかをチェックし、所定の成果を出すようしっかりマネジメントしていくことが求められる。PDCAのサイクルが示すとおり、戦略の実行と評価が次の戦略立案の精度に大きく影響してくるからだ。

　したがって、戦略実行のマネジメントと評価のフレームワークも、これまで解説してきた分析・立案・選択のフレームワークと同様に理解しておく必要がある。

　戦略とは立案から実行へ、一方向で流れていくものではない。どれだけ緻密な戦略を立てたところで、シナリオどおりにうまく運ぶ可能性は限りなく低い。戦略を立案し、実行し、そして必要に応じて修正する。そのサイクルを経て戦略は機能していくのである。

CASE

【地方銀行のKPI設定】

（注：本ケースは実話を題材にした架空ケースであり、組織や登場人物の名前も架空のものである）

　関東の地方銀行、三玉銀行の融資担当である佐藤正樹は、9月末を控え、多忙を極めていた。銀行では、4～9月と10～3月の半期ごとに決算があり、それに合わせて9月と3月にまとまった業績の評価が行われる。本部から各支店へと、その期における具体的なKPI（Key Performance Indicator＝重要業績評価指標）が割り振られ、各支店で行員1人1人の目標数値に落とし込まれる。KPIと一口に言っても、新規融資獲得数、新規給与振込口座獲得数、融資残高、投資信託の預かり残高、クレジットカードの獲得数等、さまざまな項目にわたっている。

　近年では、単に結果の数値だけでなく、「1日当たりの訪問件数」のように行動についての指標も導入された。結果（アウトプット）は、その期の経済環境や取引先の個別の状況など行員が主体的にコントロールできない要因に左右されやすいが、訪問件数のよ

うなインプット系の要素であれば、コントロール可能だからというのがその理由である。

　佐藤もご多分に漏れず、いくつもの営業目標を課せられ、それを達成するために、まさに最後の追い込みの時期を迎えているのだ。支店における目標の存在感は大きく、期初にはその数値の根拠や妥当性だけでなく、どの見込顧客にどうアプローチすれば達成できるかについても濃密な議論が展開される。期中の業務活動においても、常に目標の達成度が意識され、達成ペースから遅れそうな項目があれば、すかさず上司のチェックが入る。それでも目標を達成するのは容易ではない。期末が近づいて目標未達の項目があると、プレッシャーで胃が痛む思いをするのは毎度のことであった。

　そんなある日の朝、いつものように新聞を読んでいると、隣県の地方銀行、しなやか銀行が貸出残高の目標を撤廃したとの記事が目に飛び込んできた。記事には、「しなやか銀は低金利の貸出競争からの脱却を図るため、取引先の経営課題を探って共に解決策を考えるなど、コンサルティング機能を充実させることで取引関係を強化する方針。今後、営業担当者は貸出目標ではなく、顧客目線に立ってどう行動したかが評価の対象となる。人口減少で取引企業の資金需要が減退するなか、低金利貸出で攻勢を仕掛ける他行に負けない総合的なサービスを提供できるか、注目が集まる」とあった。

　佐藤は、「貸出目標の撤廃」という文字に驚くとともに、これと同じことが自分の銀行でも可能かどうか、そもそも自行ではどのような考えのもとでKPIが設定され、運用されているのか、考えを巡らせてみた。

　「貸出目標」か。自分の新人時代からあまりにも当然のように毎期設定され、達成した、未達だったと一喜一憂してきただけに、それがなくなるなんて想像もつかないな。とは言え、冷静に見れば顧客との取引関係構築というよりも、数値達成が目的化してしまっているのが現状だ。特に、「新規融資獲得数」「新規口座開設獲得数」などは、金額の大小にかかわらず獲得件数でカウントされるため、とにかく数を稼ごうという発想になりがちだ。それに、新規「融資残高」の場合は、期末直前で目標達成にあと少しとなったら、お金を必要としていない会社に頭を下げて、期末だけお金を借りてもらう、なんてこともしたものだ。

　最近は投資信託の預かり残高もKPIに含まれるようになったが、数値目標の達成に追われてしまって、投資信託の知識を深める努力はどうしても後回しになっている。商品に対する理解が不十分なまま、数値目標の達成に向けて、売りやすい商品を売ることに終始しているな。

　あらためて考えてみると、毎期毎期、目標をいくらに設定するか、設定した目標をどう達成するかについては、非常な熱量をかけて議論も行動もするが、いざ期末を越えて

しまうとそれを振り返ることはあまりなく、良くも悪くもパッと切り替えて次期の目標に集中してしまう。こんなところも、本来はもっとうまいやり方があるのだろうが、ついつい目先の忙しさに流されてしまっているな。

　実際、低金利で事業会社にとっては借りやすい状況にもかかわらず、設備投資による借入需要は弱いという環境が何年も続いていた。三玉銀行でも、経営陣の定性的なメッセージとしては「顧客目線に立って共に課題解決を図る」と訴えてはいるが、各支店に割り振られるKPIは、前述のように行動項目が加わったくらいで大きな変化はない。

　そう考えると、しなやか銀行の目標設定の転換は、銀行業界が直面している環境変化に具体的に対応している好例だと思われた。しなやか銀行はもともと隣県が地盤で、三玉銀行とはほぼ互角の規模だったが、数年前に近くの第二地銀を吸収合併して業容を拡大してきており、直接のライバルとしての存在感を特に強めているところだ。「それに比べてウチは大丈夫か……」佐藤は、通勤電車の中でも考えることをやめなかった。

　市場環境も、競合環境も変わっているなか、はたしてこのまま、従来の業績評価、目標管理の運営でいいのだろうか？

理論

1 ● 戦略実行の評価

● ── PDCA

　戦略におけるサイクルを明示的に表すのが**PDCA**であり、エドワード・デミングが

図表 6-1　PDCA サイクル

P	Plan：計画	今後の目標、およびそこに至るまでの実行計画を立てる
D	Do：実行	計画を踏まえて実践を行う
C	Check：評価	実践の結果を踏まえて評価を行い、課題点を洗い出す
A	Act：改善	課題点をどう改善していくのか、一連の過程からの示唆は何かをまとめて具体的な改善施策に落とし込む

体系化して整理したものである。いまやPDCAサイクルという言葉は経営の世界に閉じた用語というよりは、むしろ日常あらゆる場面で使われる言葉になっている。

PDCAは、Plan－Do－Check－Actの4つのステップの頭文字を取ったものである（**図表6－1**）。当然ながら、この4ステップを一通り行えば終わりではなく、最後のActを次のPlanにつなげ、サイクルとして循環させていくことが肝要になる。1周ごとにサイクルを向上させて、継続的に業務改善することがねらいだからだ。ケースに見た三玉銀行のように、PとD、これにせいぜいCのうち「計画が達成できたか否か」の評価までは組織を挙げて行っても、Cの「課題点の洗い出し」からAに至るステップがなおざりにされている例がしばしば見受けられる。

この4ステップから得られる示唆としては、以下が挙げられる。

- 実行（Do）に至る前に、目標（Plan）を具体的かつ明確にすること。
- 実行（Do）の後は、評価（Check）によって振り返りを行うこと。
- 評価（Check）の結果から適切な改善策（Act）を導き出し、改善を実行して新たな計画（Plan）に確実につなげること。

昨今は、環境変化の激しさに対応してPDCAのサイクルをできるだけ速く回すことが求められている。とりわけ、計画に時間を割きすぎて競合に後れを取るようでは、成功はおぼつかない。計画をしっかり立てることは重要ではあるものの、それ以上にスピードが重要になっている業界は多い。自分たちがいる業界の特性を理解しながら、PDCAをスピーディに活用して機敏かつ柔軟に動くことを考えるべきである。

●——— KPI

KPIとはKey Performance Indicatorのことであり、重要業績評価指標などと訳される。つまり、そのビジネスにおいて絶えずチェックすべき数値、指標のことである。PDCAで言えばC、つまり計画が想定どおりに実行されたか、あるいは計画どおりに進んでいるのかを確認し、評価する目的で使われるものである。

KPIには3つの種類がある。1つは最終的なゴールに至るまでの間の進捗度を測るための指標である。たとえば、年間1億円の売上げを目標に掲げている事業があるとき、KPIの1つとして、「3カ月経過後の売上げ：2500万円」が考えられる。もしその時点での売上げが1000万円しかなかったら、実行方法の修正を行うか、目標設定の修正を行うか、検討する必要が出てくるだろう。このように、中長期的なゴールに向けてのマイルストーンとしてKPIを位置付けることがある。

もう1つは、目標の要素分解としてのKPIである。同じく年間1億円の売上目標の場合、「顧客数×客単価」というように分解し、それぞれ顧客数と客単価に対して、たとえば5000人×2万円というかたちで設定することができる。

　そして、最後のパターンは、目標に至るプロセスを分解したものである。たとえば、受注目標を10件とした場合、受注までに至るプロセスを分解し、登録顧客獲得件数100件→訪問件数50件→提案依頼獲得件数を20件→受注件数10件、というかたちでKPIを設定するものである。

　いずれのパターンにおいても、目標を細分化し、早めに異常箇所を明らかにして修正できるようにすることがKPIの目的である。裏を返せば、目標との因果関係が見えなくなったKPIは、すぐに見直すべきだともいえる。特に環境変化の激しい業界においては、これは極めて重要なポイントになる。

　たとえば、Webマーケティング周辺のビジネスなどでは、新たなプレーヤーの参入や技術的進化が日々起きているため、設定したKPIがすぐに陳腐化するリスクが大きい。そして陳腐化したKPIが現場にしぶとく残り続けてしまうと、目標達成は困難になる。

　あるいは、過去の目標は売上高に置いていたが、現在は利益や利益率などを目標にしているとしよう。にもかかわらず、「顧客訪問回数」がKPIとして根強く残っているようなことがある。

　なぜそうなるかというと、KPIの変更は現場の具体的な行動の変更、場合によってはスキルセットの変更を伴うため、現場の反発を受けやすいからだ。そして、現場の理解が得られないという理由で、大きく環境が変わっているにもかかわらず、過去のKPIが現場に残り続けることになるのである。現場においてもKPIそのものの必要性をチェックし、なぜそのKPIが必要なのかを問い続ける姿勢が求められるのはこのためだ。

　ケースの三玉銀行も、こうした状況にある。陳腐化したKPIは、往々にして現場ではかたちだけ達成すればいいという姿勢を生み、現場社員のマンパワーを浪費したり、士気の低下につながったりという悪影響が出るため、早急な見直しが求められるのである。

　KPIの変更を迅速に行うためには、KPI設定の背景を現場も含めて理解しておくことが必要だ。背景のわからないKPIがはびこっている職場は、いざというときの変化対応に遅れが出る。普段からKPIの背景を議論し、認識を統一することが必要だ。

●───バランス・スコアカード（BSC）

　では、将来を見据えた長期的視点に立ち、多様な角度から複雑な経営の状況を視覚的に把握するためにはどうすればいいのか。そのような場面で活用されるのが**バランス・スコアカード**（BSC：Balanced Scorecard）である。戦略のマネジメント手法として

近年注目されるようになったBSCは、ハーバード・ビジネス・スクールのロバート S. キャプランと、コンサルタントのデビッド P.ノートンが提唱した業績評価手法である。

　短期的、局所的にKPIを設定することで、結果として中長期的な戦略の方向性を見誤り、苦境に陥る企業は枚挙にいとまがない。実際に、企業の財務業績に影響を与える要因は増えており、その因果関係も複雑化する一方である。では、将来を見据えた長期的視点に立ち、多様な角度から複雑な経営の状況を把握するためには、どのようにKPIを設定することが有効なのか。その問いに答えてくれるのがBSCである。具体的には、❶財務の視点、❷顧客の視点、❸内部プロセスの視点、❹人材育成・学習の視点という４つの視点のバランスを取りながら戦略実行計画を策定し、KPIを設定して、中長期的な業績向上を目指していくものである。

　企業活動を行う際、私たちはどうしても、特定の視点に偏りがちである。たとえば、短期的な売上げや利益ばかりにとらわれて顧客基盤を崩しているケース、もしくは社内の段取りや業務プロセス改善などに気を取られすぎて業績の視点が抜け落ちてしまうケース、などである。人材育成が二の次、三の次にされてしまい、結果的に社員の能力が事業展開のスピードに追い付かないといったケースもあるだろう。これらは、短期的、もしくは局所的に見れば、正しい判断に基づく行動ではあろう。しかし、事業や組織への全体感を欠いているため、部分最適が全体最適に結び付かず、かえって悪影響を及ぼしてしまうのである。BSCにおいては、４つの視点でバランスよく、網羅的に経営全般をウォッチしていく必要性を訴えている（**図表6-2**）。

　それでは、４つの視点について、具体的に見ていこう。

図表6-2　バランス・スコアカード

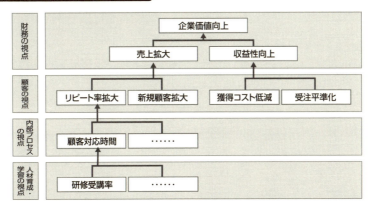

❶財務の視点

BSCが定義する財務の視点では、株主の期待に応えることが前提となる。つまり、株価の上昇や配当の向上につながるよう、各企業が最も適切な指標を選択することになる。代表的な指標（KPI）としては、EVA（経済付加価値）、ROE（自己資本利益率）、売上高成長率、フリーキャッシュフローなどが挙げられる。指標は、成長を志向するのか、効率性を優先させるのかによって、重点が変わってくる。株主に対して成長を訴求することが必要な局面であれば、売上高成長率や利益成長率といった指標の優先順位が高くなる。効率性であれば、ROEやROCE（使用資本利益率）といった指標が中心になってくるだろう。

❷顧客の視点

企業のビジョンを達成するために、価値提供の見返りとして顧客に求めるものを指標化する。ここで言う顧客とは、必ずしも最終消費者だけを指すわけではない。中間業者や仕入業者、小売店、代理店など、ステークホルダー全般を対象に考える。代表的な指標としては、顧客満足度、リピート率、マーケットシェア、顧客内シェアなどが挙げられる。

❸内部プロセスの視点

株主や顧客を満足させるために内部プロセスがあるべき状態をベースに、顧客満足度の向上に必要な項目を指標化する。大きく分けると、コスト、スピード、品質、アフターフォロー、そしてイノベーションといった項目が挙げられる。具体的には、キャッシュコンバージョン・サイクル、生産リードタイム、製造ライン・ダウンタイム、不良品率、特許取得件数といったKPIが考えられる。

❹人材育成・学習の視点

言うまでもなく、最終的な業績を達成するのは人材であり、彼らが継続的に能力を発揮・向上できているのか、ということをモニタリングしていくことが求められる。具体的には、社員定着率（あるいは離職率）、従業員満足度、特定資格の保有率といったことが該当する。

戦略のマネジメントにおいては、これら4つの視点がどのような因果関係にあるのかを理解する必要がある。それを図式化したものが**戦略マップ**である。

このように、企業が戦略の実行を通じて実現しようとする目標（アウトプット）を分

解し、日々の業務活動との因果関係を紐付けることによって、社員個々に課せられたKPIの意味合いを深く理解できるようになることが、BSCに期待されることである。全体像を示すことによって、自分は何を目指して、そのために何をすべきなのか、ということが把握しやすくなる。また、因果関係がはっきりすることで、先行的に表れる指標と、後から出てくる指標の意味合いも理解できるようになる。

しかし、BSCを緻密に設計すればいいというものでもない。過度な複雑さは因果関係を見えにくくするおそれがあり、全体最適の実現を阻害しかねないことにも留意する必要がある。

2● 戦略と組織の整合性チェック

─── 7S

マッキンゼーにいたトム・ピーターズとロバート・ウォーターマンが1980年に提唱した、企業を分析する際に使われるフレームワークが**7S**である。従来、戦略と組織構造のあり方によって企業の成功が決まると言われてきたが、それ以外の要素も重要だということを示した（**図表6-3**）。7つのSは以下のとおりである。

- Strategy（戦略）：ビジョン実現の方向性や競合に勝つための資源配分の優先順位など。
- System（システム・制度）：採用・評価・報酬・人材育成・異動といった人事制度関連、意思決定のプロセスや情報の流れるプロセスに関する特徴、管理会計・ITといったシステム関連など。
- Structure（組織構造）：機能別組織・事業部別組織など組織構造、組織の階層の数、部門の強さや優先順位など。
- Shared Value（価値観）：組織内で共有されている大切な価値観、もしくは自社の存在意義や方向性など。
- Staff（スタッフ）：社員の性格や社員個々の能力など。大胆なのか、慎重なのかなど。
- Skill（スキル）：会社に蓄積されている能力。社員個人の能力ではなく、人が変わっても受け継がれている会社としてのケイパビリティを指す。たとえば営業力に優れる、研究開発力が強いなど。
- Style（スタイル）：企業文化や社風。何をすると誉められるのか、どんな人が評価

図表6-3 7S

されるのかといった、会社が持つ美意識のようなもの。

　このうち、Strategy、System、Structureの3つについては、外部からでも捉えやすいために**ハードS**と呼ばれている。経営者が意図を持って変更を加えることができ、相対的に短期間で変えることが可能である。一方で、Shared Value、Staff、Skill、Styleについては、**ソフトS**と呼ばれる。こちらはハードSに比べ実態を把握しにくいが、企業の成果には明らかに影響を及ぼす。経営者としてコントロールすることは難しいが、戦略を実行していくうえで無視できない大きな要素である。このソフトSも含めた7S全体の調和をどう図っていくかが、経営の大きなポイントとなる。

　ここで架空の事例として、Aという専門商社について考えてみよう。A社は長らく、親会社であるZ社の商材の卸を担当し、Z社と共に発展してきた。しかし、環境が変化し、Z社との資本関係の変更などもあって、A社は戦略の方向性を大きく転換する必要に迫られた。そこでZ社の商材にこだわることなく、商社としての本分を発揮するために、「グローバルに商材を調達し、付加価値を付けて顧客に提供する新規事業を立ち上げる」という戦略（Strategy）を打ち出し、ビジネスモデルを模索する方向に舵を切った。そして新規事業のための組織（Structure）を作るとともに、既存商材のトレード

に関する評価・報酬は抑え、新規事業へのインセンティブを高める評価制度、そのための研修制度（System）を導入した。つまり、ハードSに関しては、意図を持って大きな変革を行ったのである。

　しかし、この変革によって現場は大混乱に陥った。まず、新規事業と言っても、具体的に何をすればいいのかわからない。そして、それを実行できるスキル（Skill）もない。研修制度を導入したといっても、すぐに必要なスキルが身につくわけではない。いままでは決められたことを、決められたタイミングでやればよかったので、ビジネスプランを考えろと言われても、前に進めないのは当然である。加えて、ミスをせずに大過なくやり遂げることが重要だとする社風（Style）、何かにつけて親会社の顔色をうかがってしまう社員（Staff）、そして、Z社グループであることに長らく存在意義を見出していたことから、「新たな調達先を開拓することに対する潜在的な拒否感」（Shared Value）のようなものもあり、新規事業が実行につながることはなかった。

　この事例からイメージできるとおり、変革の場面においては、外部環境とハードSを整合させること以上に、ハードSとソフトSを統合していくことの難しさが際立ってくる。もし戦略をドラスティックに変えるのであれば、ハードSに着手しつつ、同時に変わりにくいソフトSについて入念な設計が必要になる。たとえば、このA社のケースにおいて、研修制度の導入というシステム面の打ち手があったが、実際にこの程度の施策を通じて、社員の能力（Staff）や既存の価値観（Shared Value）を変えていくというのは、難しいだろう。そのためにも、研修の現場で、どれくらいの期間と予算を使いながら、誰がどういうメッセージを伝えながら働きかけていくのか、といったことを具体的に設計しなければならない。

　たとえば、社長はどのタイミングで登場すべきなのか。その際にはどのような時間をかけて、どのようなメッセージを伝えるべきなのか。その後にはどういうプログラムで社長のメッセージを理解させていくのか。こういった細部にまでこだわった設計を伴って、ようやくソフトSというのは動き始める。研修という仕組みを入れたら終わり、という話ではない。

　ハードSに対する打ち手を考えつつ、それらの施策を通じて変えにくいソフトSそれぞれをどうやって変えていくのか。それを考えるためにも、７Sという全体像をイメージしながら打ち手を設計していくことが求められるのである。

●── V-SPRO-L

　コンサルティング会社であるアーサー・D・リトル（ADL）は、変革に失敗する理由

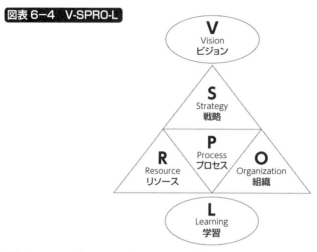

図表6-4 V-SPRO-L

出所：Arthur D Little「Side by Side」2015.01をもとにグロービス作成

として、以下の「5つの壁」の存在を挙げている。

- 「認識」の壁：そもそもなぜ変革が必要なのかが社内に浸透しておらず、変革が進まない状態。
- 「判断」の壁：何を変革すれば成長できるのかが不明な状態。
- 「納得」の壁：変革の方向性は理解しながらも施策に納得していない状態。
- 「行動」の壁：変革に納得しながらも具体的なアクションが不透明な状態。
- 「継続」の壁：変革に必要なアクションが継続されず途中で頓挫した状態。

これらの壁を打ち破るために必要な要素が、**V-SPRO-L**である。V-SPRO-Lとは、企業変革における全体像を押さえるためのフレームワークであり、ADLによって開発された。V-SPRO-Lは、Vision（ビジョン）、Strategy（戦略）、Process（プロセス）、Resource（リソース）、Organization（組織）、Learning（学習）の頭文字を取ったものである（**図表6-4**）。

- Vision（ビジョン）

企業が創りたい世界観やあるべき姿を示したもの。あるべき姿が共通化されていない状態では、なぜ変革をすべきなのか、本当に変革すべきなのか、という認識がずれる。

このような「認識」の壁を打ち破るために、共通化したビジョンが定義できていることがまずは必要になる。

●Strategy（戦略）

ビジョンを実現するためにとるべき戦略、すなわち「誰に」「どういう価値を」「どうやって」提供するのか、ということが定義されていなければ、本当にその方向が正しいのかを判断し、納得して進むことができない。「判断」「納得」の壁を打ち破るためには、戦略を明確に示さなくてはならない。

●Process（プロセス）

価値を提供するための社内的な機能連携（バリューチェーン）と、意思決定のプロセスのことを指す。どのような仕組みによって戦略を推進していくのか、そして社内のマネジメントをどのようにしていくか、ということが定義されていなければ、戦略は絵に描いた餅になる。「行動」の壁を越えていくために、プロセスの定義が必要となる。

●Resource（リソース）

戦略を実行するうえで必要な経営資源。具体的には、ヒト（人材）、モノ（設備・技術）、カネ（資金）、情報（データ、インフラ）といった要素が網羅的に整っていなければ、戦略の実行はおぼつかない。リソースの整備を十分に行うことが「行動」の壁の打破につながる。

●Organization（組織）

組織体制や風土といった組織にまつわるハード、ソフトの双方を指す。ハードには組織の構造や制度関係のもの、ソフトには価値基準や行動規範、組織風土といったものが含まれる。このような組織関係のハード、ソフトを統合していくことが、「行動」の壁を破り、戦略の実行を促すことにつながる。

●Learning（学習）

戦略を実行した後、その結果を踏まえて改善をしていく組織学習の仕組みを指す。ビジョンの下に戦略を推進しても、必ず成功するわけではない。結果を判断し、改善点を柔軟に見直して再挑戦していくことが求められる。それが「継続」の壁を打ち破ることにつながる。

このV-SPRO-Lモデルは、7Sでは見極めにくいソフトSを、よりシンプルに見分けやすい状態に定義するとともに、L（学習）を強調することによって、組織の進化そのものに着目した視点を提案していることがポイントである。

◉――― **資源・プロセス・価値基準**

7SやV-SPRO-Lモデルと同様に、戦略と組織の整合性を確認する視点として、ハーバード・ビジネス・スクールのクレイトン・クリステンセンは『イノベーションのジレンマ』において、**資源・プロセス・価値基準**というフレームワークを提示した。クリステンセンは、「組織にできることとできないことは、資源、プロセス、価値基準の3つの要因によって決まる。自分の組織がどのようなイノベーションを実現できて、どのようなイノベーションを実現できないのかを検討するとき、この3つに答えを分類することによって、組織の能力について多くのことを学ぶことができる」と述べている。3つの要因を具体的に示すと、以下のようになる。

● **資源**

人材、設備、技術、商品デザイン、ブランド力、といった「資産」にかかわるものが該当する。資源は、組織が変化に対応できるか否かを、最もわかりやすく判断できる項目である。それゆえ、ややもすると資源だけで組織を判断しがちだが、それでは十分ではない。後述するプロセスや価値基準によって、資源が生きるかどうかが変わってくるからである。経営者としてより深く考えなくてはならないのは、プロセスと価値基準である。

● **プロセス**

社内におけるコミュニケーションや意思決定のパターンのことを指す。明確に定義されているプロセスもあれば、組織内に暗黙のうちに定着しているプロセスもある。プロセスは、ある特定の種類の業務に対応するために組織内で定義される。したがって当該業務に対しては大きな効果を発揮するが、まったく別の種類の業務に適用すると、非効率になるどころか価値を棄損することもある。また、プロセスそのものは、いつも同じ効果を発揮するように定義されるため、改善はできても抜本的な変更にはすぐに対応できない側面がある。したがって経営者は、公式・非公式を問わず、組織に内在するプロセスに着目し、理解を深める必要がある。

● 価値基準

　組織のメンバーが顧客や案件、業務の優先順位を決める際の判断基準のことを指す。企業が意思決定をする場合、その基準は企業のコスト構造や、企業規模と関連したものになる。たとえば、高コストの企業にとって利益率の低い案件の意思決定は難しい。それとともに、大企業にとって小規模なビジネスは魅力的ではないために、それに関する意思決定を軽視する傾向にある。こういった暗黙に発生する価値基準によって、企業にとってできないことが決まってくるのだ。経営者としては、このような価値基準を明確に理解していなくてはならない。

　この資源・プロセス・価値基準のフレームワークは、7SやV-SPRO-Lが見ている視点をシンプル化したものになっている。また、あえて価値基準を強調することによって、組織の判断基準に目を向けさせるところに、クリステンセンの意図が感じられる。

3 ● 変革の全体像

　戦略を立案・実行する際、新規に設立したベンチャー企業でもない限り、変革の必要性が生じる。ビジネスの現状を大きく変えたり、会社の方向性を転換したりするために戦略が策定されるからだ。そして、戦略が変われば組織のあり方も変わってくる。

　そもそも、なぜ新たに戦略を立案する必要があるのか、なぜこの仕組みを変えるのか、といったように、戦略立案や実行に対して、意見・質問、場合によっては抵抗が必ず表出する。そういったリアクションに対して、適切なかたちで戦略の必要性、正当性を訴え、それに伴う変革をマネジメントしていけるかが、戦略立案・実行においては極めて重要になる。

　そこで、戦略論の範囲からはやや離れるかもしれないが、ここでは変革の全体像について、2人の著名な研究者が提唱するセオリーを解説しておきたい。

　まずは、グループダイナミクスの研究で知られる心理学者、クルト・レヴィンによる変革モデルであり、2つ目はリーダーシップ研究の第一人者であるジョン・コッターによる8段階の変革プロセスである。

◉ ─── クルト・レヴィンの変革モデル

　レヴィンは、変革の成功には、❶解凍（Unfreezing）、❷変革・移動（Transition/Moving）、❸再凍結（Refreezing）の3つのプロセスが必要である、と定義した（**図表6-5**）。

図表6-5　レヴィンの変革モデル

❶解凍
　変革を起こすためには、まずは変革の必要性を正しく認識し、変革に向けた機運を作らなければならない。多くの場合、変革の必要性をまったく理解できていないか、必要性は理解していたとしても、「変わりたくない」「いま変わらなくてもよい」という心理的な障壁ができることによって、変革の機運作りが妨げられる。したがって、一足飛びに変革へ踏み込むのではなく、その前段の解凍作業を時間をかけて行うべきである。

❷変革・移動
　変革の必然性が組織に十分浸透した段階で、具体的な施策に入る。このプロセスにおいては、目指すべき方向の全体像を提示しつつ、誰が、何を、いつまでに、どう変えるのかといった具体的施策を併せて定義することが求められる。また、それらの施策について確実に実行され、効果が出ているかをモニターしていく仕組みも作る。効果が出なければ、このプロセスにとどまって試行錯誤を重ねていくことになる。

❸再凍結
　変革の成果が見えてきた段階で、今度はその成果を組織内に確実に定着させ、習慣化させる必要がある。リーダーからの働きかけといったソフト面からのアプローチとともに、人事施策なども含めた制度的なアプローチも定着化には欠かせない。再凍結までのプロセスが完了した段階では、組織において変革後の状態が「当たり前」になっている。

● コッターの8段階の変革プロセス

　ジョン・コッターは1980年代以降のアメリカ企業の変革の失敗を研究し、8つの「つまずきの石」を明らかにした。具体的には、内向きの企業文化、官僚主義、社内派閥、相互の信頼感の欠如、不活発なチームワーク、社内外に対しての傲慢な態度、中間管理層のリーダーシップの欠如、不確実性に対する恐れ、である。
　コッターは『企業変革力』において、これらのつまずきの石を乗り越えて変革を成功させるために、8段階のプロセスが必要であると主張する（**図表6-6**）。

図表6-6 コッターの8段階の変革プロセス

第1段階	危機意識を高める
第2段階	変革推進のための連帯チームを築く
第3段階	ビジョンと戦略を生み出す
第4段階	変革のためのビジョンを周知徹底する
第5段階	従業員の自発を促す
第6段階	短期的成果を実現する
第7段階	成果を活かして、さらなる変革を推進する
第8段階	新しい方法を企業文化に定着させる

出所：ジョン P・コッター『企業変革力』日経BP社 2002年をもとにグロービス作成

❶危機意識を高める：Establish a sense of urgency

産業構造の変化や経済環境の変化、市場や顧客の変化など、広い視野で外部環境の変化を見極める。そして、その変化に対して自社の組織がどう対応できるのかを冷静に分析することにより、「自社が変化する必然性」に対する納得度を高める。通常、組織が日常的な行動をしているときには、短期的で狭い視野しか求められない。そのために、意識的にその限定された視野から脱却した分析や議論を行うことが重要になる。

❷変革推進のための連帯チームを築く：Form a powerful guiding coalition

変革を起こそうとして、いきなり全員を動かしてもうまくいかない。まずは、推進役として変革全体をリードしていくための組織を作ることが必要になる。その際は、組織メンバーに誰を入れるか、どういうチームにしていくのか、ということが極めて重要になる。変革推進チームには、変革を主導するために必要となるスキル、人脈、信頼、評判、権限があることが望ましい。

❸ビジョンと戦略を生み出す：Create a vision

変革推進チームが主導して、大きな方向性・将来のあるべき姿と、そこに至るまでの道筋を描く必要がある。

コッターは、優れたビジョンに備わる特徴として、以下の6つの条件を定義した。

- 目に見えやすい（将来がどのようになるのかがはっきり示されている）
- 実現が待望される（従業員や顧客、株主などステークホルダーが期待する長期的利益に訴えている）
- 実現可能である（現実的で、達成可能な目標から生み出されている）
- 方向を示す（意思決定の方向をガイドするために、明確な方向が示されている）
- 柔軟である（変化の激しい状況において個々人の自主的行動とさまざまな選択を許容する柔軟性を備えている）
- コミュニケートしやすい（5分以内で説明することが可能である）

これらの要件を備えたビジョンであれば、変革は一歩前に進みやすくなる。

❹変革のためのビジョンを周知徹底する：Communicate the vision

いくら素晴らしい変革プランを作っても、適切なコミュニケーションがなされなければ正しく伝わらない。伝えるべき相手はどのような立場か、どういう情報を持っているのか、何が関心事なのか、と相手を理解する姿勢を持ち、相手に合わせたコミュニケーション方法を採ることが重要である。また、変革のインパクトが大きくなればなるほど、一度だけのコミュニケーションでは伝わらない。伝え方とともに、伝える頻度・回数も求められる。

言うまでもなく、コミュニケーションの場においては異論・反論も出てくる。その際、どういう姿勢で異論・反論に相対するのか、といったこともコミュニケーションの結果に大きく影響する。変革推進チームメンバーの覚悟がその場で浮き彫りになる、ということを認識しておきたい。

❺従業員の自発を促す：Empower others to act on the vision

ビジョンや戦略が伝わったとしても、それが行動につながるわけではない。確実に変革の行動が全社員に伝わり、そしてそれが自発的な行動になっていくように、変革を阻む障害を取り除くことが重要である。障害となりうるのは、具体的な人物である場合もあるが、その人物の裏側にある構造やシステムにある場合が多い。裏側に潜む構造を正しく読み解き、仕組みそのものにも手を入れていくことが求められる。

❻短期的成果を実現する：Plan for and create short-term wins

中長期的な視点も大事だが、短期的な目に見えやすい成果は、組織の変革に対する機運を高めることにつながる。成果が出やすい案件を特定し、実際にわかりやすい数字を出していくことが初期段階では重要だ。そして、これらの短期的成果に貢献した人々を

明らかにし、報奨を与えることで変革への注目度を高める。このプロセスを経ることで、態度を留保していた人材が変革の輪の中に入ってくる可能性が高まる。

❼成果を活かして、さらなる変革を推進する：Consolidate improvements and produce more change

短期的成果はあくまでも機運作りのためのものである。重要なのは、そこで一息つかず、すぐにその成果をテコとして変革に勢いをつけることである。その勢いを背景に、それまで手を着けられなかったシステム、構造や制度を変革していく。また、変革ビジョン推進に貢献する人材の採用、昇進、能力開発を行い、変革を定着させる。

❽新しい方法を企業文化に定着させる：Institutionalize new approaches

変革を一過性のものに終わらせないために、ここまでの変革の道程を振り返り、実施してきたことの正当性・因果関係を、組織として正しく認識しておくことが重要である。この過程を踏むことで、変革が正しく現場に根付くとともに、変革に再現性が効くようになり、組織文化に定着していくことになる。

第3部

経営戦略の応用

● 第3部のはじめに

　第3部では経営戦略の応用分野を見ていく。

　まず第7章と第8章では、日本でeコマースのビジネスを定着させた楽天をケースに取り上げ、経営の中でも特に難しいとされる事業創造と、グローバル事業の経営戦略を扱う。

　楽天市場のようにゼロから事業を立ち上げる場合、不確実性が大きいがゆえに、伝統的な戦略コンセプトの応用だけで経営戦略を描くのは難しい。また、創業後に楽天が金融や旅行へと事業を拡大していったときのように、いったん成功体験を積んだ企業が新規事業を始める場合には、従来の戦略の考え方が足枷になってしまうことが多い。

　こうした難しい事業創造の局面で有効な戦略の考え方や代表的なコンセプトを、第7章「事業創造の戦略」で紹介する。たとえば、近年発展を見せている戦略コンセプトの1つに「オープン化」がある。自前主義や目先の競争といった狭い視野で戦略を考えるのではなく、社外のリソースをうまく活用してスピーディに事業展開を進める発想が戦略策定に求められている。楽天は数多くの企業買収を経て現在のかたちを築いてきたが、そうしたM&Aやアライアンスによる他企業のリソースの取り込みはもちろん、オープン・イノベーションや共創による事業開発についてもこの章で触れる。事業創造は、さまざまなイノベーション理論やビジネスモデルの考え方ともかかわりが深いので、これらと経営戦略との位置関係も念頭に置きながら理解を深めてほしい。

　続く第8章「グローバル経営の戦略」では、楽天がいままさに取り組んでいる海外進出、つまりグローバル事業での経営戦略を論じる。楽天も進出先市場で試行錯誤しているように、現地市場への適応と、国境を越えて横串を通す統合とのバランスをどう取るかは、常にグローバル戦略の根底にある課題である。加えて近年の中国やインドといった新興国の経済成長により、企業のグローバル戦略は「先進国から新興国への進出」という従来の図式だけでは語り切れなくなってきている。ここでは伝統的なグローバル経営の戦略コンセプトと、新たな発展を見せている領域のグローバル戦略コンセプトの双方を見ていく。

そして第9章では、楽天の言わば「先行事例」として、プラットフォーム的な経営資源を基盤に多様なビジネスを継続的かつスピーディに立ち上げて成長してきたリクルート・グループを取り上げ、特に経営戦略の骨格を成す競争優位に着目しつつ、経営戦略論のフロンティアを概観する。長らく戦略論が目指してきた「持続的な競争優位の確立」は現実的なのか、それとも理想論にすぎないのか。

　就職情報から始まって「情報誌」ビジネスで強固な事業基盤を築いたリクルートは、環境変化に応じて、幾度かにわたって自社の事業領域やビジネスモデルを拡張したり修正したりして、成長を遂げてきた。このように刻々と変化し、ときには想定外の事象に直面する経営環境の下では、どのようなタイプの競争優位が有効に機能するのか。そして企業業績の維持・向上を越えて、社会問題の解決という高い次元で企業の存在意義を捉えたとき、競争優位はどのような姿であるべきなのか。新たな競争優位の考え方を理解しながら、こうした伝統的な戦略論に突きつけられたさまざまな問いに対して考察を加えていく。

第7章 ● 事業創造の戦略

POINT

　新事業の創造は、すべての経営者・マネジャーにとって最大の関心事の1つであろう。しかし新事業の創造には、すでに立ち上がった事業の経営とは異なる発想やアプローチが求められる面があり、経営戦略の中でも特に難しい領域の1つといえる。こうしたなかで、何らかの手がかりを得るべく、イノベーションやビジネスモデルの類型化、定石の研究が積み重ねられてきた。昨今では、自社の枠内に閉じず、オープン化、アライアンスを通じて新事業を生み出す方向が模索されている。

CASE

【ネット・コングロマリット：楽天の軌跡】

　インターネットやスマートフォンの普及により、いまや買い物の形態としてすっかり定着したネットショッピング。楽天は、インターネット黎明期より国内のネットショッピングを牽引してきた先駆者であり、創業から20年ほどで世界25カ国・地域にまで事業を拡げ、約1万3000人の従業員を擁するインターネットサービス企業へと成長したネット・コングロマリットでもある（図表7－1）。

● ── 楽天市場の誕生

　1997年2月、楽天の前身となるエム・ディー・エム（マジカル・デジタル・マーケットの略）が設立され、その3カ月後の5月、東京・愛宕のマンションの1室で、インターネット・ショッピングモール「楽天市場」は産声を上げた。従業員はわずか6名、13店舗でのスタートであった。最初の月の取扱高は32万円で、そのうち18万円は創業者の三木谷浩史個人が購入していた。

　93年にインターネットの商用サービスが始まってから、わずか4年後の出来事である。95年にはマイクロソフトの大ヒットOS、Windows95が発売され、個人へのパソコン普及に弾みがつき、インターネット接続事業者の増加も相まって、家庭でのインターネット利用の下地が整いつつあった。それでも、世間一般には「インターネットで

図表7-1　楽天の売上高推移

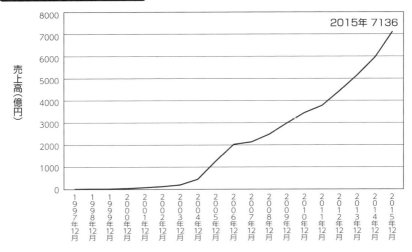

出所：楽天事業報告書、有価証券報告書をもとにグロービス作成

モノを購入する」という行為は馴染みが薄く、企業のウェブサイトの多くがショールーム的なカタログ掲載と連絡先の掲載にとどまっていた。

楽天市場のビジネスモデルの特徴は、当初からBtoBtoC型のマーケットプレイスを提供したことにある。織田信長の「楽市楽座」になぞらえ、「インターネットを通じて人々と社会に力を与えること」（エンパワーメント）を経営理念としていた同社は、地方・地域に埋もれている全国津々浦々の名店を全国区にすることに知恵を絞り、先行するネット企業のショッピングモールとの差別化を試みていた。

楽天が競合との差別化に成功したポイントとして、第1に出店料が挙げられる。既存のモールが月額数十万円から数百万円という多額の出店料を徴収していた時期に、後発の楽天は月々たったの5万円という破格の出店料を打ち出した。第2に、楽天オリジナルの店舗編集システム。インターネット、とりわけHTMLに精通していない素人でも簡単に開設できるようにし、詳細なマニュアルも付記した。これにより技術的な障壁が取り払われ、零細な個人商店でも比較的容易に全国的な販路を手に入れられるようになった。第3に、出店者の相談に乗ってくれるECコンサルタントの存在である。店舗ごとに担当者がつき、店舗作りから売り方まで事細かに指導した。

●──── 楽天経済圏の形成

　90年代も終わりになると、主な小売事業者のeコマース参入が相次ぐ。99年には、総合ポータルサイトでナンバーワンの実績を誇っていたヤフージャパンが、ヤフーショッピングを開設した。ユニークなネットショッピングモールとして順調に店舗数・会員数を伸ばしていた楽天であるが、ネット業界の雄の参入に、成長スピードの加速を求められることとなった。折しもネットベンチャーのIPOの波に乗って、楽天も2000年4月に株式の店頭公開を果たし、店頭市場の新規公開としては過去最高額の495億円を調達する。その後は、検索サイト大手のインフォシーク買収を皮切りに、自前主義を捨て、中核事業とシナジーの高い事業のM&Aを矢継ぎ早に行って成長してきた（**図表7-2**）。

　楽天市場の流通総額が360億円となった2001年には、楽天が1兆円を目指す構想を発表する。それに伴い、eコマースと親和性が高い商材・サービスの旅行、金融を新たなコア事業として確立することに着手し始めた。03年にマイトリップ・ネット（現 楽天トラベル）と、DLJディレクトSFG証券（現 楽天証券）を買収し、eコマース市場全体におけるシェア拡大を図った。

　一方、順調に店舗数の拡大（02年に6000店を突破）を続けていた楽天市場は、創業

図表7-2　楽天の主な国内M&A実績

	主な国内M&Aの動き
2000年	株式会社インフォシークを完全子会社化
2002年	メディオポート（golf port）、キープライム（CGIBOY）を子会社化
2003年	マイトリップ・ネット（旅の窓口）を子会社化
同	DLJディレクトSFG証券を子会社化　（現 楽天証券株式会社）
2004年	あおぞらカードを完全子会社化（現 楽天カード株式会社）
2005年	国内信販株式会社を子会社化
2007年	IP電話事業を運営するフュージョン・コミュニケーションズ株式会社を子会社化
2009年	イーバンク銀行を連結子会社化　（現 楽天銀行株式会社）
2010年	ビットワレットを連結子会社化（現 楽天Edy株式会社）
2012年	健康関連商品の販売・EC事業を運営するケンコーコム株式会社を子会社化
同	クーポンサイト「Shareee（シェアリー）」を運営する株式会社シェアリーを連結子会社化、クーポン事業に本格参入
同	アイリオ生命保険株式会社（現 楽天生命保険株式会社）を子会社化

出所：楽天ホームページ「企業情報」、有価証券報告書をもとにグロービス作成

5年目となる02年4月に、満を持してビジネスモデル転換に踏み切った。当初は月額定額制だった出店料を、従量課金制に変更したのである。これにより、同社の営業方針は新店舗開拓から既存店舗の売上拡大へと大きく舵を切ることになった。同年11月には、「楽天スーパーポイント」のロイヤリティ・プログラムも開始された。

この頃、楽天のエンジニア部隊は、営業方針の転換に伴う商品点数の増加とアクセス集中への対応、相次ぐ買収企業とのシステム統合、会員基盤を支えるポイントプログラムの開始など、攻めのシステムリニューアルを成功させている。この経験が、後々の「楽天経済圏」構築を支える底力となった。

このように楽天グループとして一連のサービスが揃った2000年代半ば、今度は自社サービス利用者の母数を広げるため、非ネットユーザー層への認知拡大に動き出した。2004年の東北楽天ゴールデンイーグルス設立によるプロ野球への参入は、楽天の名を一気に全国へ広げる切り札となった。続いて、05年に国内信販を買収して楽天カードの発行を開始。年会費永年無料に加え、グループ内サービス利用での楽天スーパーポイントの高い還元率が消費者の購入意欲を刺激し、楽天サイトを頻繁に訪れるきっかけを作った。そして06年、楽天グループ内のどのサービスを起点にしようとも、楽天会員がリアルも含めた楽天グループ内のあらゆるサービスへと還流していく持続的なビジネスモデル、楽天経済圏の構想を発表する。つまり、楽天の会員基盤をもとに、会員にとって便利で楽しいサービスを提供し、会員1人当たりの生涯価値の最大化と、楽天グループ内の流通総額の増大を目指したのである。

そして、創業14年目に当たる2011年、楽天市場の年間流通総額が1兆円を超える快挙を成し遂げた。

●─── 直面する課題：競争激化

2011年以降、楽天が楽天市場モデルの海外移植を本格化すると、一時は盤石に見えた足元の国内市場に異変が起き始めた。虎視眈々と機会をうかがっていた競合各社の攻勢を、一気に受けることになったのである。

13年10月、「eコマース革命」と銘打って、「出店初期費用、月額費用、売上高手数料、一切なし」を掲げたヤフーショッピングの発表は、業界関係者に大きな衝撃を与えた。長らく楽天市場の後塵を拝してきたヤフーショッピングは、ナンバーワン企業の後追いから、ついに業界ルールの変更へと戦略を切り替えたのである（**図表7-3**）。

ヤフーショッピングの勝算は、売り手と買い手が集う場を盛り上げることで、広告料を稼ぐことにある。これは、ソフトバンクと資本関係にあるアリババ（中国）が手がける個人間取引サイト「タオバオ」のビジネスモデルにならったものだ。

図表7-3 楽天市場 vs ヤフーショッピング（2013年）

	楽天市場	ヤフーショッピング
初期費用	6万円	無料
月額出店料	1万9500～10万円	無料
システム利用料	2～6.5%	無料

出所：週刊東洋経済2013.12.21号をもとにグロービス作成

これに対して、楽天もセールやポイント還元率アップのキャンペーンなどで応戦し、顧客獲得競争が激化した。

一方、直販が主流であったアマゾンも、近年、急速にモール店舗数を増やしている。2015年末時点で、アマゾンのモール店舗数は約18万店に拡大した。また、10年に設立された楽天物流が約4年で債務超過に陥り解散したのに対し、日本国内での大型物流投資に積極的なアマゾンは、有料顧客サービス「Amazonプライム」の会員を対象に、1時間配送を実現するサービス「プライムナウ」専用の拠点も増やしており、消費者の利便性向上を目指す動きが加速している。また、セブン&アイグループのオムニチャネル（第2章参照）など、既存の流通大手によるリアルとネットの融合が進みつつあり、競争は激しさを増すばかりである。

品揃えや価格にとどまらず、配送のスピードや質まで求める日本のユーザーの支持を得るのは、はたしてどの企業やサービスであろうか。今後の楽天の戦略に注目したい。

理論

本章では、**新事業創造**に関する代表的な戦略コンセプトを取り上げる。

なお、事業創造はベンチャー企業に限らず、大企業にとっても重要な経営アジェンダである。したがって本書ではどちらかの立場に限定することなく、ベンチャーと企業内新規事業、双方に役立つ理論を中心に解説したい。

1● イノベーションと経営戦略

事業創造と関係の深い概念に、**イノベーション**や**ビジネスモデル**がある。これらの用語から想起するイメージは人によって実にさまざまであり、時に経営の議論をミスリードすることもある。そこで、まずはイノベーションやビジネスモデルの概念について、

図表 7-4 イノベーション・マトリクス

		ビジネスモデル	
		既存に近い	新規
テクノロジー	既存に近い	漸進的イノベーション	セミラディカル・イノベーション
	新規	セミラディカル・イノベーション	急進的イノベーション

出所:トニー・ダビラ他、*Making Innovation Work*, Wharton Publishing, 2006. をもとにグロービス作成

経営戦略との関係を意識しながら整理しておく。

● 漸進的イノベーションvs.急進的イノベーション

　イノベーションが意味するところは実に広い。経済学者のジョセフ・シュンペーターは20世紀初頭、経済を発展させるメカニズムとして「新結合」という概念を提示し、これがイノベーションの起こりとなった。ピーター・ドラッカーによれば、イノベーションとは「より優れ、より経済的な財やサービスを創造すること」であり、「意識的かつ組織的に変化を探すこと」である。

　ここでは、スペインのIESEビジネススクールのトニー・ダビラらが著した『イノベーション・マネジメント』をもとに、企業が取り組むイノベーションの代表的な類型をまず紹介する。

　ダビラはイノベーションのタイプを、既存のビジネスからの連続性の有無によって、漸進的（インクリメンタル）か、急進的（ラディカル）かに判別する考え方を提示している。**図表7-4**は「テクノロジー」と「ビジネスモデル」の観点から、既存ビジネスとの連続性に着目してイノベーションを3タイプに分けたものである。

●漸進的（インクリメンタル）イノベーション

　既存の製品・サービスやビジネスプロセスに小さな改善を加え、重ねていくタイプのイノベーションである。このタイプでは大きな変革や投資を避け、小規模な変更・投資により既存の製品・サービスからできるだけ大きな価値を引き出すことをねらう。目立

たないように感じられるが、競争により市場シェアや収益性（またはその両方）が失われていくことを防ぐためには、非常に有用・不可欠である。なぜならば、画期的な製品・サービス、またはビジネスモデルであっても、継続的な改善がなければすぐに競合から模倣され、競争優位を失うリスクが高まるからである。

● **急進的（ラディカル）イノベーション**

テクノロジーとビジネスモデルの双方において同時並行的に、かつ劇的な変化を起こし、新しい製品・サービスを新しい方法で提供する。このタイプのイノベーションが起こると、業界における競争のルールが根本から覆される可能性がある。結果として1社だけでなく複数の企業がネットワークに参加し、産業構造全体を革新する構造的イノベーションにつながることも多い。このような革新を主体的に導いた企業に他社が追随するのは容易ではないため、競争優位を持続できる時間は長くなる。一方で多くの場合、非常に大規模な投資が必要となるにもかかわらず、事前に結果を予測することが難しいためリスクが高くなる。

● **セミラディカル・イノベーション**

漸進的イノベーションと急進的イノベーションの中間に位置するのが、セミラディカル・イノベーションだ。これはテクノロジーもしくはビジネスモデルの「どちらか一方」に大きな変化を起こすものである。とは言っても、実際にはテクノロジーとビジネスモデルには連動性があるので、一方の変化によってイノベーションが起きると、もう一方にも重要な機会が生まれることが多い。にもかかわらず、多くの企業では両領域を担当する部署や人が異なっているため、せっかくの機会を見過ごしてしまいがちである。

これら3つのタイプのイノベーションは、投資額もリスクも大きく異なる。自社の事業ポートフォリオや産業のライフサイクル、競争環境等の現状を分析したうえで、それぞれのイノベーションに対する投資比率を決定することが重要である。

『イノベーションのジレンマ』の著者、クレイトン・クリステンセンによれば、実績ある企業は既存のものを改良する能力、つまり漸進的イノベーションに長けている。一方で新規参入企業は、ほかの業界で開発・実践してきた技術を持ち込むため、抜本的な新技術の探求に向いており、急進的イノベーションに長けている。

◉─── **イノベーション・ピラミッド**

コア・コンピタンス経営を唱えたことでも有名なゲイリー・ハメルは、イノベーショ

ンを5段階の階層に整理している（**図表7−5**）。

- **マネジメント・イノベーション**
  組織の中での人の働き方自体を革新する。これによって企業は継続的に革新を起こし、この革新が続く限り企業は永続的な競争優位を得ることができる。
  例）トヨタのカイゼン

- **構造的イノベーション**
  1社だけでなく複数の企業がネットワークに参加し、産業構造全体を革新する。
  例）アップルを中心とした音楽産業、アマゾンを中心とした書籍小売産業の革新

- **ビジネスモデル・イノベーション**
  製品やサービスそのものではなく、それらを生産する、あるいは顧客の手元に届ける際の方法を革新する。
  例）航空業界におけるLCC、家具小売業界におけるイケア

- **製品やサービスでのイノベーション**
  提供する製品やサービスそのもので革新的なものを生み出す。
  例）ソニーのウォークマン、QBハウスの1000円カット

図表7−5　イノベーション・ピラミッド

出所：ゲイリー・ハメル「いま経営は何をすべきか」DIAMONDハーバード・ビジネス・レビュー2013年3月号をもとにグロービス作成

● オペレーション上のイノベーション

製造プロセスを効率化したり、ビジネスプロセスをアウトソーシングしたりしてオペレーション上のボトルネックを解消し、コスト低減を図る。

例）デルのバーチャル・インテグレーション

いずれの階層のイノベーションも企業の成長には必要不可欠だが、ハメルは産業史を振り返って、「永続的な競争優位の源泉は製品やビジネスモデルのイノベーションではなく、経営自体のイノベーションにあった」とし、最上層にあるマネジメント・イノベーションの重要性を特に強調している。

2● ビジネスモデルとは何か

イノベーション分類の中でも事業創造の戦略と関係が深いのが、ビジネスモデルの変更を伴ったイノベーションである。イノベーティブな新製品を開発したとしても、生産や販売のプロセス、サービスの面で既存のビジネスモデルが利用可能であれば、戦略を大きく変える必要はない。しかし、従来とは異なる事業特性の市場に参入したり、製品・サービスの提供方法を変更したりする場合には、既存の事業戦略を多かれ少なかれ描き直さなくてはならない。

このように事業創造を語るうえで欠かせないビジネスモデルとは何か。実務家や研究者の間でも、さまざまな意味を込めてこの用語が使われているが、大別すると3つのタイプの定義がある。

まず実務家に多いのが、「収益の生み出し方」や「課金方法」など、カネの流れに注目した捉え方である。いわゆる収益（レベニュー）モデルや課金モデルを、ビジネスモデルと呼び換えているケースがこれに該当する。

次に、研究者が好んで使うのが、「価値創造の仕組み」という意味でのビジネスモデルである。企業が価値を生み出す仕組みを、業務活動や経営資源、取引関係など、多様な切り口から説明を試みる際に、ビジネスモデルと呼ぶことがある。広義では、バリューチェーン（価値連鎖）や価値相関図も、このタイプのビジネスモデルを分析するツールに含まれる。

そしてもう1つが、「これから生み出そうとするビジネスの設計図」という意味で、ビジネスを支える構成要素に着目する考え方である。事業戦略の策定とも関連性が強いので、以下ではこのタイプに当たるフレームワークを2つ紹介する。

◉ 「4つの箱」モデル

クリステンセンらはビジネスモデルを、「顧客価値の提供（CVP）」「利益方程式」「経営資源」「プロセス」という、互いに関連し合う4つの要素によって定義した（**図表7-6**）。

❶顧客価値の提供（CVP：Customer Value Proposition）

ビジネスモデルを構成する4つの要素のうち、最も重要なのがこれである。その中でも"Jobs to be done"、すなわちターゲット顧客が抱えている重要な問題や片付けたい用事を特定し、その問題や用事を解決する提供物および提供方法を見つけることが、イノベーション成否のカギを握る。

❷利益方程式

企業が自社や株主のために、どのように価値を創り出すかの青写真で、以下の4つの変数で構成される。

- 収益モデル（例：価格×販売量）
- コスト構造（直接費/間接費、規模の経済性など）
- 1単位当たりの目標利益率（予想売上数とコスト構造を所与としたときに、目標利益を実現するために必要な1取引当たりの利益）

図表7-6 ビジネスモデルの「4つの箱」

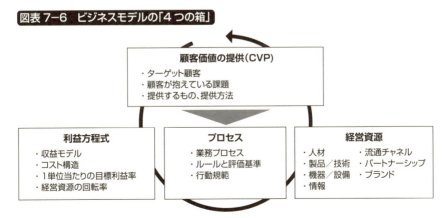

出所：マーク・ジョンソン『ホワイトスペース戦略』CCCメディアハウス 2011年をもとにグロービス作成

・経営資源の回転率（目標販売量を達成するために、主な資産をどれくらいのスピードで回転させる必要があるか）

❸カギとなる経営資源

CVPの実現に必要な経営資源（人材、技術、製品、設備、機器、情報、流通チャネル、パートナーシップ、ブランドなど）。

❹カギとなるプロセス

再現性があり、かつ規模の拡大を可能とするために必要な業務プロセス（研究開発、調達、製造、販売、サービス、採用、研修など）。また、社内の業務ルールや評価基準、行動規範も含まれる。

　繰り返しになるが、クリステンセンらは「ターゲットとする顧客が抱えている"Jobs to be done"を十分に理解すること」が、新しいビジネスモデルを創出するカギだと言う。マーケティングの大家であるセオドア・レビットは、「ドリルを買いに来た消費者が欲しいのは、ドリル自体ではなく、ドリルを使って開ける穴だ」と喝破したが、この洞察が示すように、顧客がどんな提供物を欲しがるかということよりも、まずは特定の環境で顧客がどんなジョブを成し遂げたいと思っているかを正しく知ることが、事業創造の第一歩となる。

　成功しているビジネスでは、この４つの箱（要素）が一貫したかたちで相互補完的に作用し合っている。よくある失敗は、すでに成功を収めた企業が新規事業を手がける際に、せっかく適切なCVPを設定したにもかかわらず、他の３つの箱——利益方程式や経営資源、プロセス——をうまく変更できず、有効なビジネスモデルに至らないケースである。特に（プロセスに含まれる）従来の社内の業務手順や評価基準、投資の意思決定ルールが、いわば「組織の成功体験」となって新しいビジネスモデル創出の足を引っ張るおそれがあることを肝に銘じておきたい。

◉──── ビジネスモデル・キャンバス

　ビジネスモデルを考えるフレームワークとして注目されている**ビジネスモデル・キャンバス**を開発したアレックス・オスターワルダーらは、ビジネスモデルを「どのように価値を創造し、顧客に届けるかを論理的に記述したもの」と定義し、９ブロック——顧客セグメント、価値提案、チャネル、顧客との関係、収益の流れ、リソース、主要活動、パートナー、コスト構造——で構成されるとした（**図表７-７**）。

図表 7-7　ビジネスモデル・キャンバスを構成する9つのブロック

顧客セグメント	同質のニーズを持った顧客群をグループ化し、その中からどのセグメントをターゲットにするのか
価値提案	ターゲットとした顧客セグメントが持つどのような課題を、どのように解決してニーズを満たすのか
チャネル	ターゲットとした顧客セグメントにどのような接点でリーチし、価値を届けるのか
顧客との関係	ターゲットとした顧客セグメントと、どのような関係（対人なのか/自動化なのかなど）を構築するのか
収益の流れ	ターゲットとした顧客は、どのような価値に対して、どれくらい、どのようにお金を払うのか
リソース	構築しようとしているビジネスモデルは、どのような資源が、どのくらい必要で、どのように調達するのか
主要活動	価値を創造し、顧客に届け、維持していくうえで必須となる重要な活動は何か
パートナー	構築しようとしているビジネスモデルには、どのようなパートナーが、どれくらい必要で、どういったアライアンスを組むのか
コスト構造	構築しようとしているビジネスモデルを運営していくためには、どのようなコストが、どのくらいかかるのか

出所：アレックス・オスターワルダー他『ビジネスモデル・ジェネレーション』翔泳社　2012年をもとにグロービス作成

　ビジネスモデル・キャンバスでも、9つのブロック間の関係性を把握し、互いに不整合が起こらないように全体の仕組みを構築していく必要がある。このフレームワークは網羅性が高いことや、各ブロックの意味が直感的にわかりやすいこと、他のイノベーション理論（リーン・スタートアップやブルー・オーシャン戦略）との関係がわかりやすいことなどから、起業家の間で最も頻繁に使用されるコンセプトの1つとなっている。

● ビジネスモデルと経営戦略

　ビジネスモデルについて学ぶうちに、読者の方々には「ビジネスモデルを考えることと経営戦略を考えることは、何が異なるのか」という疑問が浮かぶかもしれない。ビジネスモデルや経営戦略の定義が論者によって異なるのと同様、この問いに対する見解もさまざまである。

　たとえば、ハーバード・ビジネス・スクール競争戦略研究所のジョアン・マグレッタは、「ビジネスモデルと戦略は異なる」と主張する。すなわち、ビジネスモデルとは「事業というパズルの各片がどのように組み合わさるかを1つの体系として説明するもの」であって、ビジネスモデルには「競争」の概念が織り込まれていないとする。そして競争に対処すること、すなわち差別性を活かして競合よりも優位に立つことが、戦略

図表 7-8　ビジネスモデルのフレームワーク

伝統的戦略フレームワーク Conventional Strategic Frameworks				⇔	「ビジネスモデル」フレームワーク "Business Model" Framework			
ターゲット (狙うべき対象)	顧客セグメント	★			ステークホルダー	ユーザー	クリエーター	ディストリビューター
バリュー (提供価値)	顧客バリュー／ 製品・サービス	🎁			トータル・バリュー・ クリエーション (TVC：全体価値創造)	ユーザー・バリュー	クリエーター・バリュー	ディストリビューター・バリュー
プロフィット (収益)	プライシング／ ターゲット・コスト	🏷$			レベニュー・ストリーム (収入流) プロフィット・フォーミュラ (収益方程式)	無料客	有料客	広告
オペレーション ／リソース (運営／資源)	バリューチェーン／ プロセス ヒト・モノ・カネ	≫			バリューネットワーク	プレイヤー	ユーザー／クリエーター ／ディストリビューター	競合

出所：三谷宏治「ビジネスモデル全史」DIAMONDハーバード・ビジネス・レビュー2014年4月号

の役割だと考える。マグレッタは例として、ウォルマートはビジネスモデル面では先行していた競合（Kマートなど）と大きな違いはなかったが、戦略面で独自性を築いたこと、つまり競合が見向きもしなかった人口5000～2万5000人の田舎町にターゲットを設定したことが成功につながったと言う。

たしかに「収益の生み出し方」や「価値創出の仕組み」といったシンプルな定義でビジネスモデルを捉えると、戦略議論には出てきてもビジネスモデル議論では抜け落ちてしまう要素が少なからずあるだろう。しかし、前述のビジネスモデル・キャンバスのような近年のフレームワークでは、事業を構想するうえで重要なポイントをほぼカバーするようになっている。そのようにビジネスモデルの概念が広がりを見せるなかで、経営戦略との違いを細かく論じることには、もはや意味がないだろう。むしろ、ビジネスモデルは経営戦略とは別の角度から事業を捉えたものであって、戦略をより強固なものにしてくれるフレームワークだと見なすのが望ましい。

では、ビジネスモデルを考えることで戦略はどのように強化されるのか。伝統的な戦

略策定法と比べて、ビジネスモデルには次のような特徴があるとされる（**図表7-8**）。

❶ターゲット（狙うべき対象）

経営戦略ではいわゆるターゲット顧客の設定が重視されるが、ビジネスモデルでは顧客に限らず、取引先などを含めたステークホルダー全体を視野に入れる。

❷バリュー（提供価値）

創造すべきは顧客価値だけではなく、ステークホルダーにおいて生まれる全体価値の創造が重要となる。

❸プロフィット（収益）

経営戦略ではコスト（原価）との見合いで、価格（提供する商材の対価）の設定を考える。ビジネスモデルの検討では「誰から」「何に対して」「どのタイミングで」「いくらを」といった面で、収益モデルにより多様性を持たせると同時に、コスト構造や目標とする利益率・回転率を含めた利益方程式全体を考える。

❹オペレーション／リソース（運営／資源）

経営戦略では主に自社のオペレーションや経営資源に限定して考えるが、ビジネスモデルではよりオープンに、他社との協業を含めたバリューネットワーク全体での価値創出を考える。

また、上記4つの特徴に加えて、経営戦略では各構成要素（ターゲット、価格設定など）を一定の順序に沿って意思決定していく傾向があるが、ビジネスモデルの検討では各要素間を行ったり来たりしながら修正を加え、最適化を図るべきとされる。

今後もビジネスモデルに関して新しいコンセプトが提起されるだろうが、経営戦略と異なる分野というよりも、ある時点における事業設計の全体像を見渡せるフレームワークとして、経営戦略論とは補完的な役割を担うものと思われる。

3● 事業創造の戦略

次に、事業創造を成功に導くための戦略について論じる。経営戦略全般に言えることだが、事業創造の戦略も業界やライフサイクルの段階といった「文脈」によって異なる

ものであり、唯一の正解などは存在しない。しかし、過去の成功企業の事例分析から、一定の文脈下での事業創造戦略の定石はいくつも提示されている。ここではよく知られる戦略コンセプトとして、**ブルー・オーシャン戦略**と**破壊的イノベーション**、そしてビジネスモデルに関するいくつかの定石（パターン）を紹介する。

◉── ブルー・オーシャン戦略

　新事業で卓越した業績を実現するためには、すでに競争が存在している市場で、既存のルールに則っていかに戦うかを考えるのではなく、まだルールや競争のない市場を自ら創り出し、競争からの脱却を考えることが重要である。INSEADのW・チャン・キムらは、すでに存在している市場をレッド・オーシャン（赤い海）、競争のない新たな市場をブルー・オーシャン（青い海）と定義し、ブルー・オーシャンを創造するための手法を提唱している。

●バリュー・イノベーション

　従来のレッド・オーシャンの思考が「競合をベンチマークする」や「競合を打ち負かす」だとすると、ブルー・オーシャン戦略の土台を成す思考は**バリュー・イノベーション**である（**図表7-9**）。これは競争のない未知の市場を開拓するために、顧客・自社にとっての価値（バリュー＝顧客にとっての実用性を高め、価格とコストを下げること）と、革新（イノベーション、主に技術面での革新を意味する）を等しく重んじる思考である。
　言い換えると、従来の戦略論における「価値向上とコスト削減はトレードオフの関係

図表 7-9　バリュー・イノベーション

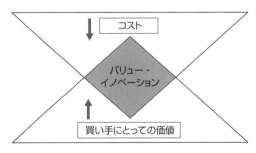

差別化と低コストを同時に実現

出所：W・チャン・キム他『[新版]ブルー・オーシャン戦略』ダイヤモンド社　2015年

にある」という常識から脱し、イノベーションを通じて差別化と低コストの両立を目指すアプローチである。

● 戦略キャンバス

価値を高めつつ、コストを下げるという離れ業は、どうすれば実現できるのか。バリュー・イノベーションでは、価値を高めるために従来の業界にとって未知の要素を取り入れ、コストを下げるために従来の業界で常識とされてきた要素を削ぎ落とす。具体的にどの要素を取り入れ、どの要素を削ぎ落とすのかを考えるための分析ツールとして**戦略キャンバス**がある。

図表7-10は戦略キャンバスの一例だが、これからわかるように、戦略キャンバスの横軸には従来の業界内のプレーヤーが重視する競争要因が並んでいる。一方の縦軸は、横軸に列挙された各要因について、顧客が享受している実用性のレベルを示している。縦軸が高スコアであることは、供給側（業界のプレーヤー）がその要因に力を入れていることを意味する。スコア化した各要因を線で結ぶと、既存業界の戦略の特徴を示す曲線が描かれ、これを**価値曲線**（Value Curve）と呼ぶ。図表7-10では、点線で描かれているのが一般的な理髪店の価値曲線である。このようにして描かれた戦略キャンバスは、既存の業界プレーヤーがどの要素を重要視し、顧客がどの程度メリットを享受しているのかの現状を示す。

バリュー・イノベーションを実現するためには、既存の競合他社や顧客が重視・享受

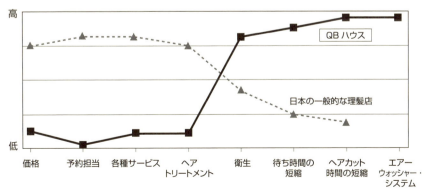

図表7-10　QBハウスの戦略キャンバス

出所：W・チャン・キム他『[新版]ブルー・オーシャン戦略』ダイヤモンド社　2015年

している要因での価値提供レベルを競ってはいけない。既存の競合ではなく、業界を代替する産業に着目し、既存顧客から非顧客層へと戦略の焦点を切り替える必要がある。そして「4つのアクション」と呼ばれる次のような問いを通じて、業界の常識にとらわれずに戦略キャンバスの各要因をプロットし直し、買い手にとっての価値を再発見していく。

- 既存の製品・サービスに常識的に備わっている要素のうち、「取り除く」べきものは何か
- 既存の製品・サービスに常識的に備わっている要素のうち、思い切って「減らす」べきものは何か
- 既存の製品・サービスに大胆に「増やす」べきものは何か
- 既存の製品・サービスでは提供されていないが、新たに「付け加える」べき要素は何か

QBハウスの例で言えば、

- カット以外のサービス（ひげ剃りや洗髪など）を取り除く
- マッサージやお茶といった感性志向のサービスを思い切って減らす
- 代わりに時間や価格面でのメリットを大胆に増やす
- 予約不要で隙間時間に立ち寄れる便利さ（待ち時間を入口の信号灯で表示するなど）を加える

といった価値の見直しを行っている。このようなバリュー・イノベーションの結果、QBハウスは独自の卓越した価値曲線を構築し、ブルー・オーシャンの開拓に成功したのである。

●── 破壊的イノベーション

クリステンセンは**破壊的イノベーション**の理論により、新規参入者が強力な既存企業を打ち破る構造を明らかにした。

既存プレーヤーは、顧客に対して競合他社よりも高い付加価値を実現するために、顧客の要望に真摯に耳を傾け、技術開発（革新的な場合もあれば漸進的な場合もある）を行い、製品・サービスの性能を向上させることに取り組むのが一般的である。こうした業界の既存プレーヤーが取り組む性能向上のイノベーションを、**持続的イノベーション**と

図表7-11 持続的イノベーションと破壊的イノベーションの影響

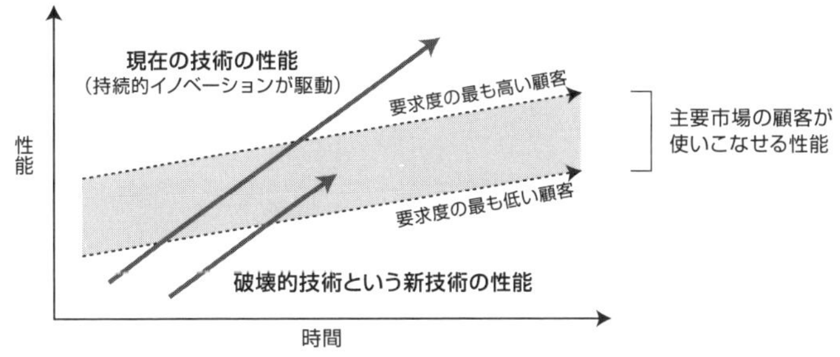

（グラフ）
- 縦軸：性能
- 横軸：時間
- 現在の技術の性能（持続的イノベーションが駆動）
- 破壊的技術という新技術の性能
- 要求度の最も高い顧客
- 要求度の最も低い顧客
- 主要市場の顧客が使いこなせる性能

出所：クレイトン・クリステンセン『C. クリステンセン経営論』ダイヤモンド社　2013年

呼ぶ。

　一方、主に新規参入者によって実現される破壊的イノベーションでは、従来よりも性能を向上させるのではない。むしろ、現在手に入る製品やサービスよりも性能を落とし、シンプルにして使い勝手を向上させたり、より安上がりにしたりする。破壊的イノベーションによって生まれた製品・サービスは、すでに市場に投入されている製品・サービスよりも低い性能しか提供できないため、従来の（主要）顧客には受け入れられない。だが一方で、喜んで受け入れる新しい顧客層も存在する。従来の顧客が求めるような高度な性能を必要とせず、（性能は落ちても）価値に見合った低価格や入手・利用のしやすさに満足する、新たな（そして少なくとも初めは小さな）市場・顧客である。

　既存プレーヤーの立場からは、当初の破壊的イノベーションは新たにニッチな市場を創出したにすぎず、それによって自社が抱えている既存主要顧客を失うおそれはないように見える。しかし、破壊的イノベーションで小さな新市場を創出した新規参入者は、新市場での顧客の声に耳を傾けながら、驚くべきスピードで持続的イノベーションを起こし、製品・サービスの性能を向上させていく。そして瞬く間に、既存プレーヤーが築き上げた従来の主要顧客たちを満足させる製品・サービスを、低価格・低コストで提供できるようになってしまうのである。

　持続的技術、破壊的技術双方の性能の向上と、顧客に求められる性能水準を表したのが**図表7-11**である。

　この図を見ると、破壊的イノベーションを起こした新規参入者が、なぜ従来の業界における従来の主要顧客までをも奪ってしまうのかがよくわかる。既存のプレーヤーは、顧客価値を高めるために持続的イノベーションに取り組むが、その取り組みが熱心であるがゆえに革新スピードは顧客が満足する性能向上のスピードを上回り、過剰品質とな

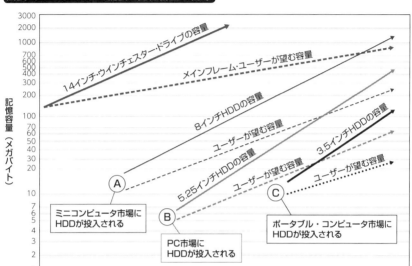

図表 7-12　HDDの需要と記憶容量の軌跡

出所：クレイトン・クリステンセン他「イノベーションのジレンマ」DIAMOND ハーバード・ビジネス・レビュー 2013年6月号

ってしまう。一方、破壊的イノベーションを実現した新規参入者は、新市場を起点に持続的イノベーションを続けるうちに、いつしか従来の主要顧客が満足する性能レベルに追い付く。こうして、業界の主役は既存市場におけるリーダー企業から新規参入者に取って代わられるのである。

　ハード・ディスク・ドライブ（HDD）業界における需要容量と供給容量の軌跡を示したのが**図表7-12**だが、これを見ると、当初は性能が劣っていた製品が、その後主要顧客が要求する性能レベルを満たしていくようになる変遷がよくわかる。

　破壊的イノベーションが起きるのはHDDのようなハイテク製造業に限った話ではなく、サービス業でも頻繁に起こっている。たとえば楽天グループが手がけてきた楽天市場や楽天トラベル、楽天証券は、それぞれの事業領域（小売、旅行代理店、証券ブローカー）において、既存プレーヤーに対して破壊的な影響を与えながら成長を遂げてきたといえよう。

　ではなぜ、既存プレーヤーは破壊的イノベーションに素早く対応したり、自ら破壊的イノベーションを起こしたりできないのだろうか。理由の1つは、破壊的イノベーショ

ンによって創出できる市場が当初は非常に小さく収益性も低いため、この市場に対する投資は「合理的に正しく」否定されてしまうからである。もう1つの理由は、この新市場のニーズが、既存プレーヤーが相手にしている主要顧客のニーズとは異なることである。既存プレーヤーは（破壊的技術には関心を示さない）主要顧客の声に耳を傾け、彼らのニーズを満たすために経営資源を投下し、持続的イノベーションにまい進し続ける。つまり、（既存の）顧客のニーズに真摯に向き合うがゆえに、かえって市場シェアを失っていくのである。この皮肉な構造を、クリステンセンは**イノベーションのジレンマ**と名付けている。

◉──── **多様な収益モデル**

　新事業のビジネスモデルを設計するときには、先に紹介した4つの箱やビジネスモデル・キャンバス等を用いながら各要素を決めていくのが王道だが、自分の頭で、すべてをゼロベースで捻り出すのは骨が折れる。そこで参考になるのが、ビジネスモデルのパターンである。かつて日本でもベストセラーとなった『ザ・プロフィット』（エイドリアン・スライウォツキー著）では、事業による利益発生のメカニズムを23のパターンに分けて紹介している。それを参照しながら、ビジネスモデルの要素の中でも特にバリエーションの多い収益モデルに関して、実務で用いられているさまざまな工夫、および典型的な収益モデルのパターンを紹介しよう。

　収益モデルとは、「誰から」「何に対して」「いくらを」「いつ」といった課金に関する4つの要素の設計である。最も一般的でわかりやすい収益モデルは、

・誰から＝購入者・利用者本人から
・何に対して＝購入した製品・サービスに対して
・いくらを＝あらかじめ決めた（一律の）価格を
・いつ＝製品・サービスの提供時に

という課金スタイルになるが、ほかにもさまざまな工夫を取り入れた収益モデルが存在している。

❶ **「誰から」に関する工夫**
　価値提供の直接の相手とは異なる相手から、主たる収益を得るモデルがある。たとえば、Webサービスやスマホのアプリ、民放テレビ番組などにおいて、サービス利用者ではなく広告主から収益を得る広告料モデルが代表的。

❷ 「何に対して」に関する工夫

購入時や契約時にすべて課金するのではなく、利用量に応じて価格を決める従量課金（例：電気・水道など）や、（利用の有無や量に関係なく）期間ごとに一定料金を課す定額課金（例：新聞の定期購読、設備の保守点検サービスなど）といった方法がある。

❸ 「いくらを」に関する工夫

一律価格ではなく、取引相手によって料金を変えたり（例：大口顧客に対するボリュームディスカウント）、売買シーンによって価格設定を変えたり（例：スーパーでは安く、観光地では高く売る飲料）する方法がある。

❹ 「いつ」に関する工夫

製品・サービス提供時に課金するのではなく、年間パスポートや回数券といったかたちで前払いしてもらったり、成功報酬型のように一定の目標に達した場合に代金を受け取ったりする方法がある。

また、上記の4要素のうち、複数を同時に工夫する収益モデルも考えられよう。たとえば、継続的な取引関係を前提として、「いくらを」（価格）や「いつ」（課金タイミング）に関して同時に工夫したモデルがしばしば見られる。代表的なモデルを2つ紹介しよう。

◉ ── レーザーブレード（替え刃）・モデル

長期にわたって使用される製品（持続使用品）を安価で提供する一方、その製品の使用に必要な消耗品や保守・メンテナンスサービスには厚めのマージンを乗せて販売するモデルである。持続使用品の販売では顧客獲得をねらい、その後の消耗品販売からは利益創出をねらっている。ジレットがカミソリ本体を安価で販売し、替え刃（レーザーブレード）の販売から利益を生み出したことから、この収益モデルは**レーザーブレード・モデル**と呼ばれる。

レーザーブレード・モデルで注意すべき点は、利益創出の源泉となる消耗品部分の「代替品」を提供する第三者の出現である。消耗品部分の代替品を提供する第三者は、持続品販売に要したコストを回収する必要がないため、消耗品を安価に販売できてしまう。したがって消耗品部分を「純正品」として特許や特別な仕様設計で容易に模倣できないようにするなど、自社の持続使用品を使うためには必ず自社の消耗品が使われる仕組みにしなければならない。

● ── フリーミアム・モデル

　レーザーブレード・モデルは、自社製品・サービスの価格にメリハリをつけることで、持続使用品には顧客獲得の役割を、消耗品や保守サービスには利益創出の役割をそれぞれ担わせた戦略的プライシングであった。このプライシング手法についてさらに踏み込んだモデルに、**フリーミアム**と呼ばれるものがある。

　このモデルは、その名のとおりフリー（無料）で価値を提供することによって顧客獲得をねらうものだが、フリーで提供した部分のコストを賄い、利益を生み出す方法としては、大きく4パターンがある。

❶内部補助型

　一部の製品・サービスを無料にし、その他の売上部分で無料にした部分のコストを補う（例：eコマース業者の配送無料サービス、試供品の無料配布など）。

❷第三者補助型

　製品・サービスの利用者は無料で使用でき、その使用に際し第三者が何らかの便益と引き換えに費用を負担する（例：インターネットのサイトや民放テレビといった無料サービスは、広告主の費用負担で提供されている）。

❸一部利用者負担型

　サービスの売り手・買い手のいずれかや、利用者の一部が費用を負担する（例：ペイパルは買い手を無料にしつつ、売り手に課金する。ドロップボックス〈Dropbox〉やスラック〈Slack〉など多くのウェブサービスは、基本サービスを無料で提供し、一部のプレミアム・メニューを有料化している）。

❹ボランティア型

　無償で参加する多くのボランティアの力によって価値を創造する（例：食べログのようなクチコミサイト）。

　このうち❸の一部利用者負担型がフリーミアム（フリーミアムはフリーとプレミアムから成る造語）と呼ばれるもので、同一サービスの中に（価値に応じて）無料・有料のメニューを設けていることが多い。このモデルでは無料の顧客をいかに有料顧客に転換するかが収益化のポイントになる。多くの顧客を獲得するためには無料サービス自体が充実

している必要があるが、あまりに充実しているとそれだけで満足してしまい、有料メニューへの転化が進まない。両者のバランスをどう保つかが、このモデルでは重要である。

4 デジタル時代の戦略パターン

　インターネットの普及によって、個人や企業が大量の情報の入手・拡散を低コストで行えるようになった。それは企業経営にも大きな影響を与えており、ネット以前は実現が難しかった事業戦略やビジネスモデルが、次々と現実のものとなっている。ここではデジタル時代に入って出現してきた戦略パターンをいくつか紹介する。

● ロングテール

　パレートの法則では、売上げ（もしくは利益）の8割は、全顧客のうち2割の優良な顧客、もしくは全商品のうちの2割の売れ筋商品から生じるとされる。ところがアマゾンのようなインターネット上の小売事業者は、この法則に反して、売れ筋ではない商品や単価の低い顧客にも注目したモデルを構築した。このように「滅多に売れない」商品、あるいは「ほんの少ししか買い物をしない顧客」からの少額の売上げ・利益を積み上げることによって、全体として売上げ・利益の増大を目指すのが**ロングテール戦略**である（ロングテールを「滅多に売れないマイナー商品の販売額合計が、ベストセラー商品の販売額合計を上回る状態」とする場合もあるが、本書ではやや広義に捉えている。**図表7-13**）。

　リアル店舗での販売であれば、各店舗に在庫を持つ必要が生じる。そして滅多に売れない希少品は、在庫コストが往々にして売上げを上回ってしまう。ところがインターネット販売であれば、巨大な物流倉庫にわずかな在庫を持っておくだけでよいため、コス

図表 7-13　ロングテール

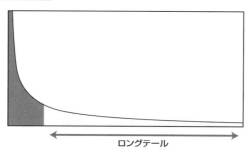

出所：グロービス『グロービスMBAキーワード　図解　基本フレームワーク50』ダイヤモンド社　2016年

トを最小化できるのだ。加えて、ニッチなニーズを持った購買者も、ネットの検索サービスやリコメンデーション機能によって希望商品を簡単に見つけられる。しかもネットでは物理的な制約から解放され、ネットにアクセス可能な膨大な数の個人・法人を相手にできる。電子書籍のようなデジタル財では、在庫や物流のコストも劇的に下がる。

　こうして、滅多に売れない商品でも品揃えとして持ち続けることができ、全体としての売上増に貢献しやすくなったのである。従来型の小売店が抱えていた制約を、インターネットやITの活用によって乗り越えた、新しい戦略パターンといえる。

◉────**プラットフォーム戦略**

　プラットフォームとはもともとIT用語で、ソフトウエアが動作するのに必要な基盤（ハードウエアやOS、ミドルウエアなど）として機能する部分を指す。そこから派生して、「補完財と一体となったときに、ユーザーに価値提供できる基盤的製品・サービス」という意味で使われるようになった。当時はWindowsのようにソフトウエアやアプリを動かす環境となるOSや、任天堂のファミコンのようにゲームソフトで遊ぶのに必要なハードウエアが、プラットフォームの成功例として挙げられていた。その後、ネット上でユーザー間を仲介するような基盤的役割を果たすサービスを広くプラットフォームと呼ぶようになり、いまに至っている。

　プラットフォームの最大の特徴は、取引やコミュニケーションの場の提供という点であろう。つまりプラットフォーム自体は「場」にすぎず、単独ではユーザーにとっての価値を生み出さない。参加者である企業や個人が何らかのアクションを起こして初めて、大きな価値が提供できるのである。ケースに取り上げた楽天市場では、出店者が提供する製品・サービスが購買者に直接の便益をもたらすのであって、楽天市場単独でユーザーのニーズを満たせるわけではない。もちろん、プラットフォーム業者（以下プラットフォーマー）は場の利用価値を高めるために、広告宣伝や決済、在庫管理や配送といった周辺機能の提供に努めている。

　「場の提供」という意味では、百貨店のようなプラットフォームが、デジタル時代以前にも存在していた。だが、ネットの普及によって大きな変化が起きたのである。1つは、場への参加のハードルが格段に低下したことである。利用者はわざわざ百貨店まで出かけなくても、好きな場所で、好きな時間に買い物ができるようになり、また出店者もリアルな店舗や常駐店員、店頭在庫といった費用を負担せずに商売できるようになった。加えてネット上では、第1章で解説したネットワークの経済性（利用者が増えれば増えるほど、利用者の便益が大きくなる）が効きやすい。百貨店ではそもそも出店者数に物理的な制約があるほか、来館人数が増え過ぎると混雑して利用者の便益が落ちてしま

う。こうした規模化に伴うマイナス面が大きく緩和されたのが、ネット上のプラットフォームの利点である。

このように、プラットフォームでは参加者が多いほど参加者の便益も大きくなるため、特定のプラットフォーマーが大きなシェアを握る「勝者の総取り」（Winner Takes All）の状態になりやすい。そのためプラットフォーマー間の競争においては、サービスの先行開発、フリーモデルの採用やユニークなコンテンツを用いたユーザー開拓、異業種のプラットフォーム間での顧客の共有といった方法で、いち早くクリティカルマスを超えるための努力をする。また、ユーザーの新規開拓にまい進するだけでなく、参加者をある程度は選別して場の質を担保する、スイッチングコストを高めて離反を防ぐ、といった取り組みも有効とされる。

◉ シェアリング・エコノミー型ビジネス

主に個人が保有する資産を、一時的に利用したい個人や法人に貸し出したり、1つの資産を複数の個人・法人で共有したりする経済活動が**シェアリング・エコノミー**である。貸し手は資産の一時的提供による収入が得られ、借り手は資産を所有することなく、必要なときに、必要な分だけ利用できるメリットがある。そして、ネットを使ってその仲介（マッチング）サービスを行うビジネスが、近年急速に拡大している。宿泊場所の貸し借りをマッチングするエアビーアンドビー（Airbnb）や、ドライバーと移動ニーズのある人とをマッチングするウーバー（Uber）などが有名だが、最近では個人のスキルや知識を提供し合うプラットフォームも登場してきている。「大量消費や廃棄といった環境負荷を減らそう」「モノの所有に縛られない自由な生き方をしよう」といった時代の価値観とも合致しており、共有（シェア）は生活スタイルの1つとして存在感を増していくだろう。

資産を一時的に賃借する点では、従来からあるレンタルと同じだが、シェアリング・エコノミーでは、ネットを活用することで、より広範な市場（グローバル市場と言ってよい）から貸し手がニーズや価値観が合致する借り手を募集できる（借り手の立場では相手を探せる）ようになった。また、ソーシャルメディアによって知らない者同士でも情報交換がしやすくなり、借り手や貸し手に関する評価（レビュー）が可視化されるなど、シェアリング・エコノミーの発展にはネットの存在が不可欠だったといえよう。

5 ◉ 事業創造の戦略マネジメント

すでに立ち上がった事業のマネジメント手法は、不確実性を伴う事業創造にはそぐわ

ないとしばしば指摘される。既存事業においては、これまでに蓄積された豊富なデータがあり、それに基づく確度の高い意思決定が可能である。しかし事業創造の場合、入手可能なデータが限られるなかで、戦略を組み立てて意思決定しなければならない。また、既存事業では前年度の売上げや利益に対して〇％成長といった数値目標の設定が一般的だが、新規事業では判断材料が少なく、目標を数値化するのが困難である。

そして、計画どおりの結果が出なかった場合、既存事業であれば原因を究明して、少しでも目標に近づけるように打ち手を講じるのが妥当だろう。だが不確実性の高い事業創造では、そもそも戦略が適切ではなかったということも考えられ、その場合、誤った戦略のまま目標に近づく努力を続けることは無益であり、早急に戦略を組み立て直さなければならない。

このように不確実性を伴う事業創造には、通常の事業運営の手法を適用できない側面が多くあり、異なるマネジメント手法を採用しなくてはならない。以下では、事業創造のマネジメント手法のうち、経営戦略とのかかわりが深いコンセプトをピックアップして解説していく。

◉ リーン・スタートアップ

立ち上げたばかりの不確実な状態で、これから新しい製品やサービスを創り出さなければならない組織（いわゆる**スタートアップ**。ベンチャー企業だけでなく、企業内新規事業なども含む）が失敗するのは、何が原因なのか。それは、どんな人が顧客になるのか、どんな製品を作るべきなのかさえはっきりしないなかで、優れた計画やしっかりした戦略の策定、市場調査の活用といったことに目を奪われてしまうためだと、『リーン・スタートアップ』を著したエリック・リースは主張する。その一方で、旧来のマネジメント手法では不確実性に対処できないからといって、「とにかくやってみよう」と無秩序に走り出しても、失敗に終わる。

混沌とした事業創造のプロセスで、不確実性に対処しながら事業創造を前に進めていくための手法として生み出されたのが、**リーン・スタートアップ**である。リーン・スタートアップの「リーン」（LEAN）は「無駄のない」という意味で、トヨタ自動車が開発した「リーン生産方式」に由来する。リーン生産方式では価値を生み出す活動と無駄とがはっきり区別されているが、リーン・スタートアップでも顧客のメリットにつながるもの以外は無駄と見なし、時間というリソースを有効活用しようとする。「顧客が望まないものを作る」という無駄を避けるために、実際に顧客を巻き込んだ実験の結果に基づいて判断を下していく。これを**検証による学び**（validated learning）と呼び、スタートアップの進捗度合いは、この学びの度合いを単位として測られるべきだとする。

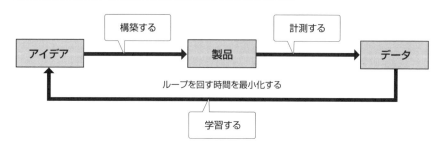

図表7-14 構築・計測・学習のフィードバック・グループ

出所：エリック・リース『リーン・スタートアップ』日経BP社　2014年をもとにグロービス作成

　リーン・スタートアップでは、不確実性の低い既存事業でやるような、最初に多くの仮説に基づいた複雑な計画を立て、その計画に沿って進捗管理していく方式は、けっしてとらない。まず、価値仮説（提供する製品・サービスは顧客にとって価値があるか）や成長仮説（製品・サービスがどうやって新しい顧客に広がっていくか）といった重要な仮説を選び、最小限の労力と最短の時間で**MVP**（Minimum Viable Product ＝ 実用最小限の商品）を開発する（構築）。そして、実験を通じて顧客の反応を「計測」し、どんな顧客が自社の商品を使う・使わないのか、それはなぜなのか……といった発見をし、次に行うべき実験を考えていく（学習）。この「構築－計測－学習」（Build-Measure-Learn）のループ（**図表7-14**）を繰り返しながら商品を最適化するとともに、ループを一定期間回し終えた段階でいまの戦略を方向転換（ピボット）するか、継続するかの判断を下す。

　戦略の修正、すなわちピボットは、事業創造のプロセスでは何もめずらしいことではない。シマンテックは創業当初、アンチウィルス・ソフトではなく人工知能関連の製品を研究・開発していたし、後に大成功を収めたペイパルも、最初の2年間で5回ものピボットを行ったとされる。戦略の修正は、伝統的な戦略観からすれば「失敗」というネガティブな判断に聞こえるかもしれないが、スタートアップが正しい戦略を突き止めるためには、失敗とそこからの学びの反復が不可欠なプロセスなのである。

　このようにリーン・スタートアップは顧客から学ぶことを通じて、最小限の労力、最短の時間で戦略の精度を上げていく手法であり、事業創造のような不確実な状態で新製品や新サービスを生み出さなくてはならないときに適したマネジメント手法である。

◉──── 忘却・借用・学習

　事業創造の難しさは、ベンチャーとすでに実績のある大企業とでは、その中身がやや

異なる。ベンチャーは使えるリソースが少ないなかでスピーディに事業基盤を作っていかなければならない難しさがあるのに対し、大企業が深刻なリソース不足に悩まされることはほぼないからだ。にもかかわらず大企業は、不確実性が高く、かつ既存事業とは特性が異なるはずの新規事業を、成功した既存事業の論理でマネジメントしてしまい、失敗に終わることが多い。

　では、成功体験が応用できない新領域において、実績ある企業が事業創造を成功させるにはどうすればよいか。この観点から新規事業の戦略マネジメントを捉えたのが、ダートマス人のビジャイ・ゴビンダラジャンらによる**忘却**・**借用**・**学習**のコンセプトである。学習についてはリーン・スタートアップの中でも触れたので、以下では忘却と借用について解説しよう。

●忘却

　既存事業と新規事業とで求められる戦略には根本的な相違があるため、企業は従来の戦略とそのマネジメントのやり方を、いったん忘れなくてはならない。だが実際には、事業特性の違いを考慮して新規事業を特別扱いにすると既存事業部門からの反発を招くため、経営者は新規事業チームに、既存事業と同じマネジメント手法や規定を課しがちである。すると、社員同士の関係や業績評価指標、事業計画のフォーマット、勤務査定基準など、社内のいたるところに染み込んでいる「組織の記憶」が足枷となって、忘却は失敗に終わる。

　こうした組織の記憶を断つためには、たとえば①新規事業の責任者やメンバーを外部から登用する、②新規事業チームに適用する人事制度（肩書や評価・報酬体系など）を新しくする、③新規事業のプランニングや進捗管理方法を新しくする、④新規事業チームを高い職位の経営幹部の直轄とし、既存事業部門の口出しに屈しない権限を確保する、といった方策が有効である。

●借用

　大企業は忘却を重視しながらも、同時に、ベンチャー企業より優位に立つために社内資産の活用を図らなくてはならない。生産設備や研究開発組織、ブランドや販売チャネルから、予算システムや人事制度まで、既存事業部門から借用できる資産は豊富にある。しかし、借用は忘却の足枷にもなるため、その範囲を十分に絞り込み、新規事業に決定的な競争優位をもたらす１つから２つの資産に限定すべきだとされる。特に開発や製造、販売といった付加価値活動のプロセス（バリューチェーンの主活動）よりも、市場調査の方法、財務予測への反映、予算の決め方など、投資判断にかかわる側面支援活動のプロセ

スのほうが、新領域では障害になりやすいため、これらの借用は極力避けるべきである。
　また、既存事業部門は、「新規事業が自分たちのビジネスとカニバリゼーションを生む」とか、「マスコミや経営陣が新規事業ばかりに注目し、自分たちが大事にされていない」「自分たちが築き上げた経営資源が、新規事業によって浪費・棄損される」といった警戒心を持つことがあり、新規事業チームとの間に軋轢が生じやすい。こうした軋轢も借用を阻害するため、両者が円滑な協力関係を構築できるようマネジメントすることが経営者の役割でもある。

◉── シリアルな事業創造

　楽天がショッピングモールの事業からスタートして、宿泊予約や証券、カードと次々と新事業にチャレンジして業容を拡大していったように、事業創造を一度きりで終わらせずに、連続的（シリアル）な活動として定着させるための戦略マネジメントも、経営者は理解していなくてはならない。
　まず企業全体の戦略として、既存事業の維持のみならず、新領域に資源を配分し続ける意思決定が不可欠である。第5章の事業ポートフォリオでも解説したように、コア事業で稼いだキャッシュを将来の成長の柱へと意識的に投資していくことは、成長戦略の基本である。ただし、どの領域を有望と見なすかの判断は難しい。成長機会は次の3つの領域に見出される（**図表7-15**）。

- ・中核領域：既存の顧客向けに既存の製品を最適化
- ・隣接領域：既存の事業から「自社にとって新しい」事業への拡大
- ・転換領域：ブレークスルー製品を開発し、まだ存在しない市場を創出

　多くの企業は、すでに市場ニーズが顕在化していて、かつ自社の既存の強みを活用しやすい中核領域への投資に偏る傾向がある。すでに見てきたように、経営戦略の基本は「魅力的な市場」で、かつ「自社の優位性構築が可能」な領域への資源配分であるから、理にかなった判断ともいえよう。
　だが企業が長期にわたって成長を続けるには、中核領域のみならず、隣接領域や転換領域にも一定の投資が必要であることがわかっている。モニター・グループのバンシー・ナジーらの調査によれば、事業創造に投じる資源の70％を中核領域に、20％を隣接領域に、10％を転換領域に割り振る企業が、同業他社よりもPER（株価収益率）で1〜2割ほど高いパフォーマンスを実現していた（本比率はあくまで平均値であり、最適な配分比率は業種や企業の成長段階によっても異なるので注意したい）。

図表7-15 イノベーションの3タイプ

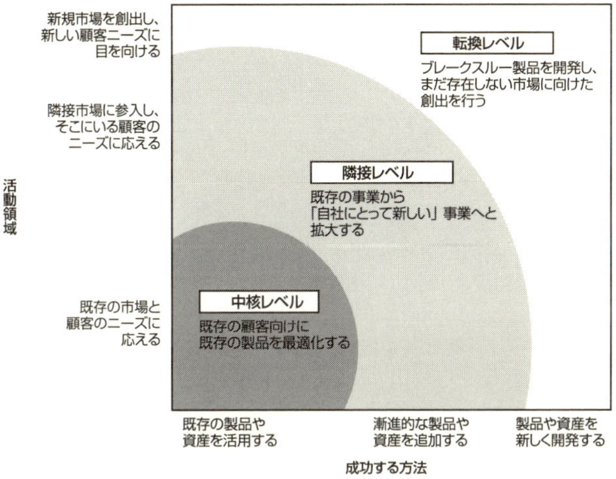

活動領域（縦軸）
- 新規市場を創出し、新しい顧客ニーズに目を向ける
- 隣接市場に参入し、そこにいる顧客のニーズに応える
- 既存の市場と顧客のニーズに応える

成功する方法（横軸）
- 既存の製品や資産を活用する
- 漸進的な製品や資産を追加する
- 製品や資産を新しく開発する

- **中核レベル**：既存の顧客向けに既存の製品を最適化する
- **隣接レベル**：既存の事業から「自社にとって新しい」事業へと拡大する
- **転換レベル**：ブレークスルー製品を開発し、まだ存在しない市場に向けた創出を行う

出所：バンシー・ナジー他「イノベーション戦略の70：20：10の法則」DIAMONDハーバード・ビジネス・レビュー2012年8月号

したがって、一見すると不確実性が大きく、自社の優位性構築が難しい領域に対しても、一定割合の投資を続けられる仕組みを持つことは企業にとって有効である。たとえばP&Gでは既存事業部門から切り離したかたちでCIF（Corporate Innovation Fund）というファンドを社内に設置し、ハイリスク・ハイリターンのプロジェクトに資金提供する仕組みを早くから立ち上げている。

また、事業創造を連続的に行うには、個々の事業戦略の内容以上に、戦略策定プロセスを工夫することが望ましい。破壊的イノベーションを唱えたクリステンセンは、企業の中には2つの異なる戦略策定プロセスが存在するという。1つは意図的プロセスで、市場規模や顧客ニーズ、競合の特徴に関して徹底したデータ分析を行い、策定した戦略をトップダウンで実行に移すタイプである。もう1つが第3章で解説した創発的プロセスで、計画段階では予見できなかった問題や機会に、現場のマネジャーが自発的に対処することで形成される。

図表7-16のように、意図的プロセスでは将来予測の確度が高いことを前提に、仮説立案⇒戦略および財務予測の策定⇒投資意思決定⇒戦略の実行というステップ（意図的計画法）を踏む。一方、創発的プロセスでは発見志向計画法と呼ばれる手順が用いられる。ここでは2カ所で手順が入れ替わっている点に着目したい。まず先に期待される財務目標を打ち出し、次に、その目標を実現するために成り立つ必要がある仮説を列挙する。これによって、財務予測を見栄え良くするために、事業に関する仮説（例：予想

図表 7-16 意図的計画法と発見志向計画法

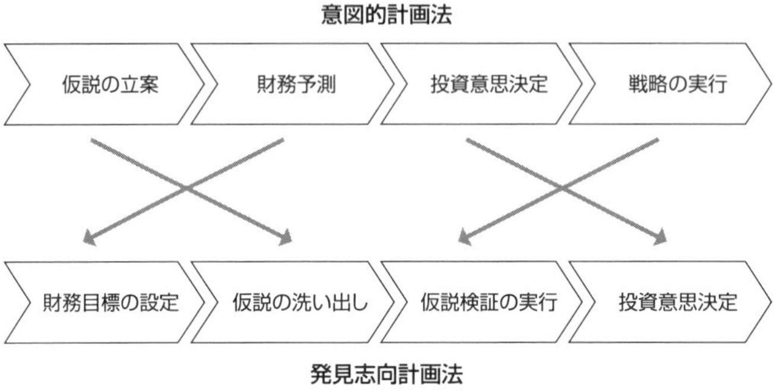

意図的計画法

仮説の立案 → 財務予測 → 投資意思決定 → 戦略の実行

財務目標の設定 → 仮説の洗い出し → 仮説検証の実行 → 投資意思決定

発見志向計画法

出所：クレイトン・クリステンセン他『イノベーションへの解』翔泳社　2003年をもとにグロービス作成

市場規模など）を捻じ曲げてしまうような愚を防ぐことができる。また投資意思決定の前に、仮説が本当に成り立つかの検証作業を実行し、その結果を踏まえて投資意思決定を下す。これによって、多額の投資を決めてしまう前に戦略の手直しができるし、そもそも財務目標に現実味がないことが判明すれば、成長戦略の軌道修正を行える。

　経営者が認識すべきは、企業はどちらか一方のプロセスを採用すればよいわけではない、ということだ。市場の不確実性が高かったり、自社が知見を十分に持たなかったりする事業領域の初期段階では、何が正しい戦略かはっきりしないので、創発的プロセス主導で戦略を策定するのが望ましい。正しい戦略が判明しないうちに、未熟な意図的プロセスを強引に実行すれば、巨額の資金を無駄にしかねない。しかし、戦略の有効性が判明した後は、意図的プロセス主導に切り替えて資源配分を当該分野に集中させ、一気にシェア獲得を図るべきである。そして一定の成功を収めた後、破壊的イノベーションのような次の成長機会を捉えるためには、再び創発的プロセスを用いる必要がある。

　このように、事業創造に必要な2つの異なるアプローチを社内に併存させ、状況に応じて使い分けるマネジメントは、**両利き**（Ambidexterity：二刀流とか双面型といった訳語も使われている）と呼ばれるコンセプトにも通じる。これはスタンフォード大のジェームズ・マーチが提唱したもので、企業がイノベーションを継続的に成功させるには、**知の深化**と**知の探索**という2種類の活動のバランスが重要との指摘である。

　知の深化（Exploitation）とは、すでに獲得した知識や技術、ノウハウをさらに深掘りして活用していくことを意味し、既存事業の改善活動は深化に含まれる。もう一方の知の探索（Exploration）とは、既存の範囲を越えて知識や技術を探求し、新たな成長

機会を見つけ出そうとすることを意味する。

　宅急便を始めたヤマト運輸の小倉昌男は、未開拓の新サービスを構想していたとき、牛丼の吉野家が「牛丼以外のメニューを一切やめる」という新聞記事を目にした。そして、ほかのメニューを食べたい顧客を遠ざけてでも1つのメニューに絞ったことで成長を実現した同社を参考にして、自社のトラック運送サービスを個人向け小荷物の宅配に絞り込むアイデアを得たというのだ。このエピソードなどは、まさに業界の外で知の探索を図った好例である。

　既存事業のマネジメントと事業創造のそれとは、プロセスや評価基準など多くの点で相いれないため、両者の間で軋轢が生じやすいのは想像に難くないだろう。ハーバード大のマイケル・タッシュマンらによれば、両利きのマネジメントを実践している企業は、「深化（既存事業）と探索（新規事業）とを分けることで、それぞれが異なったビジネスプロセスと企業文化を持てるようにすること」と、「同時に事業部門を横断する経営幹部の強いつながりを堅持すること」を意図しているとした。ここでの重要な示唆は、軋轢を回避しようとして企業全体を深化もしくは探索に偏らせることは、企業の持続的成長を阻害するという点である。目先の業績向上に熱心になるあまり活動が深化に偏るのは避けるべきであるし、組織の一体感を重視するあまり、「社員全員が創発型の人材になろう」「全社を挙げて事業創造に取り組もう」といったスローガンを掲げても結果にはつながらない。価値基準やプロセスが異なる組織間の緊張を認め、経営トップが包括的なアイデンティティを掲げて調整にまい進する姿が理想といえよう。

6●イノベーションのオープン化

　企業が何か新しいものを生み出す（イノベーション）ときに、自前での資源調達だけでなく、必要な協力を外部に求めるケースも多い。企業が直面する不確実性や環境変化に対処するには、自前の経営資源だけに頼った経営では限界があるからだ。本項では、イノベーションの新しいスタイルとして近年よく耳にするようになった**オープン・イノベーション**と、**共創**（コ・クリエーション）について概観したい。

●───オープン・イノベーション

　オープン・イノベーションとは、ハーバード大にいたヘンリー・チェスブロウが提唱した概念であり、「企業の内部と外部のアイデアを有機的に結合させて価値を創造すること」と定義される。

　オープン・イノベーションには2つのタイプがある。1つは技術やアイデア獲得の

「入口」での取り組みである（「インバウンド型」「アウトサイド・イン」「技術探索型」などと呼ばれる）。企業が研究開発に取り組む際に、必要な技術やアイデアを社外を含めて広く探索・導入し、活用するアプローチであり、産学官連携プロジェクトや、サプライヤーなど他企業との共同開発がこれに該当する。外部のアイデア・技術を活用することで、製品開発や上市に要する時間・コストの削減や、自社のみでは困難なイノベーティブな技術や製品の開発につながる効果が期待できる。

　もう1つはイノベーションの「出口」での取り組みであり、技術や製品を市場に出すにあたって社外リソースを活用するアプローチである（「アウトバウンド型」「インサイド・アウト」「技術提供型」などと呼ばれる）。たとえば、自社の事業ドメインやターゲット市場と適合しなかったり、自社の経営資源のみでは市場に出すことが困難な研究開発成果（知的財産権を含む）について、他社へ売却したり、ライセンス供与するといった取り組みが挙げられる。こうして自社が有する未利用資源を積極的に外部に切り出すことで、収益化の可能性が広がる。

　オープン・イノベーションを先駆的に取り入れた企業としては、研究開発に外部リソースを活用するC&D（Connect and Develop）戦略を1999年に掲げたP&Gが有名だ。2006年の発表によれば、C&D戦略の導入以降、社外技術を利用した新製品の割合は2000年の15％から35％超にまで増え、研究開発の効率性も60％近く上昇したという。同社はまた、アイデアの社外への売り込みにも力を入れており、自社で開発したアイデアで商品化されなかったものは、3年後には他社が利用できるようにしている。

　現在では日常的に見られるようになったオープン・イノベーションだが、かつては企業が自社の経営資源で技術を独自開発し、その技術を活用して商品化や販路開拓まで行う**クローズド・イノベーション**が当たり前だった。いわば研究開発からマーケティングまでの垂直統合モデルであり、大企業は大規模な研究所（AT&Tのベル研究所やゼロックスのPARC：Palo Alto Research Centerなど）を自前で構え、巨額の研究開発費を投じて新技術・新製品を開発し、業界をリードしてきた。

　ところが20世紀終盤から自前主義のクローズド・イノベーションの限界が指摘されるようになった。各業界内の競争度合いが新興国企業や異業種からの参入企業が加わったことで一段と激化したのに加え、研究開発課題の難易度も上がってきているからだ。自動車業界で言えば、かつては限られた数の先進国メーカーでガソリン車の開発競争をしていたのが、パワートレイン（駆動装置）が多様化したことで、ハイブリッド車や電気自動車、燃料電池車（FCV）などの開発にまで手を広げる必要性が出てきている。さらに今後はIoT（モノのインターネット）の普及・発展に伴って、自動車の知能化（自動運転）やネットワーク化などが進んでいく。このような開発競争で勝ち抜くには、自前

のリソースに限定していてはとても戦えない。そこで、積極的に外部の技術を活用しようとする機運が高まっているのだ。

それに合わせて、さまざまな面でオープン・イノベーションを後押しする環境も整ってきている。経済発展に伴って新興国の大学で研究が行われるようになったり、ベンチャー投資の増大でスタートアップにおいても革新的な技術が生まれる機会が増えたりした。しかも、こうした世界各地で進む技術開発の成果を、インターネットによってすぐに知ることができ、物理的な距離に関係なく協働できるようになった。優秀な研究者が大企業の研究所から先進的な大学やベンチャーに移ったことや、彼らと大企業とをつなぐ仲介会社が生まれてきたこと、多くの製品設計がモジュール化して水平分業がしやすくなったことなども、オープン・イノベーションの普及を促進している。

今後も増え続けるであろうオープン・イノベーションの機会を見つけ、積極的に活用していくために、企業の研究開発組織に求められる能力も変化しつつある。すなわち、外部の技術情報の収集能力や、その収益化ポテンシャルを評価する力、優れた外部ネットワークを構築・維持する力などが重視されているのだ。

とは言え、企業内でクローズドに行う研究開発活動も、持続的競争優位を確立するうえで引き続き重要であることには間違いない。したがって研究開発領域のうち、どこをどのタイミングでオープンにすべきなのか、クローズドにするコア領域の技術をどうやって守るかなど、オープン、クローズドの双方をにらんだ研究開発戦略が求められる。

もう1つ肝に銘じておきたいのは、オープン・イノベーション自体は戦略を実行する手段であって、単独で企業業績の向上につながるものではない、ということである。オープン・イノベーションの導入によって研究開発に要する時間・費用が削減できたり、新結合を生み出す選択肢が増えたりすることは間違いないが、それによって「市場が何を求めているか」「どうやって競合に対して優位に立つか」の答えがおのずと出てくるわけではない。本書で論じてきた経営戦略の骨格を固めたうえで、その実現可能性を広げる方法としてオープン・イノベーションを活用したい。

◉── 共創（コ・クリエーション）モデル

チェスブロウが提唱したオープン・イノベーションの概念は、「誰が外部のパートナーなのか」について特に限定してはいなかったが、その後のオープン・イノベーションに関する研究では、主として研究機関や企業との協働に重きが置かれた。すなわち、イノベーションが大学や企業の研究室で生まれ、市場に投入された後に顧客に普及していく、というプロセスが前提である。

こうした「製品開発に取り組む企業を起点としたイノベーション」という考え方に対

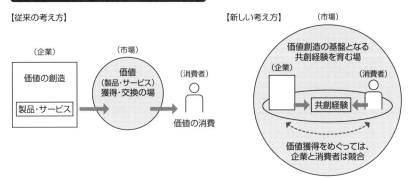

図表7-17 価値共創における市場概念

出所：C.K.プラハラード他『コ・イノベーション経営』東洋経済新報社 2013年をもとにグロービス作成

し、顧客（製品を使うことで便益を得る個人や企業）にイノベーションにおける重要な役割を託すアプローチが頻繁に見られるようになった。たとえば2000年にエレファントデザインが開設した商品開発のためのコミュニティサイト「空想生活」は、消費者が投稿したアイデアの商品化を消費者自身の投票数によって決める仕組みの先駆けとして知られる（現在はCUUSOO SYSTEMが運営している）。最近は大企業も新商品開発や改善、活用法の共有において積極的に消費者を巻き込んでおり、2008年にスターバックスが開設した"My Starbucks Idea"には、世界中のスターバックスのファンから日々多数のアイデアが投稿されているし、トヨタも"86 SOCIETY"という自社スポーツカーのコミュニティを運営している。

顧客がイノベーションにおいて果たす役割に着目した論者の1人が、コア・コンピタンス経営（第2章）やBOP戦略（第8章）でも知られるC K.プラハラードであり、**価値共創**（Co-Creation of Value）というコンセプトを主張している。プラハラードが唱える価値共創のポイントの1つは、消費者の役割の変化である（注：本来「顧客との共創」の対象には法人顧客も含むが、プラハラードは「顧客＝個人消費者」を前提にしている）。価値は企業によって創造され、市場取引を通じて消費者と交換され、個人が価値を消費するのが、従来の役割分担であった。これに対して価値共創モデルでは、価値の定義や創造に消費者がかかわり、価値は企業と消費者との共創によって生まれると考える。

もう1つのポイントは「経験」の重視である。従来の考え方では、「価値は製品やサービスに宿るもの」とされていたが、「消費者の多種多様な共創経験が価値の土台となる」というのが共創の考え方である（**図表7-17**）。

第7章 事業創造の戦略

図表7-18 リードユーザー・プロセスの4段階

第1段階　ステークホルダーを巻き込む
・ターゲット市場や社内外のステークホルダーが、どんなタイプ・どのレベルまでのイノベーションを望んでいるかを見極める

第2段階　トレンドを見極める
・今回の製品開発には、どんな領域が関連するのか。その領域ではどんなトレンドが起きているのか。専門家の力を借りながら見極める

第3段階　リードユーザーを特定する
・ターゲット市場とその関連市場のリードユーザーを探し出し、学習させてもらう
・学習で得られた情報から、試作品のアイデアを固め、そのコンセプトに事業性があるのか、自社の利害と一致するのかを評価する

第4段階　ブレークスルーを生み出す
・初期コンセプトをもとに、ワークショップを通じた議論で最終コンセプトを設計する
・ワークショップは2～3日程度。開発担当者、専門知識を持ったリードユーザーに加えて、社内のマーケティング部門と技術部門から選抜されたメンバーで行う

出所：E. ヒッペル他「3Mが実践する：ブレークスルーを生み出すリード・ユーザー・プロセス」DIAMONDハーバード・ビジネス・レビュー 2000年2-3月号をもとにグロービス作成

　価値共創の考え方は、マサチューセッツ工科大（MIT）のエリック・ヒッペルが長年唱えてきた、イノベーションの民主化と呼ばれる概念とも通じる。これは「製品やサービスの作り手であるメーカーではなく、使い手であるユーザーのイノベーションを起こす能力と環境が向上している状態」を指し、「イノベーションにおいてユーザーは受け身である」という伝統的な考えとは一線を画している。実は、ヒッペルは1970年代から「ユーザーがイノベーションの起点となる」という主張をしていたが、さほど注目されなかった。その背景には、ユーザー起点のイノベーションが、単に「顧客の声に耳を傾ける」という伝統的なマーケティング手法と同一視されたこと、そのために「消費者に尋ねても革新的なアイデアは出てこない」と感じている製品開発担当者に真剣に受け止められなかったことがある。
　これに対し、ヒッペルは**リードユーザー・プロセス**という手法によって、ユーザー起点で製品開発にブレークスルーを起こせると主張する。この手法では、製品開発チームは市場のトレンドや平均的ユーザーよりも先行した課題に直面しているリードユーザーを探し当て、彼らからニーズと解決策に関する情報を収集することで、革新的な製品アイデアにつなげていく（**図表7-18**）。このリードユーザー・プロセスは次の2点で、伝統的な顧客ニーズの調査とは異なっている。

● 伝統的手法では、ターゲットとなる代表的回答者から情報収集するのに対し、リードユーザー・プロセスではターゲット市場の外で、先端的な問題（一定数のユーザー

が後に解決したいと思うようになる問題）に直面しているユーザーから情報を集める。
- 伝統的手法がニーズ情報のみを収集するのに対して、リードユーザー・プロセスではニーズと（技術的な）解決策の両方を情報収集する。

　たとえば3Mの医療用画像解析の製品開発チームは、初期段階の腫瘍を検知する能力を向上させるため、画像解析分野で先端を走る人々（放射線科医や半導体の研究者など）をリードユーザーと見立てて関係を構築した。そして最終的には軍事偵察用のパターン解析に取り組む専門家との討論から、画像の解像度を上げるのではなく、パターン認識を応用することで課題解決の突破口を見出したという。
　このようにリードユーザー・プロセスは狭く深い探索方法だが、実際の共創モデルの例では、"My Starbucks Idea"のように不特定多数のユーザーが参加する開放的なコミュニティを見かける。ただし、一部に成果を上げている例はあるものの、特定のユーザーに「ハイジャック」されてしまったり、革新的な製品開発につながる意見がいっこうに見つからなかったりするなど、コミュニティ運営に苦戦している例が多いのが現実である。それでもICTの発達やソーシャルメディアの浸透によって、今後も開放的なコミュニティを中心に、共創モデルの事例は増え続けるだろう。どんな条件の下で共創モデルが成功しうるのか、新たな戦略コンセプトの登場が待たれる分野の1つでもある。

7 ● アライアンス（戦略的提携）とM&A

　ここまでは「新事業の創造」と言うとき、世の中から見てほぼ新しいビジネスを創り出すことを想定して解説してきた。しかし、企業が新規事業を始めるときは、必ずしもそうしたケースばかりではない。ビジネス自体はすでに世の中に存在していても、その企業にとってはいまだ経験したことのない事業に取り組もうというのであれば、新事業創造に通じるところはある。実際、自社という「組織の枠」を越えてリソースを確保する**アライアンス**や**M＆A**は、今日では事業拡大に際しての定番の経営手法になっている。そこで、水平展開や垂直統合など、必ずしも事業創造とは言えない部分も含むものの、これらについて解説していくこととする。

◉──── アライアンス（戦略的提携）

　アライアンスとは、2つ以上の企業が互いの独立性を維持しつつ、事業運営に関して協力体制を構築することである。企業提携のうち、後述するM&Aを除く範囲のものを指し、資本に基づいた企業間のつながりの強さに従って、❶ジョイント・ベンチャー、

❷資本提携、❸業務提携の３つに分類できる。

❶ジョイント・ベンチャー
複数の企業が互いに出資し、法的に独立した企業を新たに立ち上げて事業を行うことである。その企業から得られる利益を出資する企業間でシェアする。

❷資本提携
増資の引き受けなどにより、提携先の一定の株式を持つことで、より強い関係を作ることができる。自動車業界における日産自動車と仏ルノーのアライアンス体制も資本提携の一例といえる。

❸業務提携
複数の企業が、出資を伴わずに、製品・サービスの開発、製造、販売といった活動を共同で行うもの。その共同作業は契約によって規定され、たとえばOEM契約（納入先商標による製品の受託製造）、ライセンス契約（特許技術や意匠、商標等の知的財産の実施、使用、利用を許諾）などがある。

企業がアライアンスを推進する経営戦略上の意義・効用は何であろうか。リソース・ベースト・ビューで知られるバーニーは、「一般に、潜在的パートナー企業の経営資源や保有資産を統合した場合に得られる価値が、各社別個に事業運営する場合の合計値よりも大きいとき、企業は戦略的提携を通じて協力するインセンティブを持つ」と述べている。

新たな経済価値が創出される条件、すなわち企業がアライアンスを推進する動機としては、規模や範囲の経済性の追求、提携先企業からの学習、リスクの分散、市場支配力の強化などがよく挙げられる。これらの動機は相互に排他的なものではなく、企業はその戦略目的に応じて、複数の動機を同時に追求することが多い。

一方で、アライアンスで実際に果実を手にするのは極めて難しい、ともいわれる。１つには、M&Aなどに比べると関係が緩いままのアライアンスでは、提携相手を裏切るインセンティブが常に存在する。たとえば、提携に持ち寄る自社のスキルや能力の価値を偽って提示したり（**逆選択**）、提携前に同意した内容よりも低いスキルや能力を提供したり（**モラルハザード**）、一方の企業が提携実行のために他に転用できない特殊な投資を行った場合に、提携相手から不当な要求がなされても断れなくなったり（ホールドアップ）する。こうした問題の発生を未然に防ぐには、裏切りが生じた場合の法的責任を

定めた契約を事前に締結しておくことや、株式の持ち合いやジョイント・ベンチャーの組成によって利害を一致させておくことなどが有効である。

　また、一時的にはうまくいったとしても、時間の経過とともに両者のニーズや期待が一致しなくなってくるケースも多い。したがってアライアンス形成時には、参加企業同士が互いの長期的な事業戦略や、従業員のモチベーションを理解しておくことが欠かせない。そしてアライアンスでは、なるべく早期に提携の果実を獲得できるよう努力すべきである。たとえばトヨタは北米でGMとNUMMIというジョイント・ベンチャーを組んだが、この合弁でトヨタは北米での自動車製造のノウハウをいち早く学習し、ケンタッキー州やカナダのオンタリオ州での自社工場展開につなげた。一方のGMはリーン生産方式のようなトヨタのノウハウを吸収できずに終わったとされる。アライアンスでは提携相手よりも先に重要な経営資源を入手したほうが、「勝者」だともいえる。

●── M&A（企業合併・買収）

　M&Aとは、Merger（合併：複数の企業が法的に1つの企業になること）またはAcquisition（買収：企業が別の企業の事業を、金銭を支払って買い受けること。一般的には買収先の株式取得に加えて、事業譲渡も含まれる）により、経営資源を内部に取り込むことをいう。アライアンスとの大きな違いは、株主資本の統合であるため、経営権の移転や経営への参画が伴うことである。

　戦略面で見たM&Aのパターンについては、アメリカのFTC（Federal Trade Commission：連邦取引委員会）によるカテゴリー分類（**図表7-19**）が知られている。

　実際のM&Aは、同時に複数の分類に該当することも多い。たとえば日本たばこ産業（JT）は、1992年のイギリス、マンチェスター・タバコ買収でヨーロッパ進出への足がかりをつくり、その後99年にRJRインターナショナル、2007年にギャラハーを買収するなど、M&Aを駆使して世界のたばこ業界でのプレゼンスを高めてきたが、これらは水平型および市場拡張型、製品拡張型のM&Aに該当する。

　アライアンスと同様、M&Aによって新たな経済価値が生じることが、企業がM&Aに踏み切る動機となる。追求する動機の具体的な内容についても、アライアンスと重なる部分が多い。たとえば、規模や範囲の経済性の追求、市場支配力の強化、技術やノウハウの学習などはM&Aでも当てはまる。加えてM&A固有の価値として、「財務的機会の実現」や「被買収企業の非効率な経営者を排除できる可能性」などが挙げられる。「財務的機会の実現」には、資金調達コストの低減（財務内容の良い会社同士が経営統合した結果、銀行からの借入余力が大きくなったり、株式市場からの資金調達コストが下がったりすること）や、新たな節税策の活用などが含まれる。

図表 7-19 FTCによるM&Aのカテゴリー分類

① 垂直統合型	自社にとって重要な原材料等の供給者、あるいは顧客や流通チャネルを買収するもの
② 水平型	同一業界における競合企業を買収するもの。業界内における反競争的意味合いが強いため、FTC（日本においては公正取引委員会）が最も注視している
③ 製品拡張型	M&Aによって既存製品を補完する製品ラインを獲得するもの
④ 市場拡張型	M&Aによって新たな市場（主に海外市場へのアクセス）を獲得するもの
⑤ コングロマリット型	買収企業と被買収企業との間に戦略的関係性がないもの

出所：ジェイ・B・バーニー『企業戦略論（下）』ダイヤモンド社　2003年をもとにグロービス作成

図表 7-20 M&Aの全体像

事前検討	ディール実行	統合（PMI）実行
● 全社および事業別戦略の明確化 ● 候補企業選定基準の設定 ● アドバイザーの選任 ● ロングリスト／ショートリストの作成と評価 ● 初期コンタクト	● 守秘義務契約の締結 ● 候補企業に関する予備的評価 ● 取引スキーム立案と条件提示 ● 基本合意書の締結 ● デューデリジェンス ● 調査結果に基づく企業価値評価、および最終条件の検討 ● 最終契約書の調印 ● クロージング	● 統合プランの策定 ● 領域別アクションプランおよびコミュニケーションプランの策定 ● PMI推進体制の構築 ● 経営システム統合の実行 ● 統合成果のモニタリング

　M&Aは非常にコストのかかる資源調達方法だといわれる。**図7-20**にあるように、①事前検討段階、②ディール実行段階、③統合実行（**PMI**：Post Merger Integration）段階のそれぞれにおいて高度なスキルが要求される。くわしい実務については専門書に譲るが、特に注意したいのは、ディール実行時にプロセスに夢中になって、「勝者の呪い」（買収先の企業価値を過度に高く評価してしまうこと）にかかってしまうことだ。こうした「高値づかみ」を防げるか否かは、事前の戦略検討と、事後の統合作業での巧拙が大きく影響する。

　そもそもM&Aによって成し遂げたい戦略上の目的、解決すべき経営課題は何か。どのような効果（シナジー）を期待してM&Aを行うのか。これらを事前に十分議論せずにディールのプロセスに入ってしまうと、どういう企業を買うべきかの判断基準があい

図表 7-21　アライアンスとM&Aの比較

	アライアンス	M&A
検討〜実行までの時間	時間はさほどかからない	時間がかかる
必要投資額	少ない	巨額になる場合がある
柔軟性（変更・解消の容易さ）	容易である	一度合併してしまうと後戻りが難しい
契約締結後のガバナンス	相手先企業のコントロールが効かせにくい	相手先企業のコントロールが効かせやすい

まいとなり、不適切な企業を、過大な金額で買収してしまう失敗リスクが高まる。

加えて、合意締結後のPMIが極めて難しい。統合の対象は、経営理念や戦略、人事や財務などの管理システム、情報システム、研究開発や営業といった各業務プロセス、組織構造、さらには企業風土にまで広範囲に及ぶ。さらに交渉時までと違って、関係者が一気に増えることもPMIのコントロールを難しくする。こうした課題を克服してPMIを進めるには、緻密な統合プランの準備とともに、統合プロセスのマネジメントに関して一定の経験を積むことが有効だとされる。

最後に、アライアンスとM&Aの一般的な相違点をまとめておこう（**図表7-21**）。ポイントとしては、M&Aには時間も金もかかるし、アライアンスより柔軟性にも欠ける。しかし、結果的に「血を混ぜ合わせる」関係となるため、契約締結後のガバナンスが効かせやすい利点はある。戦略オプションとしてアライアンスまたはM&Aのいずれを用いるべきか、それぞれの特徴を理解したうえで意思決定する必要がある。

なお近年では、**コーポレート・ベンチャーキャピタル**と呼ばれる、大企業が小規模なスタートアップを含むベンチャー企業に投資する仕組みも広がりつつある。これは、単にベンチャー株式からの収益が目的ではなく、研究開発や営業面での業務提携をあらかじめ視野に入れて、発掘・育成というかたちで有望なベンチャー企業に関与しようというものだ。図表7-21に当てはめれば、比較的小規模な投資で、機動的な意思決定ができるアライアンスの特徴と、相手先企業の経営に相当程度関与できるというM&Aの特徴を併せ持つ仕組みといえるが、もちろんベンチャー投資であるから不確実性は決して小さくない。

第8章 ● グローバル経営の戦略

POINT

　今日の経営者にとって、好むと好まざるとにかかわらず、経営環境のグローバルな側面は戦略策定において意識せざるをえない要素の1つである。そもそも、企業が一定規模以上の成長を追求するのであれば、その経営には遅かれ早かれグローバル化へと舵を切るタイミングが訪れよう。あるいは、自社が国内市場に留まる選択をしたとしても、顧客にとって海外からの情報入手や製品購入のハードルが下がっている以上、グローバルな競争からは逃れられない。では「グローバルな経営」とは、いったい何を指すのか。それまでのローカルな環境下での戦略とは何が違い、どこをどう変えていく必要があるのか。伝統的なグローバル戦略の考え方に加えて、新興国の台頭という新たな潮流を踏まえた戦略のポイントを押さえておきたい。

CASE

【楽天のグローバル展開】

　第7章のケースで見たように、楽天のマーケットプレイス事業は日本で成功を収めた。しかし、海外で事業展開するとなれば、国によって異なる消費者の嗜好・物流・法制度など、さまざまな課題への対応が求められる。

　楽天は、2008年に進出した台湾、12年のマレーシア、14年のシンガポールへは単独でEC事業に参入し、09年のタイ、10年のアメリカ、フランス、11年のブラジル、ドイツ、イギリスへは現地企業の買収を通じて参入した。そして10年の中国では百度（バイドゥ）と、11年のインドネシアでは地元財閥MNCとそれぞれジョイント・ベンチャーを組んだように、各国の事情に合わせたさまざまな形態で市場進出している。

　物流面においては、インドネシアのように交通渋滞が慢性化した国では、サービス開始当初より自転車とバイクによる自前の宅配サービス網を築き、シンガポールのような輸入大国では、シンガポールポスト、ヤマト運輸と組んで空輸と陸送を行うなど、ビジネスモデルの現地適応を図った。一方、各国消費者の利便性、あるいは海外で販売したい出店者の双方のニーズに応えるため、全世界5億アイテムへの商品IDの付与を順次

図表 8-1　楽天の海外EC事業参入・撤退の動きと進出形態

	海外EC事業参入・撤退の動き	進出形態
2008年5月	台湾でEC事業参入	単独
2009年9月	タイでEC事業参入・タラッドドットコム（タイ）を買収	買収
2010年1月	百度（バイドゥ）（中）と組み、中国でEC事業参入	JV
7月	アメリカでEC事業参入・バイドットコム（米）買収	買収
同	フランスでEC事業参入・プライスミニスター（仏）買収	買収
2011年6月	インドネシアでEC事業参入	JV
同	ブラジルでEC事業参入・イケダ（ブラジル）買収	買収
7月	ドイツでEC事業参入・トラドリア（独）買収	買収
10月	イギリスでEC事業参入・プレイホールディングス（英）買収	買収
2012年5月	中国EC事業から撤退	-
10月	マレーシアでEC事業参入	単独
2014年1月	シンガポールでEC事業参入	単独
2015年1月	台湾で自社クレジットカードの発行開始	-
2016年2月	ブラジル、東南アジア3カ国のマーケットプレイスを閉鎖	-

出所：楽天ホームページ、週刊東洋経済2015.2.14号をもとにグロービス作成

図表 8-2　楽天の主な海外進出とM&Aの動き

	主なコンテンツ・BtoB企業買収の動き	業態
2005年 9月	リンクシェア（米）を買収	ネット広告
2012年12月	電子書籍事業に参入・コボ（カナダ）買収	電子書籍
6月	海外動画配信事業参入・ウアキTV（スペイン）買収	動画配信
11月	アルファダイレクトサービシズ（仏）買収	物流サービス
2013年 9月	ヴィキ（米）買収	動画配信
2014年 3月	無料通話/メッセージアプリ参入・バイバーメディア（キプロス）買収	無料通話・メッセージサービス
8月	スライス（米）買収	ECデータ解析
10月	イーベイツ（米）買収	EC集客支援サービス

出所：楽天ホームページをもとにグロービス作成

進めるなど、ECサイトの基盤統一にも取り組んでおり、地域の独自性と同時にグローバルで横串を通すことにも余念がない。

しかしながら、楽天が世界展開をねらった本丸のEC事業では、多くの国で思うようなシェア獲得に至らず、2015年時点においても不振が続く。16年の決算発表では、すでに撤退したブラジルでのマーケットプレイス事業に加え、東南アジアでのマーケットプレイスを閉鎖し、それぞれ、Saas（必要な部分を必要なだけサービスとして利用できるようにしたソフト）サービスの提供や、CtoCを支援するラクマ（フリーマーケットアプリ）などへの事業転換を発表している。唯一好調な台湾ですら、08年の進出から/年がかりで海外初の自社クレジットカード発行にこぎつけ、ようやく楽天経済圏の土俵に上ったところである（**図表8-1**）。

このように、一朝一夕にはいかない楽天経済圏の海外展開の打開策として、近年、楽天が積極的に行っているのが、デジタルコンテンツの買収である。つまり、すでに相手国市場に浸透していて、楽天経済圏への入り口となるキラーコンテンツの獲得に軸足を移しているのである。たとえば、キプロスに本社を置くベンチャー企業が開発した無料メッセージアプリViber（バイバー）を14年3月に買収し、全世界8億人、アクティブユーザー3億人を一気に獲得した。これによりスマートフォンにインストールしたバイバーを通して、さまざまな楽天のコンテンツへ誘導することが可能となった。また同年、会員制のキャッシュバックサイトを運営するアメリカのEBATES（イーベイツ）を買収したことで、モールの外で独自展開している有名ブランドのECサイト利用にも、キャッシュバックやポイント還元を提供できる体制が整った（**図表8-2**）。

2016年、楽天は「Vision2020」という中期戦略を発表した。そこでは「ニッチでユニークなサービス」「破壊的なビジネスモデル」「企業家精神」などが掲げられ、15年時点で事業損益180億円の赤字を計上した「その他インターネットサービス」を、20年には200億円の黒字にする方針が示された。

世界各地で2020年に向けて花開くキラーコンテンツは何か。楽天はいま、真のグローバル企業へと進化を遂げるべく、正念場を迎えている。

理論

グローバル化の進展に伴って、既存の経営戦略論もそれに合わせて改訂が加えられたり、新たな視点のフレームワークが生まれたりしている。本章では、ポーターがグローバル時代を踏まえて示した見解や、グローバル経営に関する代表的な経営学の諸説に加え、新興国の成長を反映して生み出されたいくつかの戦略コンセプトを紹介していく。

1● 企業のグローバル化

●───企業はなぜグローバル化するのか

　経営戦略の世界で「グローバル」が重要なテーマとして取り上げられるようになって久しい。背景にはもちろん、実際の企業活動が着実に**グローバル化**していることがある（グローバルの定義については後ほど触れるが、ここではひとまず「企業が自国以外の市場で事業活動を営むこと」とする）。

　企業がグローバル化を進める動機を大別すると、顧客の新規獲得と経営資源の獲得という2つの要因が考えられる。

●顧客の新規獲得

　顧客の新規獲得による売上増大は、企業のグローバル化の最もポピュラーな動機といえる。この場合、国外にも顧客ニーズが存在すること、顧客が購買能力を持つこと、妥当なコストで顧客にアクセス可能であることなどが前提となる。

　特徴的なのは、製品ライフサイクルの違いを活用する点である。製品ライフサイクルの発展段階は各国市場によって異なるため、製品の自国内におけるライフサイクルが成熟期あるいは衰退期に入ってしまったら、これから成長期を迎える途上国に展開していくことで、新たな成長機会を手に入れられる。

　またBtoB企業の場合、顧客企業のグローバル化がまず進み、その企業との関係維持のために海外展開を進める場合がある。日本においては、自動車やエレクトロニクス産業等のグローバル化に伴い、その要請に応える、あるいは追随するかたちでサプライヤーのグローバル化が進んだ。ただし、近年は現地のサプライヤーとの受注獲得競争が激化している。また、顧客企業の海外展開を待っていては十分な成長機会を得られないと考え、サプライヤーの中には独自に海外展開を進める積極的な企業もある。

●経営資源の獲得

　製造業の場合は、原材料や部品、労働力が国内では入手困難であったり、海外でより安価に調達できたりすると、グローバル化への強い動機が働く。日本の製造業は、国内に乏しい石油・ガス、鉄鉱石といったエネルギー・資源や、より安い汎用部品、労働力の調達のために、アジアを中心にグローバル化を進めてきた。

　あるいは国外での研究開発拠点の設立のように、海外の先進的なテクノロジーの獲得

が進出の目的になる場合もある。たとえば、ITやエレクトロニクス、自動車業界などでは、世界の最先端を走り続けるシリコンバレーでの研究開発拠点の設立が、近年相次いでいる。

　こうしたグローバル化への動機は今後も衰えることはなく、企業経営者の重大な関心事であり続けるだろう。しかし、グローバル化が単に「海外で事業を行うこと」であれば、本書でこれまで見てきた経営戦略のコンセプトで十分対応できるようにも思われる。経営戦略の中で、あえて「グローバル戦略」を独立した分野として取り上げるのはなぜなのか。この問いに答えるには、フラット化の真実とグローバル化と多国籍化の違いの2点について理解する必要がある。

● 世界はフラット化したのか

　2005年、アメリカのジャーナリストであるトーマス・フリードマンの著書 *The World is Flat*（邦題『フラット化する世界』）が世界的なベストセラーとなった。フリードマンは、2000年以降、世界はますます国・地域間での経済の垣根が低くなって、ヒト・モノ・カネの移動が容易になるなど、**フラット化**していると主張している。同書がベストセラーになった背景として、東西冷戦の終結による自由経済圏の広がり、インターネットに代表される情報通信技術の飛躍的な発展、交通手段の発達による国家間の移動の容易化、企業のグローバル市場への投資・展開の加速化といった諸事象により、「世界は狭くなっている」「国境の壁は低くなっている」「投資に国境はない」といった感覚が社会・人々の中に強まっていたことが挙げられる。

　だが、この風潮を感覚的なものにすぎないと批判し、「グローバルとは何か」について考え直すきっかけを与えたのが、ハーバード大（当時）のパンカジ・ゲマワットである。ゲマワットは「世界はフラット化していない」ことをさまざまなデータを用いて示した。たとえば、世界中で投資されている資本のうち、企業が自国以外で行っている投資は2003年から05年において、いずれも10％未満であると分析した。この現実は、「投資に国境はない」という感覚は思い込みにすぎず、国と国との間には無視できない「差異」（隔たり）が依然として存在し、世界は完全なグローバル化（経済の一体化）とは程遠い状態にあることを示している。ゲマワットはこの状態を**セミ・グローバリゼーション**と呼び、今後数十年はこの状態が続いていくとした。

　セミ・グローバリゼーションが我々に教えるのは、国境を越えてビジネスを行うときは、単一の市場での事業を想定している通常の戦略立案とは異なり、国ごとの差異を前提に考える必要がある、ということだ。これが、通常の経営戦略からあえてグローバル

戦略をくくり出して論じるべき1つの理由である。

◉ ──「グローバル化」とは何か

ポーターは、企業が国際競争の中でとる戦略を、活動の配置（バリューチェーン内の各活動が世界のどの場所で行われ、その場所の数がどれくらいか）と、活動の調整（国別で行われる同種類の活動が互いにどれくらい調整されているか）によって、大きく4つのタイプに分類している（**図表8-3**）。

ポーターは国際競争に関して、「世界的規模の活動を統合すると何らかの競争優位が生まれる」業界こそが「グローバル」な業界だとした。つまり4タイプの国際戦略の中では、「集中配置か、活動の調整か、あるいはその双方によって、国際的な競争優位を確保しようとする」ことがグローバル戦略であり、図では①、②、④が該当する。言い換えると、③は各国での競争が互いに影響しないため、国ごとに最適化された戦略をとればよい状態であり、国境を越えた統合は必要ではない。ポーターは③に取り組む企業を多国籍企業と呼び、これを「グローバルとは言えない」としている。

多国籍化はグローバル経営の進化形として捉えられるかもしれないが、ポーターの定義に沿うならば、各国市場という閉じた環境内で個別の戦略を考えればよいため、通常の経営戦略の枠を越えるものではない。このように多国籍化とグローバル化は同じ国際戦略であるものの、一線を画すコンセプトなのである。我々が経営戦略の中でもあえてグローバル戦略をくくり出すべきもう1つの理由は、ポーターが指摘したように、国境を越えて行われている企業活動を統合して競争優位を確立する必要があるからだ。

昨今のグローバル経営では、事業の規模化とスピードの追求が最重要テーマになって

図表8-3　国際戦略のタイプ

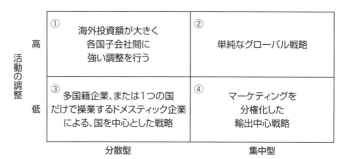

出所：マイケル・ポーター編『グローバル企業の競争戦略』ダイヤモンド社　1989年

いる。先進国のみならず、新興国市場での購買力が増大し、同じ製品・サービスで同時にねらえる市場が地理的に拡大したことが一因である。世界各地の拠点で販売するための製品生産を計画的に行う、世界的規模で購買や物流を効率化する、特定の市場での成功例を世界中の市場に横展開するなど、規模やスピードを実現するには「集中」や「調整」といった統合が欠かせない。

以上をまとめると、グローバル戦略とは、「国境をまたいで自社のバリューチェーンを配置した状態で」「国や地域による市場環境の違いに対応しながら」「各国間の企業活動の統合や調整を行うための戦略」と捉えられる。

グローバル経営あるいはグローバル戦略の定義は研究者や実務家の間でもさまざまであるものの、本書では上記の定義に沿って解説を進めたい。

2● グローバル化の意思決定

企業が海外進出するにあたっては、進出先市場の選択と、進出形態の選択の2つの重要な意思決定事項がある。以下、それぞれについて解説していく。

●――― 進出先市場の選択❶：カントリー・アナリシス

海外進出にあたっては、まず進出候補先の国の分析が必要になる。分析すべき項目は多岐にわたるため、何らかの枠組みを持って情報収集にあたるのが望ましい。ハーバード大のジェームス・オースティンが唱えた**カントリー・アナリシス・フレームワーク**では、国を「パフォーマンス」「戦略」「コンテキスト」という相互に関係する3つの観点から分析し、国の将来シナリオを予測する（**図表8-4**）。

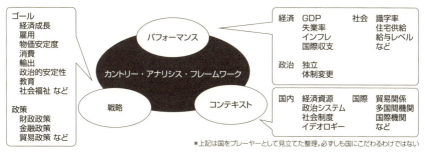

図表8-4　カントリー・アナリシス・フレームワーク

＊上記は国をプレーヤーとして見立てた整理。必ずしも国にこだわるわけではない

出所：グロービス経営大学院『グロービスMBAマネジメント・ブックⅡ』ダイヤモンド社　2015年

まず、パフォーマンスでは、国の経済（GDP、失業率、国際収支等）、政治（体制等）、社会（識字率や生活水準、給与レベル等）に関する現在までの推移を追い、国の概要をつかむ。
　そして戦略では、その国が目指してきたゴール（経済成長や雇用等）と、ゴールに至るための政策（財政や金融、貿易政策等）を分析し、各政策が先のパフォーマンスにどうつながったのかを把握する。
　最後に、なぜそのような戦略が選択されたのかをコンテキストとして分析する。コンテキストには国内要因（経済資源や政治システム、社会制度等）と国際要因（貿易関係や国際機関からの影響等）がある。
　各国の事業環境に関して上記のような観点で情報収集をした後、進出先としての適否を評価する。先に解説した２つの動機のうち、顧客の新規獲得がねらいであれば、主に需要側の要因（市場規模、成長率、取引先企業の進出実績など）が評価基準として重要になり、経営資源の獲得がねらいならば、主に供給側の要因（安くて優秀な労働力、技術水準の高さ）による評価が真っ先に求められる。
　また、進出の動機内容にかかわらず、次のような評価基準は常に考慮される。

・競争の激しさ
・政治的な安定性
・事業の立ち上げに必要なリソースの整備状況（部品や原材料の調達ルート、販売網、道路や水道などの社会インフラ等）
・規制や関税といった参入障壁の存在
・自国との隔たり（言語などの文化面、通貨などの経済面等）

　なお、以上はあくまで進出先市場の魅力度に関する評価基準である。実際の参入意思決定では市場の魅力度に加えて、「自社が優位性を構築できるか」という視点での評価を忘れてはいけない。グローバル化における優位性構築については、本章の第３項でくわしく触れる。

●───進出先市場の選択❷：CAGE

　進出先市場の選択基準の１つに「自国との隔たり」があると述べたが、この部分を広い視点から分析する枠組みに**CAGE**がある。CAGEは国家間の差異の度合いを文化的（Cultural）、制度的（Administrative）、地理的（Geographical）、そして経済的（Economical）の４つの側面から測定するフレームワークであり、ゲマワットによって提唱

図表8-5　国レベルでのCAGEの枠組み

Cultural 文化的な隔たり	Administrative 制度的な隔たり	Geographical 地理的な隔たり	Economical 経済的な隔たり
・言語の違い ・民族の差異と接点の薄さ ・宗教の差異 ・価値観、規範、気質の相違	・植民地関係の有無 ・地域貿易ブロック内かどうか ・共通通貨の有無 ・政治的対立の有無	・物理的な距離感 ・時差 ・気候や衛生状態の差異	・貧富、経済規模の差 ・天然資源、人的資源、インフラの質やそれらを得るための費用

出所：グロービス経営大学院『グロービスMBAマネジメント・ブックⅡ』ダイヤモンド社　2015年

された（**図表8-5**）。

　CAGEで示される国ごとの差異が、企業の戦略にどう影響するのか。ゲマワットはグーグルのロシアや中国での苦労を例に挙げる。グーグルの検索サービスは100以上の言語に対応しているにもかかわらず、共同創設者のセルゲイ・ブリンの祖国であるロシア（当時はソ連）でのリーチは2006年で28％にすぎなかった。さらに中国では、いったん進出したものの政府による情報検閲の壁に突き当たり、結局、撤退を余儀なくされている。この状況をCAGEの枠組みを用いて分析すると、次のような要因が見えてくる。

● **文化的な隔たり**

　ロシア語の名詞は、性が3種類、格が6種類ある。また動詞の活用形はパターンが複雑で、単語の意味は語尾や文脈で異なってくる。このようなロシア語の複雑さが原因の1つと考えられる。

● **制度的な隔たり**

　中国の政治体制や制度、アメリカ本国と中国の2国間の政治的関係性などが影響していると考えられる。

● **地理的な隔たり**

　ITベンダーのグーグルの製品・サービスは当然ながらデジタル化されるものの、アメリカ本国からはるか離れたロシアに適応させるためには、現地でのローカライズ作業が一定以上必要になる。グーグルは2003年に現地オフィス開設とエンジニア採用に取り組み、ようやくリーチが倍増した。

●経済的な隔たり

ロシアではクレジットカードやオンライン支払い等、インターネットサービスで不可欠な決済インフラが整っていない。現地の競合会社は従来の銀行支払いによる決済メカニズムを開発するなど状況に柔軟に対応しており、グーグルは不利な競争を強いられた。

このような国ごとの差異は、あらゆる業界に等しく影響を与えるものではなく、実際には業界・業種によって受ける影響は異なってくる。それぞれの隔たりの構成要素への感応度が特に高い業種をまとめたのが、**図表8−6**である。グローバル戦略の立案においてCAGEの枠組みを使えば、次のような局面で業種レベルでの分析が行える。

- 自社が属する業界にとって重要な影響を与える差異を明らかにする
- 現地の競合他社と比較して何がハンディキャップ（外来種であることの負荷）となるかを理解する
- 進出する市場ごとに、どの国籍の企業が勝ち組になりやすいか、多国籍企業同士での相対的位置を理解する
- 自社にとっての進出先市場（候補）の魅力度を比較検討する

このように国レベル、業種レベルでの差異を明らかにしたうえで、進出先の選択にあたってはグローバル化によってどんな価値創出が期待できるのかを包括的に検討していく。そのための分析ツールとして、ゲマワットは企業の価値創造を6つの要素に分解した**ADDING価値スコアカード**を提唱している。

A：販売数量／伸び率の向上（Adding Volume）

図表 8−6　隔たりに対する感応度の高い業種例

文化的な隔たり	制度的な隔たり	地理的な隔たり	経済的な隔たり
ソフトウエア／テレビ番組／食品／自動車／電気器具／ワイン	電力／医薬品／農場／公共交通／航空宇宙／通信／石油・鉱業／インフラ	セメント／ガラス／果物／サービス業	自動車／セメント／衣料／家電製品

出所：パンカジ・ゲマワット『コークの味は国ごとに違うべきか』文藝春秋　2009年をもとにグロービス作成

D：コストの削減（Decreasing Cost）
D：差別化（Differentiating）
I：業界の魅力と交渉力の向上（Improving Industry Attractiveness）
N：リスク平準化（Normalizing Risk）
G：知識その他の経営資源と能力の開発（Generating Knowledge）

この各項目に沿って、グローバル化がもたらす価値の増加・減少を定量的に捉えたうえで、他の選択肢との比較や競合他社との比較を踏まえて、投資判断を下すべきだといえる（なお、ADDING価値スコアカードは後述の「グローバル戦略のコンセプト」で紹介するAAA戦略の評価でも用いる。つまり、どこに、どのように進出すべきかを検討する際の指標となる）。

●── 進出形態の選択

企業が海外進出を意思決定する際には、進出先市場を選ぶと同時に、どういう形態で参入するかを決めなくてはならない。進出形態によって、❶輸出、❷海外生産、❸その他に分けて解説していく。

❶輸出

輸出は、製造面で規模の経済性を効かせたり、集中管理をしたりしやすいため、海外事業の初期段階で選択されやすい。輸出には貿易の実務を代行業者や商社に委託する間接輸出と、自社で手がける直接輸出とがある。間接輸出は直接輸出と比べて、次のようなメリット、デメリットがある。

メリットには、ノウハウや経験が少なくても事業を始められること、貿易取引に伴う諸リスク（カントリーリスク、信用リスク、為替変動リスクなど）を低減できることが挙げられる。デメリットには、自社製品の扱い方に関してコントロールが効きにくいこと、業者に支払う手数料が発生すること、ノウハウが自社に蓄積されないことなどがある。

❷海外生産

輸出では、貿易時の輸送コストが嵩んだり、関税を課せられたりするため、取扱量が増えてくると現地生産に移行する場合が多い。一口に現地生産と言っても、生産プロセスのどこまでを現地化するか（主要部品を自国から輸出して現地で組み立てる「ノックダウン方式」などもある）、あるいは生産を外部委託するか、内製するか、によっていくつかのタイプ分けが可能であり、タイプによってそれぞれメリット、デメリットがある。たと

えば外部委託による現地生産は、設備投資を抑えられる一方で、自社が習熟効果を享受できなかったり、技術・ノウハウの流出リスクが伴ったりするので注意が必要である。

❸その他

輸出や現地生産以外にも、主に非製造業が現地企業に無形資産を提供することで進出する形態がある。

自社が保有する特許や商標といった無形資産へのアクセスを第三者に与えるライセンシングでは、初期費用やリスクを抑えて海外に事業を広げながら、ロイヤリティなどの対価を得られる。その一方で、ライセンシー（ライセンシングを受ける現地企業）へのコントロールが及びにくい点や、ノウハウ流出によって現地の競合企業を育ててしまうおそれがあるなど、デメリットも想定される。

もう1つの形態として、フランチャイズ方式がある。海外現地企業を自社のフランチャイズの加盟者（フランチャイジー）とし、自社が有する商標・商号の使用を彼らに許可する代わりにロイヤリティを得るやり方である。一見ライセンシングと似ているが、フランチャイジーの事業運営について自社の標準的な方法を課すため、ライセンシングに比べると現地の事業をコントロールできる余地がある。その半面、フランチャイジーに対して研修や経営指導といった手厚い支援が必要となり、自社の負担は大きくなる。

◉ 所有形態の選択

現地に販売や生産の拠点を設けて事業を行う場合には、所有政策についても、次のような点で意思決定をしなければならない。

● グリーンフィールド vs. ブラウンフィールド

海外直接投資を行う際に自ら法人を設立し、設備や従業員といった経営資源の確保を一から行う方式をグリーンフィールドと呼び、現地企業を買収してその経営資源を活用する方式をブラウンフィールドと呼ぶ。ブラウンフィールド投資ならば、自前進出に比べて時間を買うことができ、かつ現地企業だけが持つ貴重なネットワーク（例：サプライヤーやチャネルとの関係）を入手できる可能性もある。その半面、ブラウンフィールド投資には、買収時の高値づかみや、買収後の文化統合の難しさなど、企業買収にまつわるさまざまなリスクが当然伴う。

● 独資 vs. 合弁

合弁には過半数所有からマイノリティ所有まで出資比率の幅があるものの、全般的に

独資（100％所有）に比べて、投資額やリスクを軽減したり、合弁相手の販売力やノウハウを活用できたりする点に魅力がある。一方で、経営方針をめぐって合弁相手と衝突するケースも多いので、注意が必要である。

所有政策は参入市場のライフサイクルのステージや、規制、競争環境などを加味して、柔軟に意思決定しなくてはならない。楽天も台湾やマレーシアには自力参入する一方、中国やインドネシアでは合弁、タイやアメリカ、英独仏といったヨーロッパ諸国には現地企業の買収というかたちで参入している。

3● グローバル戦略のコンセプト

進出先市場および進出形態の選択と並行して、グローバルなレベルで自社がどのような競争優位を構築できるかも考えていかねばならない。グローバル経営戦略のフレームワークは過去に多数発表されているが、ここでは競争優位構築に触れている代表的なコンセプトとして、ポーター、ゴシャール、ゲマワットという3人の考え方を紹介する。

● ポーターのグローバル競争戦略

ポーターは国際競争における戦略タイプを、**図表8-7**のような4象限で整理している。図の縦軸は、競争の範囲を多数の業界セグメントに広げるか、あるいは少数のセグメントに集中するかの選択である。

横軸は「配置」と「調整」に関する地理的範囲の選択である。配置とは、企業のバリューチェーンにおける個々の活動を、世界のどこに置くかの判断であり、調整とは、配置した各活動に対して1つのネットワークとして整合的に動くことを求めるか、あるいは各地域の状況に合わせた自治権を与えたままにするかの判断である。こうした配置と調整のうまみを各国にわたって求めるか、あるいは配置と調整を追求せずに個々の国中心に戦略を組み立てるかによって、図の左右に区分される。

図の左上に位置する**グローバル・コスト・リーダーシップ**または**グローバル差別化**は、第1章で紹介した3つの基本戦略のうち、コスト・リーダーシップ戦略と差別化戦略をグローバルなビジネスに応用したものである。前者は標準化された製品を売って、技術開発・調達・生産における規模の経済性を獲得するタイプで、トヨタやコマツが例として挙げられている。後者は規模と経験効果を利用してコストを下げつつ、グローバルな買い手に対してブランドや製品差別化を強調するタイプで、IBMやキャタピラーが例として挙げられている。

図表 8-7　グローバル業界の4つの戦略

	地理的範囲	
	グローバル戦略	国中心の戦略
多数セグメント	グローバル・コスト・リーダーシップ、またはグローバル差別化	市場防衛の国をねらう
少数セグメント	グローバル細分化	相手国優先

（セグメント範囲）

出所：マイケル・ポーター編著『グローバル企業の競争戦略』ダイヤモンド社　1989年

　図の左下に位置する**グローバル細分化**は、世界市場の中の特定セグメントに集中して製品を売るタイプである。グローバル戦略のメリットを享受しながら資源を無駄にしないので、まだ規模の大きくないグローバル企業や、ドメスティック戦略からグローバル戦略への移行をねらう企業に適している。

　右上の**市場防衛戦略**とは、現地政府が関税や輸入割当によって市場を保護している国をねらう戦略のことで、政府の妨害が行き渡ってしまう前に早めの直接投資を行うことが求められる。また右下の**相手国優先戦略**とは、業界全体はグローバルでも、その国の独自性の強い業界セグメントをねらう戦略である。

　ポーターは、地理的条件（＝配置）とグローバルネットワークのマネジメント（＝調整）とが、企業のグローバル戦略における競争優位をもたらすとしており、図の左側がより多くのグローバル企業にとって有効な戦略タイプになる。

　競争優位のカギとなる配置と調整の中でも、ポーターのグローバル戦略論を特徴付けているのが、競争がグローバル化しても、企業がどこに本拠地を置くかという地理的条件が、「相変わらず競争優位を左右する決定的な役割を果たしている」という主張だ。地理的条件に基づく競争優位とは、「企業が生産性の高い業務活動を実現し、より高いレベルを目指して競争手法を革新・向上させ、さらには生産性を改善できるという環境」を指し、世界を代表する自動車・オートバイのメーカーが日本に集中していること、インシュリンの輸出を支配していた2社がいずれもデンマークにあること（2社は合併してノボ＝ノルディスクとなっている）などを例に挙げている。

　優位性につながる地理的条件は、**図表8-8**のダイヤモンドに記されるように、①要

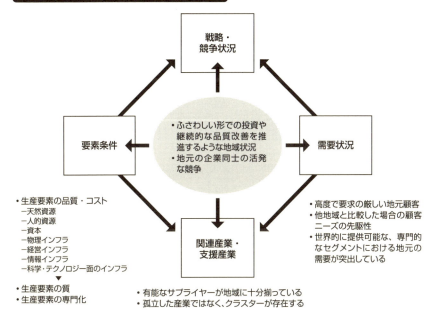

出所：マイケル.E.ポーター「「地域の優位性」の連鎖を活かすグローバル競争戦略」DIAMONDハーバード・ビジネス1999年3月号

素条件、②戦略・競争の状況、③需要状況、④関連産業・支援産業という4つの側面で考察できる。この地域に根差した優位性については、第9章で紹介するクラスターとエコシステムの議論で再び触れたい。

● ゴシャールのグローバル戦略フレームワーク

INSEAD（当時）のスマントラ・ゴシャールは、グローバルに事業展開する大企業にとって、通常以上に複雑性の高いグローバルな経営環境では、ポーターが論じたような単純な戦略のタイプ分けはあまり役に立たないとした。代わりに戦略の原点に立ち返って、まずグローバル戦略の目標を明らかにし、その目標をどんなタイプの競争優位を通じて達成していくか考察することが重要だとした。

ゴシャールはグローバル企業が追求する戦略目標として、効率性、リスク管理、学習の3つを掲げている。さらに、これらの戦略目標を達成する優位性の源泉として、①国ごとのインプット（要素コスト）やアウトプット（市場特性）の差異、②規模の経済性、

図表 8-9 ゴシャールのグローバル戦略フレームワーク

		競争優位の源泉		
		国ごとの差異	規模の経済性	範囲の経済性
戦略目標	効率性	資本コストや賃金の違いからの利益	活動拡大による、規模の経済性の実現	製品や市場、事業間での投資やコストの共有
	リスク管理	国ごとに異なる比較優位への対応	規模の経済性の追求と、オペレーション上の柔軟性のバランス	リスクのポートフォリオ分散
	学習	組織や経営手法の違いからの学習	コスト削減とイノベーションの経験からの学習	異なった製品や市場や事業にまたがった学習

出所:スマントラ・ゴシャール "Global Strategy: An Organizing Framework" 1987年をもとにグロービス作成

③範囲の経済性を挙げ、これらの優位性構築手段を用いながら3つの戦略目標を満たしていくことがグローバル経営の成功のカギだとしている（**図表8-9**）。

まず効率性に関しては、グローバル企業は賃金や資本コストが安い国・地域で活動したり、活動をグローバルに広げることで規模の経済性を実現したり、製品・市場・事業をまたがって投資やコストを共有することで範囲の経済性を享受できたりする。

リスク管理に関しては、グローバル企業はマクロ経済や国の政策、競争の動向、経営資源の獲得といった面で不確実性にさらされており、これらの不確実性に対応することが戦略目標の1つとなる。そこには国ごとの比較優位の変化に対処（もしくは活用）したり、規模の経済性を追求しながらも柔軟性を確保したり、範囲の経済性を通じてリスクをポートフォリオ上で分散させる、といったアクションが含まれる。

そして学習に関しては、グローバル企業は（ドメスティックな企業に比べて）多様な国の組織特性や管理手法といったソフト面から学ぶ機会に恵まれている。また、規模の経済性は経験蓄積によるさらなるコスト削減やイノベーション創出につながり、範囲の経済性は異なる製品・市場・事業からの学びを共有する機会を生む。

実は、このゴシャールのフレームワークは、本書に登場したハメルやプラハラードなど、多数の経営学者が主張してきた戦略コンセプトを包括したものであり、1つ1つのコンセプト自体は特に目新しいものではない。しかしながら、グローバル戦略の中に学習の重要性を位置付けたのはユニークな視点であり、これは後述するトランスナショナル経営の土台にもなっている。

● ゲマワットのAAA

前節でゲマワットが提唱したCAGEを紹介したが、CAGE分析によって認識された国ごとの差異から付加価値を生み出す戦略として、適応（Adaptation）、集約（Aggregation）、裁定（Arbitrage）という3つのアクションから成る**AAA（＝トリプルA）戦略**がある。

適応とは、差異への順応を図る戦略であり、国に焦点を絞って自社の商品やビジネスモデル、戦略目標等を修正し、現地市場での競争優位の確立を目指す。たとえば、マクドナルドはインドでは羊肉バーガー、台湾ではライスバーガーを販売するなど、国によって異なる商品を展開している。適応には多様化が最もとられやすい手段だが、単純な多様化だけでは複雑性やコストの増加といった問題が生じる。それらを緩和する補助的な手段として、ゲマワットは絞り込み（＝多様化の必要性を減らす）、外部化（＝多様化の内部負荷を減らす）、設計（＝多様化のコストを減らす）、イノベーション（＝多様化の効果を高める）の4つを提案している。

集約とは、国をまたがる共通要素の集約・標準化によって差異を克服する戦略であり、適応によって得られるよりも大きな規模の経済性を追求する。ここでの集約・標準化は世界全体を対象とするのではなく、国ごとと世界全体の中間レベルでの集約・標準化を指す。典型的な集約戦略は地域化（＝CAGEのうちのGに着目した集約）である。トヨタのように世界中に事業を拡大している企業も、集約を行うにあたってはまず地域ベースで行うことが多い。自動車産業は地域単位での合理化や特化が進んでおり、トヨタは世界主要市場向けのピックアップ・トラックのエンジンとトランスミッションを、域内自由貿易圏が形成され、労働力も安価なアジア地域で集中生産している。もちろん地域以外の集約の基準として、（顧客の）業種や販売チャネル、あるいは事業内容を単位にした集約も考えられる。

適応と集約が国ごとの差異を制約と捉えていたのに対し、3つめの裁定戦略では、差異を制約ではなく機会と捉える。ゲマワットは、裁定は最も古いクロスボーダー戦略の形態であり、世界史における貿易ビジネスの大半は、入手コストが地域によって極端に異なる贅沢品の取引から始まったと指摘している。

たとえば1600年、イギリスは東インド会社を設立し、インドとヨーロッパ間での香辛料貿易を始めた。この背景には、ヨーロッパにおいて香辛料がインド国内の数百倍の価格で売れたことがある。現代のビジネスでも同様に、新興国で安価に調達・製造した製品を先進国で販売する事例は無数にある。経済的な裁定だけでなく、CAGEの各観点の差異が活用可能であり、たとえば文化的差異に着眼したアメリカのファストフー

ド・チェーンの世界展開（アメリカのポップカルチャーの提供）、制度的差異に着眼したグローバル企業の節税対策（タックス・ヘイブンと呼ばれるケイマン諸島等での法人登記）などもある。

ゲマワットによれば、3つの戦略の間にはトレードオフが生じやすいため、差異を操るうえで3つのAのうちどれを重視するかを選ぶ必要がある。特にグローバル経験の浅い企業は、どのAに競争優位を求めるかをしっかり決めるべきである。

その次の段階として、1つ確立されたAの上に別のAを追求する**複合AA戦略**があり、実際に多くのグローバル企業で追求されている。たとえばIBMは、かつての日本IBMのようにターゲットとする国で拠点を設立し、各拠点は概ね独立した活動を主としていた。しかし1980年代以降、この適応がグローバルでの規模や範囲の経済性の確保を阻害していると判断し、地域で集約することで経済性の確保をねらう集約戦略にシフトした。そして、近年のIBMは、賃金の差異を利用してインドなど新興国を中心に社員を大幅に拡充するなど、国ごとの差異を利用した裁定戦略も追求している。この新しく拡充された社員はIBMグローバル・サービスという会社に所属し、その低賃金によってIBMの事業コスト削減に寄与している。つまり、現在のIBMは集約と裁定の2つの戦略を追求していることになる。

ゲマワットのグローバル戦略のポイントは、企業にとって「国境は無視できない」という点にあり、企業は国ごとの差異をCAGEの枠組みから包括的かつ具体的に認識し、その差異を活用あるいは克服する方法（AAA戦略）を選択することの重要性を指摘している。

4● グローバル企業の戦略マネジメント

● 統合か、現地適応か

グローバル経営論者の間で長年戦わされてきた議論に、「統合vs.現地適応」の論争がある。古くは海外進出先での現地適応を重視する経営が一般的だったが、1960年代の終わり頃からは、生産やマーケティング面で標準化や統合を図り、規模の経済性によるコスト削減やイノベーションの国際的な展開を追求するメリットが指摘されるようになった。その後は統合を極端に重視する主張が時折出されたものの、「統合と現地適応との適正なバランスを取るべきだ」というのが支配的な論調であった。

この議論を引き継いだミシガン大のプラハラードとINSEADのイブ・ドーズは、「多国籍企業のマネジメントは、政治的、経済的、組織的要求といった異なる力学において戦略を策定する必要がある」としたうえで、経済的プレッシャーはグローバル統合の方

図表8-10　IRグリッドとマルチフォーカル・モデル

図表8-11　IRグリッドによる多次元分析

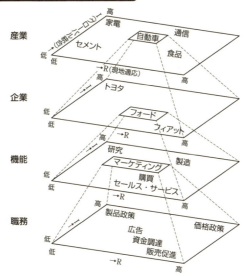

出所：スマントラ・ゴシャール "Global Strategy: An Organizing Framework" 1987年をもとにグロービス作成

向へ、政治的プレッシャーは現地適応の方向へ作用するとした。そしてグローバル統合（Integration）を縦軸に、現地適応（Responsiveness）を横軸に取った2次元マトリクスを提示し、2軸の頭文字を取って**IRグリッド**と名付けている。

プラハラードとドーズは多くの業界をIRグリッド上にマッピングし、各社の事業ポ

ートフォリオを描き出している。そのうえで事業の類型化を行い、統合に重点が置かれるグローバル統合事業、現地化に重点が置かれるローカル適応事業、そしてグローバル統合とローカル適応の双方の同時達成を重視する**マルチフォーカル**（multifocal）事業の3タイプに分類している（**図表8-10**）。

IRグリッドはグローバル戦略の分析ツールとしてさまざまな活用ができる。たとえば前述のゴシャールは**図表8-11**のように、産業・企業・機能・職務の4つのレベルでIRグリッド分析を行った。それによれば、家電はグローバル統合度が高く、食品はローカル適応度が高くなる。また同じ自動車業界の中でもトヨタはグローバル統合の傾向が強く、フィアットはローカル適応の傾向が顕著である。さらに、マルチフォーカルに位置づけられるフォードの中でも、機能や職務によってグローバル統合・ローカル適応の傾向がさまざまであった。

「統合か、現地適応か」の議論は、単純に答えが出せるものではなく、同じ業界内でも企業や業務内容によって幅があることが、ここからわかる。経営戦略がコンテクスト依存であるように、グローバル戦略も、事業や業務の特性、あるいは企業自身の内部環境次第で、目指すべき経営スタイルを柔軟に定めていく必要がある。

◉ トランスナショナル経営

ゴシャールとハーバード大のクリストファー・バートレットは日米欧のグローバル企業を調査したうえで、IRグリッドを活用してグローバル企業の経営モデルの類型化を

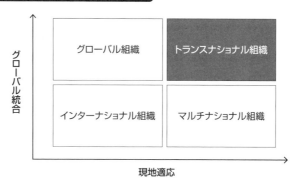

図表8-12 グローバル企業の経営モデル

出所：C. バートレット他 "Managing Across Borders: The Transnational Solution" 1989年をもとにグロービス作成

試みている。

図表8－12の左上の**グローバル組織**は、グローバル統合度が高く、ローカル適応度が低いタイプで、各国市場に標準化した製品を販売するのが典型的である。**マルチナショナル組織**はグローバル組織の対極にあって、グローバル統合度が低く、ローカル適応度が高い。強力な現地子会社を持ち、各国市場の違いに敏感に対応して事業を行うタイプである。そして両者の中間に位置付けられるのが**インターナショナル組織**である。

このモデルが提示されたのは、企業が本格的にグローバル化し始めて間もない頃で、これらのパターンのどこに比重を置くのか、企業ごとの特徴が顕著であった。地域別で見ると、グローバル組織は花王や松下電器（現パナソニック）、キヤノン、トヨタ自動車、NECといった日本企業に多く採用された。インターナショナル組織はP&GやGE、ファイザーといったアメリカ企業に多く採用された。マルチナショナル組織は、ユニリーバやネスレ、フィリップスといったヨーロッパ企業に多く採用された。

バートレットとゴシャールはまた、前項で解説したグローバル企業の3つの戦略目標、すなわち効率性、リスク管理（柔軟性）、学習をそれぞれの経営モデルに紐付けている。

- グローバルレベルの効率性を達成するためには、本社に集約された経営を通じてコスト優位性を築くグローバル組織が最も適している
- 各国に対応した柔軟性を達成するためには、国別に競争優位を追求するマルチナショナル組織が適している
- 世界規模の学習を達成するためには、本社の持つ知識や能力、技術を各国へ移転・共有して適用させることで、売上向上やコスト削減を図る特徴を持つインターナショナル組織が適している

各組織タイプにはそれぞれに強みがあるものの、3つの目標を同時に追求できない限界があった（たとえば、各国の市場ニーズにそれぞれ対応しようとすると、効率性の追求ができない）。この問題を解決する経営モデルとして提唱されたのが、図の右上に位置する**トランスナショナル組織**である。ケースで見た楽天のEC事業も、物流面では現地適応を図りながら、EC基盤の統一のようにグローバルな効率性も追求しており、トランスナショナル組織を志向していることがうかがえる。トランスナショナル経営モデルの特徴は以下のようになる。

- 本社と海外子会社、あるいは子会社同士の間に相互依存関係がある
- 本社は世界の子会社に経営資源や能力を分散させつつ、各国子会社は専門的立場か

ら世界的に統合されたオペレーションに貢献する
・ナレッジや能力は世界の拠点間で共に開発されたり、共有されたりする

　トランスナショナル経営は有名なコンセプトであるが、他の経営モデルとの類似点も多い。たとえば、前項で紹介したマルチフォーカルは、トランスナショナル経営と同じくIRグリッドを活用し、かつ同時期に発表されたコンセプトでもある。また、古くから企業のグローバル化の発展段階を示すものとして**EPRGプロフィール**という４分類が知られている。その４つとは、Ethnocentric（本国志向型）、Polycentric（現地志向型）、Regiocentric（地域志向型）、Geocentric（世界志向型）である。
　このうち世界志向型の企業では、「収益性と現地での受容」が経営のミッションとされ、グローバル統合的、かつ現地適応的な戦略を採用する。このように類似コンセプトが多く出されていることからも、統合と現地適応との両立がグローバル経営の課題の根底にあることがわかる。
　なお、トランスナショナル経営は実際の企業事例から帰納的に導き出されたコンセプトではないため、「理念の域を出ない」「どうすればトランスナショナル経営を構築できるのかが明らかではない」といった批判もある。
　この点を補おうと、提唱者であるゴシャール自身を含め、多くの研究者が発展的コンセプトを提示してきたが、その１つにドーズらによる**メタナショナル経営**モデルがある。これは（本社のある）母国の優位性に依存した事業展開から脱却し、世界中で刻々と変化するイノベーションの萌芽を感知しながら、その時点で最も優れたナレッジや生産要素を社内に取り込んでいく、柔軟な経営モデルを指す。
　フラット化していない世界市場の中で、いかに世界規模での統合のメリットを享受していくか。トランスナショナル、もしくはメタナショナル経営モデルの実現は、グローバル企業にとって究極のゴールともいえる。

5 ● 新興国市場のグローバル戦略

　ここまでのグローバル戦略は、主に日米欧といった先進国で生まれた企業が海外へ進出していく局面を想定した議論であった。そこでは暗黙的に、開発途上国が安価な労働力や原材料の調達先として位置付けられており、消費地あるいはイノベーションの創出場所として分析対象になることは稀であった。しかし、現在のビジネス環境は中国、インド、ブラジルといった、いわゆる新興国の存在抜きには語れない。新興国市場の急スピードでの台頭に経営学の議論が十分に追い付いていない面もあるが、ここでは新興国

を対象に打ち出された戦略コンセプトを紹介していこう。

● 新興国とは何か

新興国市場（Emerging Market）という言葉は、1981年に世界銀行の国際金融公社（IFC）に所属するエコノミストが初めて使ったとされる。だが、何をもってemergingと定義するかは見解が分かれている。たとえば、所得水準や平均生活水準の低さといった貧困度合い、直近のGDP成長率など経済成長のポテンシャル、国債の格付けや株式売買高など資本市場の状況、といった定義の基準がありうる。

これらは新興国市場の重要な特徴であるものの、実際に企業が新興国市場でビジネスをするにあたって採用すべき戦略への示唆には乏しい。新興国市場での戦略を考えるには、先進国市場との差異をよく見極める必要がある。

差異の一例として、新興国におけるインフラの未整備や経営資源不足がある。新興国では道路や橋、通信ネットワークや発電・送電設備などの物理的インフラはもちろん、スキルを備えた人材や良質なサプライヤーといった経営資源が、先進国に比べて圧倒的に不足している。こうした環境下では経営戦略にも、先進国のそれとは異なる発想が求められてくる。

この差異に着目した成功事例として、インドで発明された粘土製の冷蔵庫、ミティクールが知られている。これは冷蔵庫の上部に入れた水を側面に浸み込ませ、蒸発による気化熱で下部の食品庫を冷やす仕組みである。生鮮食品がたまにしか入手できないにもかかわらず、電気が通っていないために普通の冷蔵庫が使えないインドの村で発明され、その後、同じような困難を抱えるインドの村々で爆発的な需要を生んだ。

新興国を攻めるうえで、一般的には物理的インフラの未整備が注目されるが、市場機能を支える制度の未整備により多くの関心を払うべきだと、ハーバード大のタルン・カナとクリシュナ・パレプは主張する。彼らは、新興国市場の定義を「買い手と売り手を容易に、あるいは効率的に引き合わせて取引させる環境が整っていないこと」とし、市場機能を支える制度の未整備、すなわち**制度のすきま**が新興国市場を発展途上の状態にしていると捉えた。たとえばアラブ首長国連邦（UAE）は、国民1人当たりGDPのような経済指標では先進国に分類されるが、「制度のすきま」という面で見れば新興国といえる。

カナらは市場の失敗を招く3大要因として、「市場情報の欠如（情報を入手できたとしても信頼性に欠ける）」「不明確な規制環境」「非効率な司法制度」を挙げ、企業が新興国で事業展開するならば、これら3つの機能不全を前提に、従来の戦略を再構築すべきだと指摘している。もちろん、こうした制度のすきまを企業自らが埋めることで、企業に

とっては大きな事業機会をつかむこともできる。1999年に中国で創業したシートリップは、旅行代理店という仲介者ネットワークが未発達だった中国市場でいち早く制度のすきまを埋めることにチャレンジした。同社はホテルや航空券の予約に必要な情報を集約し、明朗な料金や信頼できるスケジュールを提示することで中国でのオンライン旅行予約の先駆けとなり、創業10年後の2009年には時価総額が13億ドルにまで達した。

以上のように、新興国は物理面でも制度面でも先進国との差異が大きいマーケットであり、新興国での戦略立案にはCAGE分析やAAA戦略のような、差異を乗り越えるための方策が一段と重要になる。

◉─── BOP市場の攻略

大きな潜在力を持つ新興国市場の中でも、近年注目されてきたセグメントが**BOP**（Bottom of the PyramidまたはBase of the Pyramid）である。BOPとは、世界の所得階層を構成する経済ピラミッドのうち、1日2ドル未満で暮らす底辺の40億人以上の人々を指す。この層は従来、援助の対象として捉えられていたが、「潜在的な起業家であり、価値を重視する顧客」と捉え直すことで、企業にとって膨大なビジネスチャンスが開かれるとするのが、BOPの考え方である。

BOPのコンセプト自体は90年代の終わりにプラハラードらが提唱していたが、当初はあまり注目されなかった。というのも、「1日2ドル未満で暮らすような貧困層がグローバル企業の顧客になりうるのか？」という懐疑的な見方が支配的だったためである。だが、これは、

- 貧困層には購買力がない。ゆえに、市場は成長しない
- 貧困層はブランド志向ではない
- 技術革新を評価し、受け入れるのは先進国だけである
- BOP市場への製品・サービスの販売アプローチの困難さが、大企業や多国籍企業にとって大きな参入障壁となっている
- BOPの人々は相互に分散・隔絶されている

などの"思い込み"のためであって事実ではないと、プラハラードはさまざまなデータや事例を用いて指摘した。たとえば、インドのムンバイ郊外の貧民街では、日用品の価格（電話の通話料金、下痢止め薬等）は富裕層が払っている額の5～25倍に上り、地元の貸金業者からの借入利率は600～1000％にもなる。こうした「貧しいがゆえの不利益」は、地方ゆえの独占状態、モノや情報の不足、不十分な販売網、強力な中間搾

第8章　グローバル経営の戦略　　　　　　　　　　　　　　　　　　　　　　　　　　215

図表 8-13　BOPにおけるイノベーション12の原則

1. コスト・パフォーマンスを劇的に向上させる
2. 最新の技術を活用して複合型（ハイブリッド）で解決する
3. 規模の拡大を前提にする
4. 環境資源を浪費しない
5. 求められる機能を一から考える
6. 提供するプロセスを革新する
7. 現地での作業を単純化する
8. 顧客の教育を工夫する
9. 劣悪な環境にも適応させる
10. 消費者特性に合うユーザー・インターフェースを設計する
11. 貧困層にアプローチする手段を構築する
12. これまでの常識を捨てる

出所：C.K.プラハラード『ネクスト・マーケット［増補改訂版］』英治出版　2010年をもとにグロービス作成

取業者の存在などが原因であり、大企業にとっては適正な価格で製品・サービスを提供して彼らの不利益を打破するチャンスが十分にあるとした。

　実際にBOP市場を開拓するには、先進国市場を前提としたビジネスの常識を捨てる必要がある。たとえば先進国では「パッケージ単位が大きく、1単位当たりの利潤が大きい」ビジネスが志向されるが、BOP市場で基本となるのは「パッケージ単位が小さく、1単位当たりの利潤も小さいが、販売量が多く、投下資本に対する利益率が高い」ビジネスである。実際に、使いきりタイプや少量パッケージの導入によって潜在的な購買力を引き出したケースが、BOPビジネスの成功事例でよく見られる。

　このほかにも、先進国では当たり前のインフラ（冷蔵庫や電話の普及、電力や水の供給、交通機関や信用販売の整備、最低限の識字率など）が十分ではなく、かつ地域によって質が大きく異なる点にも注意が必要である。電力供給が不安定であれば製品にバックアップ用の電源を付属させたり、識字率が著しく低い地域では（多くの人は「読み書き」は難しくても「見る聞く」はできるので）ビデオ機能を搭載した製品を提供したり、といった対応が求められる。

　このようなBOPならではの工夫に関しては、**図表8-13**のような12のイノベーション原則が知られている。なお、12の原則すべてが必要なわけではなく、BOPビジネスへの参入を試みる企業は事業特性や環境等を踏まえて選択し、優先順位を付けて応用していけばよい。たとえば、ヤクルトはブラジルやメキシコなど中南米や、インドネシアやフィリピンなどアジアを中心としたBOP市場の開拓において、同社独自の販売チャネルであるヤクルトレディを活用した。ヤクルトレディは、商品知識を持たない消費

者に対して、商品の栄養成分や効用（予防医学等）、飲み方（頻度等）を直接説明して啓蒙していった歴史があり、これは原則8の「顧客の教育を工夫する」に当たる。加えて、現地の女性をヤクルトレディに採用して営業機能を担わせると同時に、彼女たちの就業や経済的自立を支援した点は、原則11の「貧困層にアプローチする手段を構築する」の応用ともいえる。

　プラハラードと共にBOPビジネスを提唱したコーネル大のスチュアート・ハートは、初期のBOPが「ピラミッドの底辺に潜む富を発見する」というアプローチだったのに対し、「富を共創する」というアプローチへの進化が必要だと主張している。第1世代のBOPビジネスは、「これまで相手にされてこなかった貧困層を相手に商売ができるか」の一点に注意が向けられてきたが、第2世代ではBOPと共に新しい価値提案やビジネスモデルを創造する発想が生まれつつある。こうした進化したBOPの考え方は、第9章で取り上げるエコシステムやCSVといったコンセプトにも通じており、時代の潮流を反映したものといえよう。

● ──── **新興国発のイノベーション**

　「制度のすきま」やBOPは新興国を有望な進出先市場と捉えるコンセプトであったが、さらに一歩進んで、新興国が世界のイノベーション起点になりうるとの期待も高まりつつある。

　従来のビジネスでは、「イノベーションは先進国で始まり、その後で新興国に普及する」という流れが常識であった。これに対してダートマス大のビジャイ・ゴビンダラジャンらは、「途上国で先に生まれたイノベーションが先進国に逆流する」というコンセプトを唱え、**リバース・イノベーション**と名付けた。伝統的なグローバル戦略（グローカリゼーション）では先進国向けに最適化した製品を新興国向けに改良していくアプローチを取るが、企業が急成長する新興国市場で成功をつかむには、伝統的な考え方を捨て、新興国向けのソリューションをゼロから創造するアプローチを取るべきだと提唱する。

　リバース・イノベーションの一例として挙げられているのが、GEのヘルスケア事業である。同事業部は当初、アメリカ・日本市場向けに開発した超音波診断装置を中国市場で展開したが、現地メーカーとの価格差のため苦戦を強いられていた。そこで発想を改めて、ローカル・グロース・チーム（LGT）という新興国向けの開発チームを中国に設置し、中国人をチームリーダーに据えて現地のニーズを細かく調査することから再出発した。その結果、同事業部はラップトップ・コンピュータを使った持ち運び可能な超音波診断装置を低価格で開発することに成功し、これによって中国市場で大きなシェアを獲得できただけでなく、アメリカ市場にはポータブル超音波診断装置として逆輸入さ

図表 8-14　5つのギャップの解消傾向

ギャップ	ギャップの内容	解消する力
性能	途上国の顧客は低収入なので、適切な価格なら、性能面を大幅に譲歩しても構わないと思っている	・技術進歩によって、富裕国の顧客が興味を持つ水準にまで性能が高まる ・緊縮財政のため、富裕国でも超低価格の選択肢を検討せざるをえない
インフラ	富裕国のインフラは整備されているが、途上国では構築中である	富裕国では、古くなったインフラを更新する必要がある
持続可能性	途上国は、地球上で最も深刻な持続可能性に対するさまざまな脅威に直面している	富裕国でも持続可能性のプレッシャーが高まっている
規制	途上国では規制が未整備なため、企業が市場にもたらす革新的なソリューションに対して規制が足を引っ張ることは少ない	富裕国の政府は最終的に、新技術を承認するか、規制要件を見直すことになる
好み	各国で、はっきりした味覚や好みの違いがある	富裕国の顧客は、貧困国の好みの影響を受ける

出所：ビジャイ・ゴビンダラジャン他『リバース・イノベーション』ダイヤモンド社　2012年

れ、販売増に貢献したという。

　このような成功事例は生まれつつあるものの、はたして新興国発のイノベーションが今後のグローバル戦略のメインストリームになるのだろうかという疑問が残る。

　ゴビンダラジャンによれば、新興国と先進国との間には、性能、インフラ、持続可能性、規制、好みの側面で5つの大きなギャップが存在しているため、新興国市場を攻略するには小手先の改善ではなく、白紙状態からのイノベーションに取り組む必要がある。さらに現在5つのギャップには解消の方向に力学が働いており、新興国発のイノベーションが先進国に逆流しても効果を発揮する可能性がさらに増していくだろうと主張している（図表8-14）。

　一方、ケンブリッジ大のジャイディープ・プラブらは、もう少し控えめな見方をしている。その主張によれば、先進国企業が持つ体系化された研究開発・事業開発の手法は、大量の資源や資金を必要とし、世界的な資源枯渇が懸念される現代にはそぐわなくなってきている。また研究開発に巨額の費用を投じているせいで、先進国の企業は不確実性を過度に嫌う傾向があり、激しい環境変化に対応できる柔軟性を失いがちでもある。これに対して新興国では、リソース不足や不安定な政治経済といった逆境下で、なるべくシンプルかつ柔軟に解決策を生み出そうとする。このアプローチを**ジュガード**と呼び、先進国にはない新興国の起業家の強みだとしている。

　ただし、ジュガードのような新興国特有のスタイルは、複雑で不安定な環境でとりわ

け効果を発揮するが、既存の先進国の体系的なイノベーション手法の代替にはならず、補完的な役割を果たすものだとプラブらは見ている。

　程度の差こそあるものの、かつては経済援助の対象だった新興国が、世界のイノベーション活動において一段と大きな役割を果たしていくのは間違いないだろう。この領域で今後も斬新な戦略コンセプトが生まれてくることを期待したい。

第9章 ● 競争優位の再考

POINT

　経営戦略論の中核を成す概念の1つに、「競争優位」がある。本書でこれまで解説してきたフレームワークの多くも、持続的な競争優位（Sustainable Competitive Advantage）の確立こそが、経営戦略の目的であるとの前提に立ってきた。しかしながら近年では、「持続的な競争優位は実在するのか」、あるいは「従来のような競争優位の確立を、はたして今後の企業経営でも追求していくべきなのか」といった懐疑的な意見も出されるようになった。また、1社単独での競争優位ではなく、他社との協力を前提に一連の「エコシステム」として競争優位を築こうとする動きも生まれてきている。

CASE

【リクルートの事業展開】

　2014年10月、株式会社リクルートホールディングスは東証一部に新規上場した。当時の時価総額で約2兆円に及ぶ大型上場であった。1960年の創業以来、就職情報誌や住宅情報誌の刊行をはじめとしたさまざまな事業を通じて、日本社会に大きな存在感を示していた同社であるが、長きにわたって非上場を保ってきた。そこで今回の上場は、同社が一段の成長へ向けて新たなステージに移ることを示すものとして、注目を集めたのである。

●―― 事業の沿革

　リクルートは、創業者の江副浩正によって1960年、大学新聞広告社としてスタートした。その後、1960年代は就職情報誌、70年代には住宅情報誌、80年代には転職情報、海外旅行、中古車情報というように、時代の移り変わりに従ってさまざまな顧客ニーズを捉えた新媒体を続々と打ち出していった。

　1988年のリクルート事件を機に江副が経営の一線から退いた後も、同社の新規事業に対する勢いは止まらなかった。1990年代に創刊された『じゃらん』（国内旅行情報）、『ケイコとマナブ』（習い事・資格情報）、『ゼクシィ』（結婚式情報）は、いずれもそ

図表9-1 リクルート・グループの主な歩み

年	商品・サービス	会社の動き
1960		大学新聞広告社として創業
1968	『就職ジャーナル』創刊	
1970	『リクルート進学ブック』創刊	
1976	『住宅情報』創刊	
1977		株式会社人材情報センター(現・株式会社リクルートキャリア)設立
1980	『とらばーゆ』創刊	
1982	『FromA』創刊	株式会社リクルートフロムエー(現・株式会社リクルートジョブズ)設立
1984	『AB-ROAD』『Car Sensor』創刊	
1990	『じゃらん』『ケイコとマナブ』創刊	
1993	『ゼクシィ』創刊	
1996	『RECRUIT BOOK on the Net』(現・『リクナビ』)サービス開始	
2000	『HotPepper』創刊	
2002		株式会社リクルートメディアコミュニケーションズ(現・リクルートコミュニケーションズ)設立
2004	『R25』創刊	
2010	『ポンパレード』(現・『ポンパレ』)サービス開始	
2012	『受験サプリ』(現・『スタディサプリ』)サービス開始	リクルートホールディングスを中核とするグループ体制へ
2013	『Airレジ』サービス開始	
2014		東証一部上場

出所:リクルートホームページ「企業情報-リクルートグループ-沿革・歴史」をもとにグロービス作成

のサービスを利用しようとする消費者であれば知らない人はないと言えるくらいの確固たる地位を築いている。

90年代以降は、紙媒体からネットへの進出の時代でもある。2000年代に入ると、モバイル端末を前提としたビジネスでも「HotPepper」「ポンパレ」などのヒットを生み出し、近年では小売店向けのPOSアプリ「Airレジ」、塾・予備校のサービスをネット上で提供する「スタディサプリ」が注目されている（**図表9－1**）。

● チャレンジを促す企業文化

リクルートの特徴として挙げられるのが、アグレッシブな企業文化である。創業者の江副浩正が作った旧社訓「自ら機会を創り出し、機会によって自らを変えよ」の言葉は、いまなおその象徴として語られることも多い（なお、同社の現在の経営理念〈ミッション〉は、「私たちは、新しい価値の創造を通じ、社会からの期待に応え、一人ひとりが輝く豊かな世界の実現を目指す」となっている）。

「機会の創造にチャレンジする」ことに対する強い志向は、制度面の裏付けもある。たとえば「RING」と呼ばれる新規事業提案制度は、1981年に始まった、全社員が参加できる社内コンテストである。グランプリを獲得したチームには数百万円の賞金が出され、かつ参加者全員にも参加賞が授与されたという。2014年度からは「New RING －Recruit Ventures－」にリニューアルされ、開催頻度も毎月になり、最終審査を通った応募者は、別会社に出向して実際にその企画の立ち上げに関与することになった。このほかにも、さまざまな表彰制度や、異動を自己申告できる制度など、従業員の積極的な活動を促し、支援する制度が多く存在する。

また、チャレンジ文化の表れの一端として、退職後に独立して起業したり、別の企業で活躍したりする社員も多い。著名な例として、NTTドコモに転じて「iモード」の開発に携わった松永真理、リンクアンドモチベーションを創業した小笹芳央、最近ではnanapiを創業した古川健介などがいる。その背景には、若くして比較的大きな仕事を任されることと、社内の風土として独立にチャレンジしやすいことが挙げられる。

●─── 環境の変化と競争優位

これまで、新しい市場機会の発見と、それを捉えた機動的な事業創造を続けてきた同社であるが、追い風ばかりが吹いているわけではない。特に、情報流通の媒体が紙の雑誌からパソコンへ、さらにモバイル端末へ移行するとともに、情報の無料化が急速に進んできている。「雑誌を売る」という、いまだに大きな比重を占めるビジネスからいかに軸足を移していくかが、近年の同社にとっての大きなチャレンジであろう。

人材紹介ビジネスにおいては、雇用の流動化が進む傾向は、転職・再就職の機会が増えるという意味で機会である半面、労働人口の減少は将来の脅威でもある。同社は2012年、アメリカの大手求人サイト運営会社のIndeedを買収し、海外事業の一段の成長へ向けた布石をすでに打っている。

一方、近年の環境変化の中で同社にとって大きな機会となりそうなのが、ビッグデータの活用による新規ビジネスの可能性である。ITの進歩によって、これまで必ずしも活用しきれていなかった膨大な顧客データが、収益機会を生む資源となりうる。Airレジは、店舗のPOSデータを蓄積・活用するプラットフォームとして、その潜在的な可能性が注目されている。

理論

本章では、最初に伝統的な競争優位の考え方について再整理した後、競争優位をめぐって新しく提示された戦略コンセプトをいくつか紹介していく。

1● 競争優位の新たな視点

経営戦略のねらいの1つは、いかに持続可能な競争優位を築くかにある。しかしながら企業経営の現実に照らして、競争優位の持続性への疑問や、競争優位の変質を指摘する声も少なくない。以下では競争優位に関して、90年代以降に提唱されたコンセプトについて概観したい。

◉──── 競争優位の類型化

第1部で見てきたとおり、競争優位はその源泉を、外部環境の要因に求めるか（代表例：ポジショニング論）、企業内部の要因に求めるか（代表例：リソース・ベースト・ビュー）で長らく議論が割れてきた。しかし、実際の企業の成功を分析するには、外部要因も内部要因も見逃せないことが多い。そこで双方の考え方を取り込んだかたちでの、競争優位の類型化が非常に参考になる。

代表的なものに、コンサルタントのマイケル・トレーシーとフレッド・ウィアセーマによる**3つの価値基準**がある。彼らは企業経営において絶対的に重要なコンセプトとして、**価値理念**と**オペレーティング・モデル**という2つの概念を提示した。

- 価値理念──企業が顧客に対して約束する特定の価値（価格、品質、効率、利便性など）の組み合わせ

- オペレーティング・モデル——企業が価値を提供するための一体化された仕組み。プロセス、事業体制、管理システム、社風などで構成される

　この価値理念とオペレーティング・モデルの組み合わせを「価値基準」と呼び、企業がマーケットリーダーであり続けるには、以下の3つの組み合わせ（価値基準）の中から1つを選択し、徹底して追求し続ける必要があるとする。

❶プロダクト・リーダーシップ
　絶えずプロダクト（製品・サービス）の革新を繰り返し、最良のプロダクトを提供し続けようとする価値基準。創造的なアイデアの探索、スピーディな製品化、自社の最新プロダクトを自ら越えていく挑戦といった価値理念を重視する。オペレーティング・モデルの特徴としては、方向転換しやすい柔軟な組織体制、成果重視でありながら必要な実験を許容する評価システム、型にはまらない思考や未来創造の欲求を刺激・育成する社風などがある。
　プロダクト・リーダーシップを追求している企業としては、ジョンソン＆ジョンソン、ナイキ、ウォルト・ディズニー、メルセデスなどを挙げている。

❷オペレーショナル・エクセレンス
　低価格、信頼性および利便性（もしくはこれらのいずれか）の実現を通じて、顧客にとっての総コストの最小化を保証し、そのために業務の効率性改善を徹底していく価値基準。標準化されたネットワーク（店舗や物流網）や、効率化された作業手順が屋台骨となっている。その他のオペレーティング・モデルの特徴としては、中央集権的な体制、スピードと標準順守に焦点を当てた管理システム、無駄を排除し、効率を重んじる社風などがある。
　オペレーショナル・エクセレンスを実践する企業には、ウォルマート、サウスウエスト航空、マクドナルドなどを挙げている。

❸カスタマー・インティマシー
　ある特定の顧客が求める製品・サービスを提供することで、その顧客のロイヤリティを獲得し、自社と特定顧客の親密性を追求していく価値基準。顧客にとっての最良の問題解決策を見極めるための手助けをしたり、提供する解決手段を顧客に合わせてカスタマイズしたり、顧客の成果達成にコミットしたりする点に特色がある。オペレーティング・モデルの特徴としては、顧客に近い従業員への権限移譲、取引ごとの採算よりも顧

客との関係維持や顧客生涯価値の最大化を評価する管理システム、顧客のために専門性を磨き、解決策の最適化を尊ぶ社風などが挙げられる。

カスタマー・インティマシーを追求する企業としては、IBM、ノードストローム、リッツ・カールトンなどを挙げいる。

この３つの価値基準が従来の競争優位の議論と一線を画すのは、価値理念から始まって、管理システムや社風といったオペレーティング・モデルに至る企業経営の仕組み全体を、競争優位の源泉と捉えている点であろう。ウォルマートの成功は低コストというポジションの選択だけで生み出されたものではなく、それを実現するロジスティクスやデータベースの構築、サプライヤーとの関係性や熱狂的な組織文化などが重なり合って達成されたものである。同じく、ZARAを擁するインディティクスの成功も、コア・コンピタンスとされるグローバルなサプライチェーンだけで説明されるものではなく、「トレンドを捉えたファッションを安価に」という提供価値や、１カ所集中の本社機能、販売現場とデザイン企画チームの連携といった他の内部要因など、多様な要素によって得られた成果である。

ケースのリクルートも、提供する製品・サービスの差別化や範囲の経済性といった点だけでなく、積極的な営業力、コンテンツの面白さを維持する企画力・編集力といったオペレーショナルな強みなど、多様な要素が相まって競争優位につながってきたと考えられる。

つまり持続的競争優位は、ポジショニングか社内リソースかの二者択一ではなく、双方が整合的に絡み合ってこそ実現できるものと捉えられる。

● 一時的な競争優位

ポジショニング論、リソース・ベースト・ビュー、そして３つの価値基準など、競争優位のタイプ分けやその源泉に関しては多様な視点がある。だが一方で、伝統的な戦略論はある前提条件を常に共有してきた。それは経営戦略の目的の１つが、持続可能な競争優位の構築にあり、かつそれは十分に達成可能だという見方である。

こうした伝統的な見方に対し、現実の企業の競争環境では優位性の持続期間は極めて短いとする指摘が、1990年代から経営学者の間で出始めた。代表的な論客の１人がダートマス大のリチャード・ダベニーである。ダベニーは、企業の戦略的行動は競合他社の反撃によって模倣もしくは打破されてしまうため、優位性を維持できる期間は極めて短いとした。このような市場の様相は、**ハイパー・コンペティション**（過当競争）と呼ばれ、ハイパー・コンペティションの下では、企業は１つの優位性の確立だけで立ち

止まらずに、次々と新しい優位性を獲得しながら、同時に競合他社が保有する優位性を侵食し続ける行動が求められる。

さらに近年、競争優位の議論に大きな影響を与えているのが、コロンビア大のリタ・マグレイスの**一時的競争優位**というコンセプトだろう（**図表9-2**）。マグレイスの主張を要約すると、次のとおりである。

事業環境は刻々と変化するものであり、長期間持続する競争優位は一部の例外的な業界（航空機メーカー、鉱山運営、生活必需品販売など）でのみ存在し、多くの業界には当てはまらない。にもかかわらず、経営者の多くは、業界は戦略分析にとって最も重要な枠組みであり、変化の少ない安定した競争要因から成ると想定している。そして、競争優位は持続可能であり、企業はいったん確立した優位性を中心に据えて、従業員や資産、組織を最適化すればよいという考えを変えずにきた。

そのため企業の戦略やシステムは、既存の競争優位から最大の価値を引き出すように設計され、企業全体が既存のビジネスモデルに沿おうとする惰性を強めてしまった。成功は一定期間は続くものの、いざ市場に新しい波が訪れても、安定した環境を前提とした慣行やシステムが足枷となって、手遅れになるまで問題に対処できない。持続する競争優位を前提にした事業慣行から抜け出せなかったことが、ノキアやイーストマンコダックといった、かつて名声を馳せた著名企業の凋落の原因と考えられる。

競争優位が持続しない状態が現実であるとすれば、企業に残された選択肢は、多くの一時的競争優位を同時並行的に確立し、活用していくアプローチである。このような優位性の1つ1つは短期間しか持続しないが、全体をポートフォリオとして組み合わせることで、企業は長期間にわたってリーダー企業であり続けられる。

そしてマグレイスは、競争優位が開発され、寿命を迎えるまでの流れを、5つの段階から成るライフサイクルで示した。

開始：新しい事業機会に向けてリソースを確保する
成長：本格参入や事業拡大に向けて、システムとプロセスをスピーディに構築する
活用：競合他社との差別化要因を確立し、市場シェアや利益を拡大させる
再構成：新たな優位性の確立のために、リソースを再配分する
撤退：重要ではなくなったリソースを売却・閉鎖・転用などによって処分する

企業は上記のライフサイクルの中で、「活用」中の事業に重心を置きがちであるが、

図表 9-2　一時的優位のサイクル

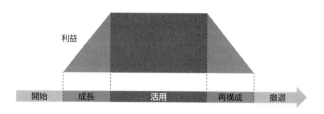

出所：リタ・ギュンター・マグレイス「一時的競争優位こそ新たな常識」DIAMOND ハーバード・ビジネス・レビュー 2013 年 11 月号

　一時的優位性の波にうまく乗り続けるには、活用フェーズでの資産や人員の過度な増強は避け、競争上の独自性を獲得している少数の重要領域に的を絞るべきである。既存の優位性への過度な依存は、新たな優位性への移行を阻むおそれがあるためである。
　また、従来の優位性が持続するという考え方の下では、再構成や撤退の取り組みは否定的に捉えられやすいが、一時的優位性の考え方に基づけば、まだ事業を続けられるうちに再構成・撤退する取り組みを前向きに捉えられる。
　ケースのリクルートも、かつて一世を風靡した『とらばーゆ』『FromA』などはすでに紙の雑誌としては存在せず、転職情報であればネット経由の『リクナビNEXT』、求人情報であれば無料情報誌の『TOWN WORK』などに姿を変えつつ、依然として同種サービスの中では競争力を発揮している。
　一時的優位のポートフォリオを構築するうえで有効なのが、自社が競争する場所を業界ではなく、**アリーナ**（競技場）という概念で捉える手法である。
　ポーターの「5つの力」モデルに代表されるように、伝統的な戦略分析は、業界内の同業他社、すなわち自社と似通った製品を提供する企業との比較を前提としてきた。しかし、グーグルが携帯電話向けのOS（Android）を開発して既存の携帯電話業界を驚かせたように、業界の垣根はあいまいなものであり、従来はライバルと見なしていなかった企業に不意打ちを食らわされる危険度が増している。多くの市場で業界が他の業界と競争し、同じ業界内でもビジネスモデル間の競争が繰り広げられているのが実態である。
　そこで一時的優位性を前提とした戦略分析では、1つの顧客セグメントと1種類の製品・サービス、そしてそれを提供する場とがセットになって、1つのアリーナができていると見なす。アリーナを特徴づけるのは、特定の顧客が求める"Jobs to be done"（第7章参照）であり、そのジョブを解決するさまざまな手段と自社は競争することになる。従来の業界の概念に比べると、アリーナはより細かいくくりであり、企業は同時並

行的に複数のアリーナで競争をすることになる。ただし、参加するすべてのアリーナで通用する唯一のアプローチがあるわけではなく、企業は個々のアリーナの競争状況に応じてアプローチを柔軟に変えていかなければならない。

◉── 変化対応の優位性

期間の長短こそあれ、競争優位の状態が長く続くほうがよいとするのが、ここまで見てきた競争優位の考え方であった。これに対して、変化の激しい業界や不確実性の高い環境下では、旧来の事業のやり方を環境変化に応じて新しいものに入れ替える「変わり身の早さ」にこそ競争優位が宿る、との見方もある。本項では、企業の変化対応力に関連して、**アジリティ**、**レジリエンス**、**コア・リジディティ**の3つのコンセプトを解説したい。

❶アジリティ（俊敏性）

1995年に『アジル・コンペティション』を発表したリーハイ大のスティーブン・ゴールドマンらは、製品寿命の短縮化や市場の細分化、企業の情報処理能力の向上といった環境変化によって、従来の息が長く、標準化された製品による競争を前提とした大量生産システムが、効力を失いつつあると主張した。変化や不確実性が支配的となった経営環境下では、モノとサービスとが融合した高収益市場において、高い生産量を維持しながら個別対応型の製品を提供できる、アジリティ（俊敏性）を備えた企業が強力な競争優位を手にするとしている。ゴールドマンらはアジル（俊敏）な企業の戦略的特徴として、次の4つを挙げている。

- 顧客を豊かにする：画一的な製品を供給する大量生産体制と決別し、個々の顧客の要求に応じて、製品に情報やサービスを絡めながら、顧客にとっての問題解決手段を提供する。
- 競争力強化のために協力する：顧客が求める製品を可能な限り速く、かつ大きな費用対効果で市場にもたらすために、協力関係を通じて社内や他企業の経営資源を活用する。
- 変化や不確実性を自在に操るための組織を作る：変化や不確実性を新たな事業機会へと変換するため、人的資源や物理的資源を敏速に再構成できるよう、柔軟な組織構造を構築する。
- 人材や情報が持つ力を最大限活用する：人材や情報こそが最大の差別化要因と捉え、従業員が知識や専門性を磨き、新たな機会に向けてイニシアティブを発揮できる環

境を整える。

　企業の機動的な戦略変更を重視する議論は以前からあったものの、あくまで例外的な環境条件下での戦略行動として捉えられてきた。アジル・コンペティションでは、市場の細分化や製品寿命の短縮化によって、アジルな変化を「例外」ではなく「常態」として求めている点が新しい。

❷レジリエンス（復活力）

　レジリエンスとは、「システム、企業、個人が極度の状況変化に直面したとき、基本的な目的と健全性を維持する能力」と定義され、日本でもリーマンショックや東日本大震災を経験したことで注目を浴びるようになった。レジリエンスの特徴としては、変化が閾値に近づいていることを感知して、危機対応メカニズムを作動させるフィードバックの仕組みが内在されていること、そしてシステムを支える資源を脱集中化もしくは分離することで、システムの一部が破損しても全体への波及を防ぐ構造を持つことが挙げられる。

　たとえばルネサスエレクトロニクスでは、2011年の東日本大震災で主力工場が3カ月間の生産停止に追い込まれた経験を踏まえ、自社と顧客企業で在庫を積み増す、部材を分散調達する、といったレジリエントな体制構築を目指した結果、2016年の熊本地震では、熊本市の川尻工場が本震から1週間で生産を再開できた。

　レジリエンスをより正確に理解するには、類似概念との違いを見るのがよい。

- 「頑強性」との違い：ITシステムなどに使われる頑強性（ロバストネス）は、外的要因による変化を阻止する性質のことだが、阻止しきれずにいったん破壊されてしまうと、自力で回復する特性は持っていない。これに対してレジリエンスは、変化を阻止するよりも、陥った好ましくない状態から脱する力を重視する。
- 「冗長性」との違い：不測の事態に備えてバックアップや余裕を持たせた状態を冗長性（リダンダンシー）と呼ぶが、変化の幅が一定水準を超えるとたちまち有効性を失ってしまう。レジリエントなシステムは冗長的であることが多いものの、やはり異なる概念である。
- 「原状回復」との違い：レジリエンスは必ずしも元の状態への回復を意味しない。レジリエントなシステムは流動的に自らの姿を変化させつつ、本来の目的を達成することを優先する。

現時点では自然災害時における社会システムの復旧や、個人のトラウマへの効果的な対処といった文脈でレジリエンスが語られることが多いが、企業経営にも応用可能なコンセプトである。理論構築は今後の課題になるが、ITや電子部品、資源など、想定外の変化が多く起こる業界では、レジリエンスが競争優位の源泉の1つとして重視されていく可能性が高い。

❸コア・リジディティ（硬直性）

アジリティやレジリエンスは変化を推し進めるコンセプトだったが、変化の妨げとなる負のコンセプトにも言及しておこう。ナレッジマネジメントの大家として知られるハーバード大のドロシー・レオナルドは、コア・コンピタンスの中でも競争優位の源泉となる知識資産をコア・ケイパビリティと呼び、事業環境が変化した場合には、企業の優位性（**コア・ケイパビリティ**）がたちまち硬直性（コア・リジディティ）へと一変してしまうと唱えた。

コア・ケイパビリティは、以下の要素で構成される。

- 社内に蓄積された知識（従業員が持つスキルと知識のほかに、設備やソフトウエアに埋め込まれた知識や保有データを含む）
- 知識の蓄積を方向づける仕組み（評価・報酬制度や教育体系といったマネジメントシステムに加え、企業としてどんな知識を奨励するかを示す価値基準や行動規範を含む）

企業はそれぞれの事業環境において成功のカギとなる知識を特定し、その知識に焦点を当てた意思決定や活動を重ねることで、独自のコア・ケイパビリティを構築していく。コア・ケイパビリティは、スキルやさまざまな社内制度、価値基準などが相互に、複雑に作用し合って形成されているため、競合が模倣しにくいと同時に、容易には解体できない特徴を持つ。そのため、企業がいったん成功を収めた後も、コア・ケイパビリティを生み出したシステムは慣性を持ち続け、企業は現行のケイパビリティをさらに強化する活動にまい進してしまう。

経営環境が未来永劫同じであれば問題ないが、破壊的技術が登場する、市場のニーズが変わるといった環境変化が起きてしまうと、コア・ケイパビリティは競争力を失う場合が多い。そのときに企業は、それまで成功をもたらしてきた活動を強化することで競争力を取り戻そうと、「的を撃ち過ぎる」状態に陥りやすい。たとえば、80年代に日本の自動車メーカーは「太い製品設計」（モデルチェンジのサイクルが早く、顧客の要望に沿って車種やオプションが豊富に提供されていること）によって成功を収めたが、その後に

海外メーカーが技術面で追い付き、円高でコストが見合わなくなったにもかかわらず、製品ラインアップの拡大や品質管理といった的を撃ち続けた。それが、90年代の苦境の背景にあったと指摘されている。このように、企業が慣れ親しんだ市場や技術に集中し続けると、コア・ケイパビリティはたちまち変化に対する硬直性を持ったコア・リジディティと化すことになる。

コア・コンピタンス（もしくはコア・ケイパビリティ）がコア・リジディティという負の資産に変質するのを防ぐには、企業内を知識が淀みなく流れ、現在のみならず、将来重要となりそうな知識の創造が行われるようマネジメントしなければならない。レオナルドによれば、企業内では以下に挙げる4つの活動が有機的に作用し、知識財産を生み出す必要がある。

- 問題解決方法の共有：問題解決のために、多くの従業員が企業内の組織間の壁を越えて知識を提供し合う
- 新しい技術やツールの統合：新しい知識を一握りの人の頭の中に留めるのではなく、現場のプロセスやツールに落とし込んで実践してみる
- 継続的な公式・非公式の実験：積極的に実験やプロトタイプ化を行い、仮に失敗しても結果に学んで、新しい知識の選択肢を得る
- 外部からの知識導入：外部の価値ある知識にも目を向け、必要とあれば吸収し、自社ビジネスに応用する

企業がイノベーションを続けるには、この4つの活動を活発化して、絶え間なく知識資産を刷新していくことが有効である。これは第7章で紹介した、知の深耕と知の探索を続ける「両利きの経営」にも通じるアプローチだろう。

● ── CSV（共通価値の創造）

従来の競争優位の議論は、明示的であれ暗黙的であれ、企業活動の目的が経済的価値の追求であることを前提としてきた。しかし、企業部門が成長してきたにもかかわらず、高い失業率や所得格差、地場産業の低迷、環境破壊といった社会問題は依然として改善されていない。そうした状況を鑑みて、事業活動と社会的な問題解決とを結び付けながら競争優位の構築を図るべきだとする見解も出されている。その代表的な考え方が、**共通価値の創造**（CSV：Creating Shared Value）である。

共通価値の考え方は、ポーターとマーク・クラマーによって2006年に提唱された。ポーターらによれば、CSVとは「（企業や政府、NGOが）社会のニーズや問題に取り組

図表 9-3　CSVとCSRの違い

CSR	→	CSV
▶価値は「善行」		▶価値はコストと比較した経済的便益と社会的便益
▶シチズンシップ、フィランソロピー、持続可能性		▶企業と地域社会が共同で価値を創出
▶任意、あるいは外圧によって		▶競争に不可欠
▶利益の最大化とは別物		▶利益の最大化に不可欠
▶テーマは、外部の報告書や個人の嗜好によって決まる		▶テーマは企業ごとに異なり、内発的である
▶企業の業績やCSR予算の制限を受ける		▶企業の予算全体を再編成する
▶たとえば、フェア・トレードで購入する		▶たとえば、調達方法を変えることで品質と収穫量を向上させる

出所：マイケル・ポーター他「共通価値の戦略」DIAMONDハーバード・ビジネス・レビュー2011年6月号をもとにグロービス作成

むことで社会的価値を創造し、その結果、経済的価値が創造されるというアプローチ」である。言い換えると、トレードオフの関係にあると思われがちな企業の成功と社会の進歩とを、事業活動によって結び付ける取り組みということだ。

なお、ここで言う「価値」は単なる便益ではなく、コストと比べた便益である点に注意したい。社会問題に取り組む公的なセクター（NGOや政府機関など）では、実現される便益、あるいは費やされた資金といった観点だけで成否を判断する傾向があるが、CSVでは便益とコストの双方に目配りする経営が期待される。そして、価値創造に慣れ親しんできた企業セクターも、今後はその対象を経済問題に限定せず、価値という観点から社会問題にも取り組むべきだとCSVでは考える。

CSVはしばしばCSRやフィランソロピー（社会貢献活動）と混同されるが、背景にある思想は大きく異なる（**図表9-3**）。CSRやフィランソロピーの背景にあるのは、企業セクターと公的セクターは対立関係にあるとの見方である。企業セクターが生み出す環境汚染などの社会的費用に対し、政府は規制によって企業活動を制限したり、税金や罰則金によって企業側に費用負担を求めたりしてきた。一方の企業セクターは政府を、自社の事業活動を制限する存在と見なし、自社・自業界の利益に反するような規制導入には抵抗を試みてきた。

加えて、企業は社会問題を自分たちの守備範囲外と捉え、政府やNGOにその解決を任せようともしてきた。CSRやフィランソロピーの多くには、企業のこうした利己的な態度に対する外圧を和らげるために、やむなく企業利益を社会に再配分する手段として行われた側面がある。ただし企業からすれば利益の流出となるため、しばしば株主からはカネの無駄遣いと指摘され、活動が早期に中断してしまう傾向が否めない。

これに対してCSVでは、企業の競争優位と地域社会の健全性とは、互いに依存関係

にあると見なす。企業には健全な地域社会が必要であり、地域社会には強い企業が必要ということである。言い換えると、企業が事業活動の中で積極的に社会問題の解決にも取り組み、かつ公的セクターが企業の生産性や競争力の向上につながるかたちでコラボレーションを行うことで、経済的価値と社会的価値を全体的に拡大できると考えられている。

CSVの実現には、大きく３つのアプローチがある。

❶製品と市場の見直し

事業開発の基本に立ち返り、「自社の製品・サービスは社会のどんな社会的ニーズに応えられるのか」を考え、これまで見逃していた新市場を見つけ出すことが重要である。ポーターらは一例として、ボーダフォンのジョイント・ベンチャーがケニアで手がけた、モバイル・バンキング・サービス（M-PESA）を挙げている。このサービスは、送金したい相手に携帯電話でテキストメッセージを送るだけで、相手が取次店で資金を受け取れるシンプルな仕組みであり、クレジットカードや銀行口座を持たない人たちに資金移動の手段を提供している。まさに、従来の金融機関の常識では見逃されてきた市場を掘り起こした好事例である。

❷バリューチェーンの生産性再定義

自社のバリューチェーンの生産性を阻害している社会問題に着目し、目先の手間や支出を厭わずに問題解決を図ることで、トータルでの生産性向上を達成するアプローチもある。たとえば企業の環境対策は、関連する規制や課税もあって、事業コストを増大させるものと一般的に考えられている。これに対して、ウォルマートは2009年に、トラックの配送ルートを見直すことで総計１億マイルのルート短縮を実現し、環境負荷を下げると同時に、２億ドルのコスト削減を実現した。

❸産業クラスターの形成

企業が事業活動を行うエリアで産業クラスターを形成し、地元経済に貢献することで、自社の生産性を高められる可能性がある（この場合のクラスターとは、関連企業やサプライヤー、ロジスティクス企業のみならず、学校や上下水道などの公的インフラ、市場の透明性といった地域の公的資産を幅広く含めて考える）。たとえば地域の公的教育の質を上げれば、企業は再教育のコストを下げられるし、貧困をなくせば製品需要を創出できる。また、輸送インフラの整備は優秀なサプライヤーの集積を促したり、性差別や人種差別の撤廃が優秀な人材の獲得につながったりする効果が期待できよう。

第9章 競争優位の再考

　上記のような取り組みを通じて、企業が成功すれば社会が改善され、それがまた企業の効率性改善や差別化につながるチャンスとなっていく。この好循環の確立によって生まれる競争優位こそが、従来のコスト削減や品質改善よりも持続性に優れたかたちであるとするのが、CSVの考え方である。

2● ビジネス・エコシステム

　伝統的な戦略論は個別企業間の競争や協調を想定しているが、ビジネスには複数の企業から成る共同体同士の競争という側面もある。本章の最後に、近年注目されている**エコシステム**という、企業共同体の考え方を紹介したい。

　エコシステム（生態系）は生物学の用語で、「生物群集とそれを取り巻く物理的・化学的環境が作り出す機能的なまとまり」を意味する。エコシステムの中では各生物が生産、消費、分解等の役割を果たしながら、相互依存によって１つのまとまった環境を作り上げている。この生態系内部の協調的な関係性をメタファーとして、ビジネスに応用したのがビジネス・エコシステム（以下では単にエコシステムと呼ぶ）のコンセプトである。自然界の生態系において個別の「種」の生育状況が、食物連鎖など他の種との関係に依存するのと同様に、ビジネス界での個別企業の成長や衰退も、エコシステム全体の健全性や、その中での企業の位置付けに強く影響されると考える。

　1993年に初めてエコシステムの概念をビジネスに応用したとされるジェームス・ムーアは、IBMなどIT企業を中心に形成された企業共同体の戦略を理解するうえで、「企業は業界内で市場シェアを争って接近戦を演じるもの」という従来の戦略論の枠組みは役に立たないとした。そして企業を「単一産業の構成員としてではなく、多様な産業にまたがる１つの企業生態系の一部として捉える」べきだと主張した。

　エコシステムの論者としては、ハーバード大のマルコ・イアンシティらもよく知られている。90年代後半以降のインターネットの普及などが追い風となって、企業の共同ネットワーク形成が加速したのを受け、当時突出した地位にあったウォルマートとマイクロソフトを引き合いに、その優れた業績の背景には、それぞれが属するエコシステムの成功があると分析した。ウォルマートの場合は、「リテール・リンク」と呼ばれる商品調達システムの構築により、サプライヤーは顧客の購買動機などの情報をリアルタイムで入手できるようになり、ウォルマートは仕入れ・物流コスト等の低減によって圧倒的なコスト優位を確立した。マイクロソフトの場合は、Windows上で動作するソフトウエアの開発を支援するために、開発企業に開発ツールやAPIを提供した。それにより、Windows上で動作するさまざまなアプリケーションが開発されている。

いずれの例でも、企業が形成するエコシステムの取り組みが消費者の利益につながり、そのおかげでエコシステムが繁栄して、競合するエコシステムに対する優位性が生まれている。また、エコシステムの成功を受けて、参加企業がさらに投資を増やしたり、新規に参加する企業が増えたりする好循環の結果、2社の桁違いの繁栄がもたらされたのである。

　エコシステムのコンセプトには、伝統的な戦略論とは異なる観点がいくつかある。1つは競争のレベルを、個々の企業同士の競争ではなく、各企業の枠を越えたエコシステム間の競争と捉え直した点である。もう1つは、業界内のシェアを奪い合うというゼロサム競争の発想ではなく、生態系の発展のために参加企業が協調し合うというウィン-ウィンの発想をする点である。なお、エコシステムと似た概念にポーターが古くから唱える**クラスター**の概念があるが、クラスターが参加企業同士の地理的な結び付きを重視しているのに対し、エコシステムでは必ずしも地理的な集積は前提とはなっていない。むしろエコシステムを特徴付けているのは、そのシステムにおける重要なパーツとしてプラットフォームの仕組みがあることであり、ウォルマートのリテール・リンクやマイクロソフトのWindows がそれに当たる。

　それではエコシステムのパフォーマンスは、どのように測ればよいのだろうか。イアンシティらはビジネス・エコシステムの健全性を、❶生産性、❷たくましさ、❸ニッチの創出という3つの指標で判断することを提案している。

❶生産性（Productivity）

　エコシステムにおける生産性とは、技術などイノベーション資源を、低コストで新商品開発につなげていく力を意味する。代表的な指標としてはROIC（投下資本利益率）がある。

❷たくましさ（Robustness）

　健全なエコシステムには、技術革新などの突然の環境変化にも耐えうる力が必要とされる。測定指標の1つとして、エコシステム内のメンバーの生存率が挙げられる。

❸ニッチの創出（Niche Creation）

　自然界でも種の多様性が重要であるのと同様に、ビジネス・エコシステムでも有意義な多様性、すなわちエコシステム内における新しい役割（ニッチ）が継続的に生まれることが求められる。具体的には、新規企業の登場数や、新製品や新技術の採用数が指標となる。

このような3つの観点で「健全」と言えるエコシステムを構築するには、何がカギになるのか。先述したウォルマートやマイクロソフトのように、エコシステムの共有財産としてプラットフォームを提供している企業は、**キーストーン企業**と呼ばれ、その振る舞いがエコシステムの健全性を大きく左右する。

まず、キーストーン企業が提供するプラットフォームによって参加企業は効率よくビジネスを展開することが可能となり、それに伴ってエコシステム全体の「生産性」が高まる。さらに、キーストーン企業がプラットフォームのイノベーションに継続的に取り組み、かつ参加企業に変化に対応するための基準を示すことで、環境変化にも耐えうる「たくましさ」を実現する。さらに、プラットフォームを利用するためのインターフェースや最先端技術を第三者に公開することにより、「ニッチの創出」を促す。

このようにして創出された価値を、キーストーン企業がエコシステム内のメンバー企業と分かち合い、それによって企業のエコシステムへの引き留めや新たな企業の参加を促せれば、エコシステムに安定した拡大と繁栄がもたらされる。反対に、キーストーン企業がこうした果たすべき役割を忘れ、自社の強い立場を利用してネットワークの直接管理や価値の独占に走ってしまえば、エコシステムは内部崩壊していく。イアンシティらは、マイクロソフトやイーベイが創出した価値をエコシステム内で共有し、長期的な繁栄を享受したのに対し、エンロンやAOLは短期的な利益を重視して価値の独占に走った結果、エコシステムの安定が崩れてしまったと指摘している。

現在の経営戦略では自社対競合に限らず、業界によってはエコシステムのような企業共同体同士の競争から逃れられなくなってきている。自社という枠で思考を閉じずに、競争の構図全体を俯瞰しながら長期的視点で考えることが、これからの戦略を司る者に必要なマインドセットである。

以上のように、経営戦略の根幹とも言える競争優位の考え方には、近年多くの進展が見られた。競争優位が対象とする範囲（例：経済的価値のみか、社会的価値を含むのか）や、その持続可能性については多様な見解があろうが、経営戦略の目的の1つが競争優位の獲得である点は一貫している。価値創出につながるユニークな競争優位を自社がどのように獲得していくかは、戦略を司る者にとっての永遠の課題である。

● 参考文献

■全般

グロービス経営大学院編著『グロービスMBAマネジメント・ブック 改訂3版』ダイヤモンド社、2008年

グロービス経営大学院編著『グロービスMBAマネジメント・ブックⅡ』ダイヤモンド社、2015年

相葉宏二、グロービス経営大学院編『グロービスMBA事業戦略』ダイヤモンド社、2013年

M E.ポーター著、土岐坤、服部照夫、中辻萬治訳『新訂 競争の戦略』ダイヤモンド社、1995年

M E.ポーター著、土岐坤、中辻萬治、小野寺武夫訳『競争優位の戦略——いかに高業績を持続させるか』ダイヤモンド社、1985年

ジェイ B.バーニー著、岡田正大訳『企業戦略論【上】基本編』『企業戦略論【中】事業戦略編』『企業戦略論【下】全社戦略編』ダイヤモンド社、2003年

グロービス著『[図解] グロービスMBAキーワード ビジネスの基礎知識50』ダイヤモンド社、2016年

グロービス著『[図解] グロービスMBAキーワード 基本フレームワーク50』ダイヤモンド社、2016年

■序章・第1章

金谷治訳注『新訂 孫子』岩波文庫、2000年

鈴木敏文、勝見明著『わがセブン秘録』プレジデント社、2016年

田中陽著『セブン-イレブン 終わりなき革新』日経ビジネス人文庫、2012年

田村正紀著『セブン-イレブンの足跡 — 持続成長メカニズムを探る』千倉書房、2014年

セブン-イレブン・ジャパン ホームページ　http://www.sej.co.jp/

M E.ポーター「5つの環境要因を競争戦略にどう取り込むか」ダイヤモンド・ハーバード・ビジネス、1979年10月号

ジョージ・ストークJr.、トーマス・M・ハウト著、中辻萬治、川口恵一訳『タイムベース競争戦略——競争優位の新たな源泉：時間—』ダイヤモンド社、1993年（絶版）

フィリップ・コトラー、ケビン L.ケラー著、恩藏直人監修、月谷真紀訳『コトラー＆ケラーのマーケティング・マネジメント 第12版』丸善出版、2014年

クレイトン・クリステンセン著、玉田俊平太監修、伊豆原弓訳『イノベーションのジレンマ——技術革新が巨大企業を滅ぼすとき [増補改訂版]』翔泳社、2001年

マイケル・ハマー、ジェイムズ・チャンピー著、野中郁次郎監訳『リエンジニアリング革命―企業を根本から変える業務革新』日本経済新聞社、1993年
Hイゴール・アンゾフ著『〈新装版〉アンゾフ経営戦略論［新訳］』中央経済社、2015年
DAアーカー著、野中郁次郎、石井淳蔵、北洞忠宏、嶋口充輝訳『戦略市場経営』ダイヤモンド社、1986年
フィリップ・コトラー、ケンリー・アームストロング著、和田充夫訳『マーケティング原理 第9版』ダイヤモンド社、2003年

■第2章
グロービス著、嶋田毅執筆『ビジネス仮説力の磨き方』ダイヤモンド社、2008年
ゲイリー・ハメル、CK.プラハラード著『コア・コンピタンス経営―未来への競争戦略』日経ビジネス人文庫、2001年
ジョージ・ストーク、フィリップ・エバンス、ローレンス・シュルマン著「戦略行動能力に基づく競争戦略」DIAMONDハーバード・ビジネス、1992年7月号
Edith Penrose、Christos N. Pitelis、*The Theory of the Growth of the Firm*、Oxford Univ Pr.、2009年

■3章
ヘンリー・ミンツバーグ、ブルース・アルストランド、ジョセフ・ランペル著、齋藤嘉則訳『戦略サファリ 第2版 ―戦略マネジメント・コンプリート・ガイドブック』東洋経済新報社、2012年
ヘンリー・ミンツバーグ著、DIAMONDハーバード・ビジネス・レビュー編集部編『H.ミンツバーグ経営論』ダイヤモンド社、2007年
エリック・リース著、伊藤穰一解説、井口耕二訳『リーン・スタートアップ』日経BP社、2012年
ピーター M.センゲ著、守部信之訳『最強組織の法則―新時代のチームワークとは何か』徳間書店、1995年
ドネラ H.メドウズ著、小田理一郎解説、枝廣淳子訳『世界はシステムで動く ― いま起きていることの本質をつかむ考え方』英治出版、2015年
DIAMONDハーバード・ビジネス・レビュー編集部編『組織能力の経営論（Harvard Business Review）』ダイヤモンド社、2007年
戸部良一、寺本義也、鎌田伸一、杉之尾孝生、村井友秀、野中郁次郎著『失敗の本質―日本

軍の組織論的研究』中公文庫、1991年
野中郁次郎、竹内弘高著、梅本勝博訳『知識創造企業』東洋経済新報社、1996年
野中郁次郎、遠山亮子、平田透著『流れを経営する―持続的イノベーション企業の動態理論』東洋経済新報社、2010年
伊丹敬之著『新・経営戦略の論理―見えざる資産のダイナミズム』日本経済新聞社、1984年
名和高司著『学習優位の経営―日本企業はなぜ内部から変われるのか』ダイヤモンド社、2010年
青島矢一、加藤俊彦著『競争戦略論（一橋ビジネスレビューブックス）』東洋経済新報社、2012年
グロービス・マネジメント・インスティテュート編、鈴木一功監修『MBAゲーム理論』ダイヤモンド社、1999年
グロービス経営大学院編著『新版グロービスMBAファイナンス』ダイヤモンド社、2009年
伊丹敬之、軽部大著『見えざる資産の戦略と論理』日本経済新聞社、2004年

■第4章
NECホームページ http://jpn.nec.com/
グロービス経営大学院著、荒木博行執筆『ストーリーで学ぶ戦略思考入門―――仕事にすぐ活かせる10のフレームワーク』ダイヤモンド社、2013年
グロービス著、嶋田毅執筆、『MBA必須用語1　KSFとは』ビヨンドブックス、2014年
水越豊著『BCG戦略コンセプト』ダイヤモンド社、2003年
延岡健太郎著『MOT技術経営入門』日本経済新聞社、2006年
内田和成著『デコンストラクション経営革命』日本能率協会マネジメントセンター、1999年
ジョン・ネイスビッツ著、竹村健一訳『メガトレンド』三笠書房、1983年

■第5章
波頭亮著『戦略策定概論』、産能大出版部、1995年
Hイゴール・アンゾフ著,中村元一訳『〈新装版〉アンゾフ戦略経営論〔新訳〕』、中央経済社、2015年

■第6章
ロバートS.キャプラン、デビッドP.ノートン著、櫻井通晴訳『キャプランとノートンの戦

略バランスト・スコアカード』東洋経済新報社、2001年
トム・ピーターズ、ロバート・ウォーターマン著、大前研一訳『エクセレント・カンパニー』英治出版、2003年
Arthur D. Littel "Side by Side" 2015.01 Vol.1
クレイトン・クリステンセン著、玉田俊平太監修、伊豆原弓訳『増補改訂版 イノベーションのジレンマ―技術革新が巨大企業を滅ぼすとき』翔泳社、2001年
ジョンP.コッター著、梅津祐良訳『企業変革力』日経BP社、2002年

■第7章
楽天株式会社　ホームページ　http://corp.rakuten.co.jp/
楽天株式会社　中期戦略「Vision2020」発表資料　2016.2.12
大西康之著『ファーストペンギン　楽天　三木谷浩史の挑戦』日本経済新聞社、2014年
宮崎哲也著『ビジネス戦国時代　平成の三大武将』三修社、2005年
佐久間信夫、黒川文子編著『多国籍企業の戦略経営』白桃書房、2013年
週刊東洋経済「ネット通販王国の異変　楽天」2013年12月21日
週刊東洋経済「楽天　海外事業　最後の賭け」2015年2月14日
日経ビジネス「楽天　ITネットサービス　正念場の楽天経済圏」2015年3月30日
日経ビジネス「楽天市場を覆う内憂外患」2016年2月22日
原隆『時事深層 楽天、常夏の国でクール便』日経ビジネスオンライン、2012.8.17
飯山辰之介『楽天に再燃する悲観論、安定成長のジレンマ』日経ビジネスオンライン、2016.3.22
『トップインタビュー　魅力的な商品をアジア全域に 日本企業の海外進出の助けになりたい』、シンガポールのビジネス情報サイトAsiaX、2014.4.21
トニー・ダビラ、マークJ.エプスタイン、ロバート・シェルトン著、スカイライトコンサルティング訳『イノベーション・マネジメント―成功を持続させる組織の構築（ウォートン経営戦略シリーズ）』英知出版、2007年
クレイトン・クリステンセン著、玉田俊平太訳、伊豆原弓訳『増補改訂版 イノベーションのジレンマ―技術革新が巨大企業を滅ぼすとき』翔泳社、2001年
ゲイリー・ハメル「【インタビュー】いま、経営は何をすべきか」DIAMONDハーバード・ビジネス・レビュー、2013年3月号
スチュアート・クレイナー、デス・ディアラブ著、関美和訳『Thinkers50イノベーション（Thinkers

50)』プレジデント社、2014年

マーク・ジョンソン著、池村千明訳『ホワイトスペース戦略―ビジネスモデルの〈空白〉をねらえ』CCCメディアハウス、2011年

マークW.ジョンソン、クレイトンM.クリステンセン、ヘニング・カガーマン著、関美和訳「ビジネスモデル・イノベーションの原則」DIAMONDハーバード・ビジネス・レビュー、2009年4月号

セオドア・レビット著、有賀裕子訳『T.レビット マーケティング論』ダイヤモンド社、2007年

アレックス・オスターワルダー、イヴ・ピニュール著、小山龍介訳『ビジネスモデル・ジェネレーション―ビジネスモデル設計書』翔泳社、2012年

ジョアン・マグレッタ著、村井章子訳「ビジネスモデルの正しい定義」DIAMONDハーバード・ビジネス・レビュー2002年8月号

三谷宏治著「ビジネスモデル全史」DIAMONDハーバード・ビジネス・レビュー2014年4月号

W・チャン・キム、レネ・モボルニュ著、入山章栄監訳、有賀裕子訳『[新版]ブルーオーシャン戦略－競争のない世界を創造する』ダイヤモンド社、2015年

エイドリアンJ.スライウォツキー著、中川治子訳『ザ・プロフィット―利益はどのようにして生まれるのか』ダイヤモンド社、2002年

今枝昌宏著『ビジネスモデルの教科書―経営戦略を見る目と考える力を養う』東洋経済新報社、2014年

クリス・アンダーソン著、小林弘人監修、高橋則明訳『フリー ―〈無料〉からお金を生みだす新戦略』日本放送出版協会、2009年

クリス・アンダーソン著、篠森ゆりこ訳『ロングテール―「売れない商品」を宝の山に変える新戦略（ハヤカワ・ノンフィクション文庫）』早川書房、2014年

平野敦史カール、アンドレイ・ハギウ著『プラットフォーム戦略』東洋経済新報社、2010年

レイチェル・ボッツマン、ルー・ロジャース著、小林弘人監修、関美和訳『シェア―〈共有〉からビジネスを生み出す新戦略』日本放送出版協会、2010年

エリック・リース著、伊藤穰一解説、井口耕二訳『リーン・スタートアップ』日経BP社、2012年

ネイサン・ファー、ジェフリー・ダイアー著、新井宏征訳『成功するイノベーションはなにが違うのか？』翔泳社、2015年

ビジェイ・ゴビンダラジャン、クリス・トリンブル著、鈴木泰雄訳「『問題児』事業を自立させる法」DIAMONDハーバード・ビジネス・レビュー、2005年9月号
バンシー・ナジー、ジェフ・タフ著、DHBR編集部訳「イノベーション戦略の70:20:10の法則」DIAMONDハーバード・ビジネス・レビュー、2012年8月号
クレイトン・クリステンセン、マイケル・レイナー著、玉田俊平太監修、櫻井祐子訳『イノベーションへの解―利益ある成長に向けて』翔泳社、2003年
JAMES G. MARCH "Exploration and Exploitation in Organizational Learning" *Organization Science* vol.2, No.1, February 1991, pp.71-87、1991年
日本経済新聞「経営書を読む（2）小倉昌男著『小倉昌男　経営学』」2015年7月14日
チャールズA.オライリー3世、マイケルL.タッシュマン著、酒井泰介訳「『双面型』組織の構築」DIAMONDハーバード・ビジネス・レビュー、2004年12月号
ヘンリー チェスブロウ著、大前恵一朗訳『OPEN INNOVATION―ハーバード流イノベーション戦略のすべて』産能大出版部、2004年
ラリー・ヒューストン、ナビル・サッカブ著、鈴木泰雄訳『P&G：コネクト・アンド・ディベロップ戦略』DIAMONDハーバード・ビジネス・レビュー2006年8月号
小川進著『ユーザーイノベーション』東洋経済新報社、2013年
C K.プラハラード、ベンカト・ラマスワミ著、一條和生解説、有賀裕子訳『コ・イノベーション経営―価値共創の未来に向けて』東洋経済新報社、2013年
エリック・フォン・ヒッペル、ステファン・トムク、メアリー・ソナック著、平野和子訳「3Mが実践する：ブレークスルーを生み出すリード・ユーザー・プロセス」DIAMONDハーバード・ビジネス・レビュー2000年3月号
デビッドJ.コリス、シンシア.A.モンゴメリー著、根来龍之、蛭田啓、久保亮一訳『資源ベースの経営戦略論』東洋経済新報社、2004年
松江英夫著『ポストM&A成功戦略』ダイヤモンド社、2008年

■第8章
トーマス・フリードマン著、伏見威蕃訳『フラット化する世界（上・下）』日本経済新聞社、2006年
パンカジ・ゲマワット著、望月衛訳『コークの味は国ごとに違うべきか』文藝春秋、2009年
M E.ポーター著、土岐坤、小野寺武夫、中辻萬治訳『グローバル企業の競争戦略』ダイヤモンド社、1989年

ジェームス・オースティン著 "Country Analysis Framework"（Harvard Business School Background Note）、1988年
浅川和宏著『グローバル経営入門』日本経済新聞出版社、2003年
マイケル・ポーター著、沢崎冬日訳「『地域の優位性』の連係を生かすグローバル競争戦略」DIAMONDハーバード・ビジネス1999年2-3月号
スマントラ・ゴシャール著 "Global Strategy: An Organizing Framework", *Strategic Management Journal* Vol.8, No.5, 1987年
江夏健一編著『グローバル競争戦略』誠文堂新光社、1988年
C K. プラハラード、イブ・ドーズ著、*The Multinational Mission: Balancing Local Demands and Global Vision* New York: Free Press, 1987年
C A. バートレット、S. ゴシャール著、吉原英樹訳『地球市場時代の企業戦略──トランスナショナル・マネジメントの構築』日本経済新聞社、1990年
茂垣広志著『グローバル戦略経営』学文社、2001年
イブ・ドーズ、ホセ・サントス、ピーター・ウィリアムソン著、*From Global to Metanational: How Companies Win in the Knowledge Economy*, Harvard Business School Press, 2001年
ナヴィ・ラジュ、ジャイディープ・プラブ、シモーヌ・アフージャ著、月沢李歌子訳『イノベーションは新興国に学べ！』日本経済新聞出版社、2013年
タルン・カナ、クリシュナ G. パレプ著、上原裕美子訳『新興国マーケット進出戦略──「制度のすきま」を攻める』日本経済新聞出版社、2012年
C K. プラハラード著、スカイライト コンサルティング訳『ネクスト・マーケット［増補改訂版］──「貧困層」を「顧客」に変える次世代ビジネス戦略』英治出版、2010年
テッド・ロンドン、スチュアート L. ハート著、清川幸美訳『BOPビジネス──市場共創の戦略』英知出版、2011年
ビジャイ・ゴビンダラジャン、クリス・トリンブル著、小林喜一郎解説、渡部典子訳『リバース・イノベーション』ダイヤモンド社、2012年

■第9章
株式会社リクルートホールディングス　ホームページ　http://www.recruit.jp/
M. トレーシー、F. ウィアセーマ著、大原進訳『ナンバーワン企業の法則－カスタマー・インティマシーで強くなる』日本経済新聞社、1995年
リタ・マグレイス著、鬼澤忍訳『競争優位の終焉』日本経済新聞出版社、2014年

スチュアート・クレイナー、デス・ディアラブ著、鈴木立哉訳『Thinkers 50シリーズ　ストラテジー』プレジデント社、2014年

リタ・ギュンター・マグレイス著、辻仁子訳「一時的競争優位こそ新たな常識」DIAMONDハーバード・ビジネス・レビュー2013年11月号

S L. ゴールドマン、RN. ネーゲル、K. プライス著、野中郁次郎監訳、紺野登訳『アジルコンペティション――「速い経営」が企業を変える』日本経済新聞社、1996年

アンドリュー・ゾッリ、アン・マリー・ヒーリー著、須川綾子訳『レジリエンス　復活力』ダイヤモンド社、2013年

日経産業新聞「スピード再開『備え』が機能」、2016年5月2日

ドロシー・レオナルド著、阿部孝太郎、田畑暁生訳『知識の源泉――イノベーションの構築と持続』ダイヤモンド社、2001年

マイケルE. ポーター、マークR. クラマー著、DHBR編集部訳「共通価値の戦略」DIAMONDハーバード・ビジネス・レビュー2011年6月号

マイケル・ポーター、マークR. クラマー著、村井裕訳「競争優位のCSR戦略」DIAMONDハーバード・ビジネス・レビュー2008年1月号

ジェームズF. ムーア著、坂本義実訳「企業"生態系"4つの発展段階」DIAMONDハーバード・ビジネス1993年8-9月号

マルコ・イアンシティ、ロイ・レビーン著、松本直子訳「キーストーン戦略：ビジネス生態系の掟」DIAMONDハーバード・ビジネス・レビュー2004年5月号

● 索引

■あ
相手国優先戦略 204
アジリティ 227
アドバンテージ・マトリックス 30
アライアンス 51,161,186,188,190
アリーナ 226
一時的競争優位 225
移転可能性 56
移動障壁 36
意図的プロセス 179
イノベーション 154
イノベーションのジレンマ 169
イノベーションの〈4＋1〉Box 84
因果関係の不明性 64
インサイト 73
インテグレーター 103
インフルエンサー 96
売り手の交渉力 27
エコシステム 216,219,233
オーケストレーター 103
オープン・イノベーション 181,183
オペレーショナル・エクセレンス 223
オペレーティング・モデル 222
オムニチャンネル 22,50

■か
買い手の交渉力 28
学習する組織 73,75
カスタマー・インティマシー 223
仮説検証 49,61,65,83,180
価値共創 184
価値曲線 165
価値理念 222
活動基準原価計算 43,47
稼働率 17,28,69
環境情報 83
環境分析 94
カントリー・アナリシス 197
企業価値 3,51,189

企業情報 83
技術 106,109
希少性 56,62,65
キーストーン企業 235
規模型事業 31,33
規模の経済性 16,19,20,24,27,32,118
規模の不経済性 18
逆選択 187
キャッシュ 115
急進的イノベーション 155
業界内の競争 26,28
業界内の地位に応じた戦略 37
業界分析 12,30,48,60,61
競合分析 99,100
共創 181,183,216
競争優位 15,30,60,127,156,196,
203,219,222,224
共通価値の創造　→ CSV
業務提携 187,190
クイックレスポンス 37
クラスター 205,232,234
クルト・レヴィンの変革モデル 141
グローバル化 24,191,193,194
グローバル・コスト・リーダーシップ 203
グローバル細分化 204
グローバル差別化 203
グローバル戦略 191,195
グローバル組織 211
経営資源 1,2,20,34,51,60,139,158,
160,169,187,194,198,201,202,227
経営理念 3,127,190
経験曲線 19,24,118
経済 106,107
経済価値 62,187,188
ケイパビリティ 51,55,82,135
ゲームのルール 87
ゲーム理論 85
検証による学び 175
現地適応 208

コア・ケイパビリティ	229	収益モデル	159,163,169
コア・コンピタンス	51,55,85,229	習熟の経済性	16,19
コア・リジディリティ	227,229	集中戦略	34,40
構築 - 計測 - 学習	176	ジュガード	217
購買決定要因	97	ジョイント・ベンチャー	187,191,232
顧客インサイト	85	情報非対称ゲーム	87
顧客価値の提供	159	新規参入の脅威	28
コストドライバー	43	新興国市場	197,213
コスト・リーダーシップ戦略	33	衰退期	118,194
コッターの8段階の変革プロセス	142	スイッチングコスト	27,174
コード化	78	ステークホルダー	3,134,144,163,185
コーポレート・シナジー	22	擦り合わせ型	19
コーポレート・ベンチャーキャピタル	190	政治	106
コミットメント	4,71,78,81	成熟期	118,194
		成長期	118,194
■さ		成長マトリクス	123
サスティナビリティ経営	109	制度のすきま	213,216
サプライチェーン	45	セグメンテーション	31,96
サプライチェーン・マネジメント	37,45	セミ・グローバリゼーション	195
差別化戦略	33	全社戦略	3
シェアリング・エコノミー	174	漸進的イノベーション	155
時間圧縮の不経済性	64	戦略	1,139
事業経済性	12,25,33,54	戦略キャンバス	165
事業戦略	3,86,158,172,179	戦略グループ	26,32,35
事業ドメイン	51,182	戦略マップ	134
資源・プロセス・価値基準	140	相対市場シェア	116,119
資源ベース論	5	創発戦略	70
自社分析	101,102	創発的プロセス	179
市場・顧客分析	96,100	組織学習	72,139
市場成長率	116	組織能力	56
市場防衛戦略	204	組織文化	3,49,72
システム思考	75	ソフトS	136
持続的イノベーション	166		
持続的競争優位	1,183,224	■た	
シナジー	21,50,54,61,83,126,152,189	耐久性	56
ジニ係数	108	代替可能性	56
資本提携	187	代替品	27,28,66,170
社会	106,108	代替品の脅威	28
社会的複雑性	64	ダイナミック・シナジー	83

索引　247

タイムベースの競争 …………………… 36
対話 ………………………………… 75,80
ターゲティング …………………………… 96
ダブルループ・ラーニング ……………… 73
知の深化 ………………………………… 180
知の探索 ………………………………… 180
チャレンジャー ………………………… 37,39
デコンストラクション ………………… 103
データアナリスト ……………………… 79
データサイエンティスト ……………… 79
手詰まり型事業 ………………………… 31
デファクト・スタンダード …………… 24
統合 ……………………………………… 208
導入期 …………………………………… 117
独自の歴史的条件 ……………………… 64
特化型事業 ………………………… 31,33,52
徒弟制度 ………………………………… 80
トランスナショナル ……………… 210,211

■な
内部情報処理特性 ……………………… 82
ナレッジ経営 …………………………… 77
ニッチャー …………………………… 37,40
ネットワーク外部性 …………………… 23
ネットワーク効果 ……………………… 23
ネットワークの経済性 ……………… 16,23,173

■は
バイイングパワー ……………… 16,22,56,61,65
ハイパー・コンペティション ………… 224
破壊的イノベーション ……… 53,56,164,166,180
パーソナル・エージェント ………… 103,105
ハードS ………………………………… 136
バランス・スコアカード ……………… 132
バリュー・イノベーション …………… 164
バリューチェーン ……………… 22,40,56,62,
　100,103,139,158,196,203,232
バリューネットワーク ……………… 46,163
パレードの法則 ………………………… 172

範囲の経済性 ………………… 16,20,45,83
ビア・ゲーム …………………………… 76
ビジネスシステム ……………………… 42
ビジネススクリーン …………………… 121
ビジネスプロセス・リエンジニアリング …… 47
ビジネスモデル ……………………… 154,158
ビジネスモデル・キャンバス ………… 160
ビジョン ………………… 3,75,101,127,138,143
ピボット ……………………………… 73,176
フォロワー …………………………… 37,39
複合ＡＡ戦略 ………………………… 208
フラット化 …………………………… 195,212
プラットフォーム ……………… 24,173,234
フランチャイズ方式 ………………… 13,31,202
フリーミアム ………………………… 171
ブルー・オーシャン戦略 …………… 161,164
プロセス ……………………………… 139,160
プロダクト・ポートフォリオ・マネジメント
　…………………………………………… 115
プロダクトライフサイクル …………… 117
プロダクト・リーダーシップ ………… 223
分散型事業 ……………………… 31,40,52
忘却・借用・学習 …………………… 176
補完財 ………………………………… 22,173
ポジショニング論 ……… 5,12,51,61,66,70

■ま
マーケット・メーカー ……………… 103,105
マルチナショナル組織 ……………… 210
マルチフォーカル …………………… 209
ミッション …………………………… 4,54,212
密度の経済性 ………………………… 16,22
魅力度×優位性マトリクス …………… 127
メタナショナル経営 ………………… 212
メンタルモデル ……………………… 75,80
モジュール型 ………………………… 20
模倣可能性 …………………………… 56
模倣困難性 …………………………… 62
モラルハザード ……………………… 187

■や
要素コスト　24,33,205

■ら
ラーニング　5,67,69,72,139
リアルオプション　87
利益方程式　159,163
利害関係者　→ステークホルダー
リソース・ベースト・ビュー　51,55,60,224
リーダー　37,38,58
リードユーザー・プロセス　185
リバース・イノベーション　216
両利き　180,230
リーン・スタートアップ　72,161,175
リーン生産システム　37,64
レイヤーマスター　103
レーザーブレード・モデル　170
レジリエンス　228
レッド・オーシャン　164
ロジスティクス　57,224
ロングテール　172

■英字
AAA（トリプルA）戦略　201,207,214
ABC　→活動基準原価計算
ADDING 価値スコアカード　200
AIDMA　96
BOP　184,214
BPR　→ビジネスプロセス・リエンジニアリング
BSC　→バランススコアカード
BtoB　45,96,192,194
BtoC　96
CAGE　198,207,214
CSR　231
CSV　230
CVP　→顧客価値の提供
EPRG プロフィール　212
ERP　47

IR グリッド　209,212
KBF　→購買決定要因
KPI　81,128,131,134
KSF　54,100
M&A　30,124,152,186,188
MVP　72,176
NPV　87
PDCA　130
PEST 分析　95,99,106
PESTEL 分析　109
PLC　→プロダクトライフサイクル
PMI　189
PPM　→プロダクト・ポートフォリオ・マネジメント
RBV　→リソース・ベースト・ビュー
SCP モデル　25
SECI モデル　79
SWOT 分析　95,110
VRIO　36,51,62
V-SPRO-L　138

■数字
1人当たり GDP　107
3 C分析　95
3つの価値基準　222
3つの基本戦略　26,32,37,203
4つの箱　159
5つのディシプリン　73,75
5つの力分析　26
7 S　135

執筆者紹介

【執筆】

嶋田 毅（しまだ・つよし）（第1部）

グロービス電子出版編集長兼発行人、グロービス出版局長、GLOBIS知見録編集顧問、グロービス経営大学院教授。

東京大学理学部卒業、同大学院理学系研究科修士課程修了。戦略系コンサルティングファーム、外資系メーカーを経てグロービスに入社。累計145万部を超えるベストセラー「グロービスMBAシリーズ」のプロデューサーも務める。著書に『グロービスMBAキーワード 図解 基本ビジネス思考法45』『グロービスMBAキーワード 図解 基本フレームワーク50』『グロービスMBAビジネス・ライティング』（以上ダイヤモンド社）、『ビジネスで騙されないための論理思考』『競争優位としての経営理念』（以上PHP研究所）、『MBA 100の基本』（東洋経済新報社）など。共著書に『グロービスMBAマネジメント・ブック』『グロービスMBAマネジメント・ブックⅡ』など。その他にも多数の共著書、共訳書がある。

グロービス経営大学院や企業研修において経営戦略、マーケティング、ビジネスプラン、管理会計、自社課題などの講師を務める。グロービスのナレッジライブラリ「GLOBIS知見録」に定期的にコラムを連載するとともに講演なども行っている。

荒木博行（あらき・ひろゆき）（第2部）

グロービス経営大学院副研究科長。

住友商事株式会社を経て、グロービスに加わり、法人向けコンサルティング業務に従事。現在は、グロービス経営大学院にてオンラインMBAのマネジメントを行うとともに、グロービス経営大学院および企業研修における戦略系、および思考系科目の教鞭を執る。

著書に『ストーリーで学ぶ戦略思考入門――仕事にすぐ活かせる10のフレームワーク』（ダイヤモンド社）、『グロービス流ビジネス基礎力10』『グロービス流ビジネス勉強力』『グロービス流リーダー基礎力10』（以上、東洋経済新報社）がある。オンライン媒体「GLOBIS知見録」にて、「できる人の思考術」連載中。

山口英彦（やまぐち・ひでひこ）（第3部）

株式会社エグザビオ代表取締役、グロービス経営大学院教授。

東京大学経済学部卒業、ロンドン・ビジネススクール経営学修士（MBA、Dean's List表彰）。東京銀行（現三菱東京UFJ銀行）、ボストン コンサルティング グループを経て独立し、多数のベンチャー企業のインキュベーションを手がける。その後グロービスに加わり、7年間にわたってマネジング・ディレクターとして同社の経営に参画した後、2014年より再び独立。

現在は企業のイノベーション・パートナーEXABIOの代表として、主にサービス、流通、金融、メディア、エネルギー、消費財といった業界のクライアントに対し、成長戦略立案や新規事業開発、営業・マーケティング強化などを支援。加えて、大手企業グループやベンチャー企業、自治体のアドバイザーを務めながら、自らエンジェル投資家として多数のスタートアップ育成に取り組んでいる。

著書に『法人営業 利益の法則』（ダイヤモンド社）、『サービスを制するものはビジネスを制する』（東洋経済新報社）、共著・共訳に『MBAマネジメント・ブックⅡ』（ダイヤモンド社）、『MITスローン・スクール 戦略論』（東洋経済新報社）などがある。

【執筆協力】

中島淑雄

グロービス・コーポレート・エデュケーション
シニア・コンサルタント

八尾麻理

株式会社グロービス ファカルティ本部研究員

若林裕子

株式会社グロービス ファカルティ本部研究員

渡辺祐介

グロービス経営大学院教授

【編著】
グロービス経営大学院

社会に創造と変革をもたらすビジネスリーダーを育成するとともに、グロービスの各活動を通じて蓄積した知見に基づいた、実践的な経営ノウハウの研究・開発・発信を行っている。

- ●日本語（東京、大阪、名古屋、福岡、オンライン）
- ●英語（東京、オンライン）

グロービスには以下の事業がある。（https://www.globis.co.jp）

- ●グロービス・エグゼクティブ・スクール
- ●グロービス・マネジメント・スクール
- ●企業内研修／法人向け人材育成サービス
  （日本、中国、シンガポール、タイ、米国、欧州）
- ●GLOBIS 学び放題／GLOBIS Unlimited（定額制動画学習サービス）
- ●出版／電子出版
- ●GLOBIS 学び放題×知見録／GLOBIS Insights（オウンドメディア）
- ●グロービス・キャピタル・パートナーズ（ベンチャーキャピタル事業）

その他の事業：
- ●一般社団法人G1
- ●一般財団法人KIBOW
- ●株式会社茨城ロボッツ・スポーツエンターテインメント
- ●株式会社LuckyFM茨城放送

［新版］グロービス MBA 経営戦略

2017年3月16日　第1刷発行
2024年9月13日　第6刷発行

グロービス経営大学院　編著

©2017　Graduate School of Management, GLOBIS University

発行所　ダイヤモンド社

郵便番号　150-8409
東京都渋谷区神宮前 6-12-17
編　集　03 (5778) 7228
販　売　03 (5778) 7240

https://www.dhbr.net

編集担当／DIAMOND ハーバード・ビジネス・レビュー編集部
製作・進行／ダイヤモンド・グラフィック社
印刷／八光印刷（本文）・加藤文明社（カバー）
製本／ブックアート

本書の複写・転載・転訳など著作権に関わる行為は、事前の許諾なき場合、これを禁じます。落丁・乱丁本はお手数ですが小社営業局宛にお送りください。送料小社負担にてお取替えいたします。但し、古書店で購入されたものについてはお取替えできません。

ISBN978-4-478-06602-7　Printed in Japan

大好評！グロービスMBAシリーズ

- 改訂3版 グロービスMBAマネジメント・ブック　グロービス経営大学院 編著
- グロービスMBAマネジメント・ブックⅡ　グロービス経営大学院 編著
- 改訂4版 グロービスMBAマーケティング　グロービス経営大学院 編著
- 新版 グロービスMBA経営戦略　グロービス経営大学院 編著
- 改訂4版 グロービスMBAアカウンティング　グロービス経営大学院 編著
- 新版 グロービスMBAファイナンス　グロービス経営大学院 編著
- 改訂3版 グロービスMBAクリティカル・シンキング　グロービス・マネジメント・インスティテュート 編
- グロービスMBAクリティカル・シンキング コミュニケーション編　グロービス経営大学院 著
- 新版 グロービスMBAリーダーシップ　グロービス経営大学院 編著
- 新版 グロービスMBAビジネスプラン　グロービス経営大学院 著
- グロービスMBAビジネス・ライティング　嶋田 毅 監修／グロービス経営大学院 著
- グロービスMBA事業戦略　相葉 宏二／グロービス経営大学院 編
- グロービスMBA事業開発マネジメント　堀 義人 監修／グロービス経営大学院 編著
- グロービスMBA組織と人材マネジメント　佐藤 剛 監修／グロービス経営大学院 著
- グロービスMBAミドルマネジメント　嶋田 毅 監修／グロービス経営大学院 編著
- MBA定量分析と意思決定　嶋田 毅 監修／グロービス・マネジメント・インスティテュート 編著
- MBAオペレーション戦略　遠藤 功 監修／グロービス・マネジメント・インスティテュート 編
- MBAゲーム理論　鈴木 一功 監修／グロービス・マネジメント・インスティテュート 編

ダイヤモンド社